Beatlemania

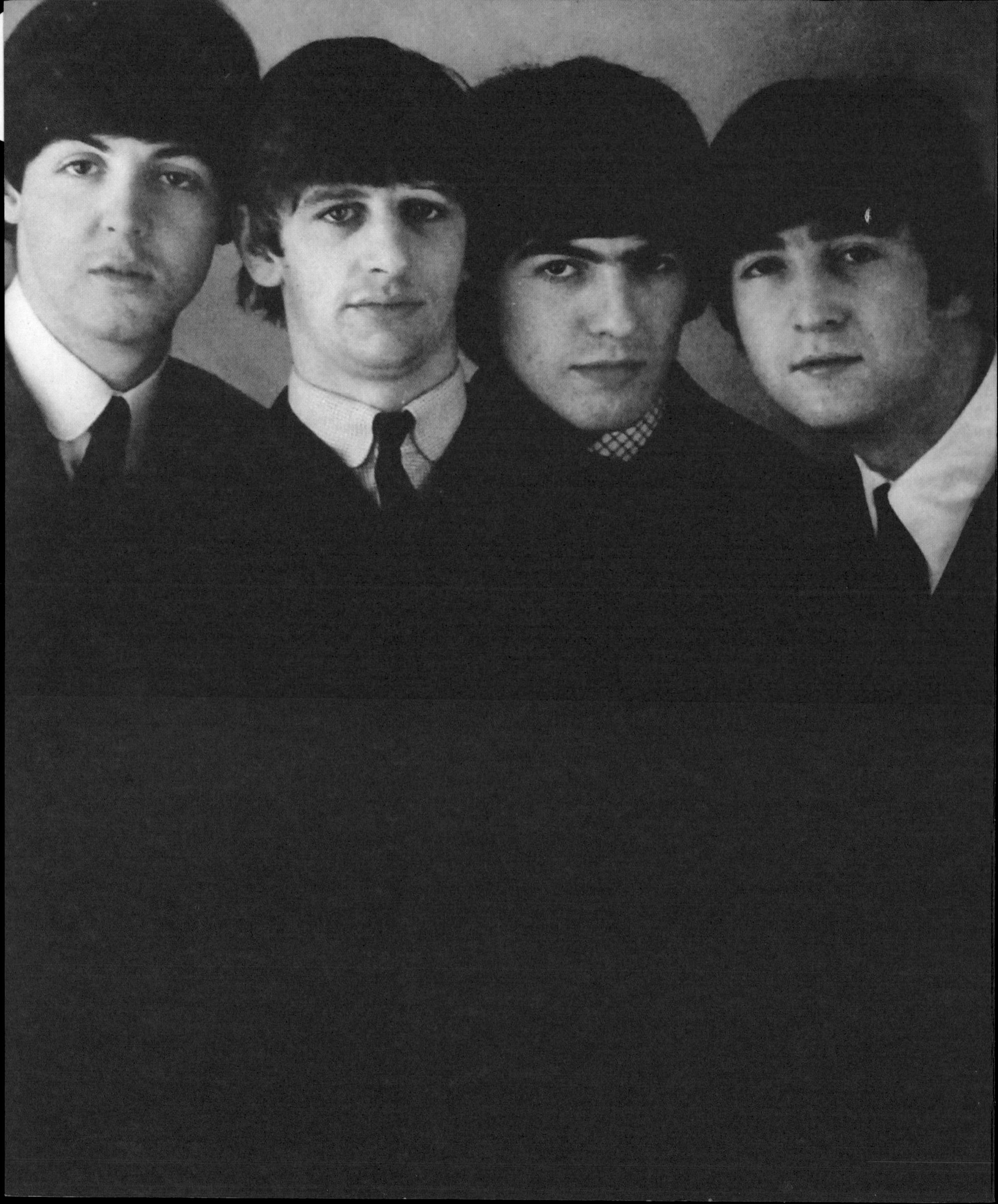

Beatlemania

RICARDO PUGIALLI

Ediouro

Sumário

Introdução

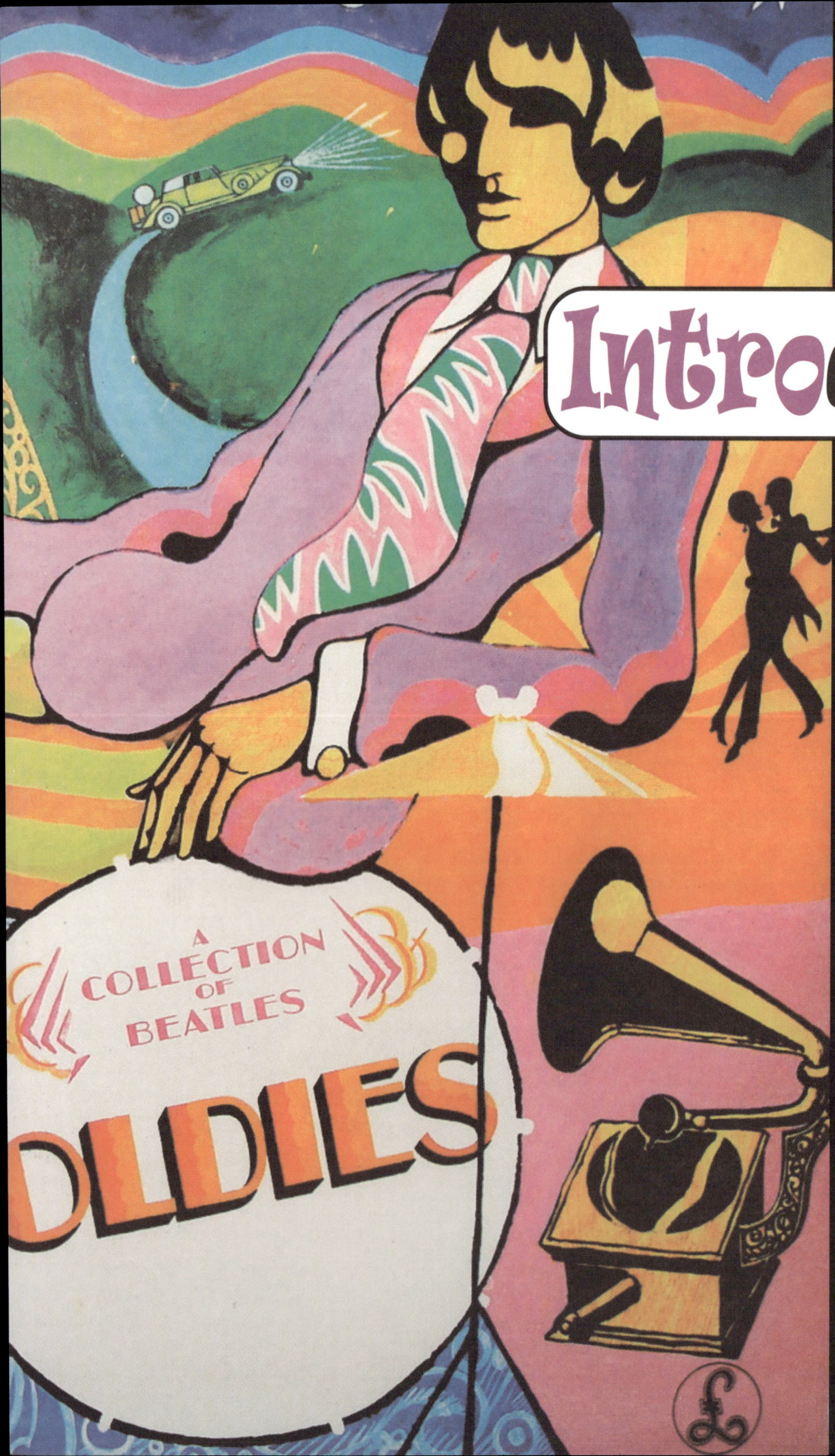

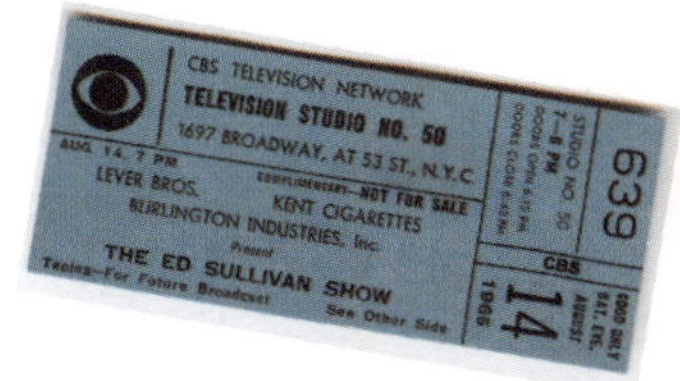

Em uma cidade portuária do norte da Inglaterra, Liverpool, às margens do rio Mersey, nasceram quatro garotos que revolucionaram a música do século 20 e com certeza dos que virão. Seus legados musical e comportamental, vestuário e atitude frente a questões como racismo e autoritarismo fizeram desta banda um fenômeno único, que jamais se repetirá. Os Beatles estão na galeria dos "gênios clássicos", como Beethoven, Mozart e Chopin, entre outros, do século 20.

Uma conjunção de fatores tornou a década de 60 especial: o fim da Grande Guerra, o rompimento com a dureza dos anos 50, as experiências com as drogas, uma ousadia maior no comportamento sexual. Foi a década da juventude, do sexo, dos hippies, dos movimentos pacifistas e da luta pelos direitos civis.

Foi nesse contexto que quatro jovens como quaisquer outros do mundo foram seduzidos pelo rock, e por causa disso mudariam toda a história da música e da juventude.

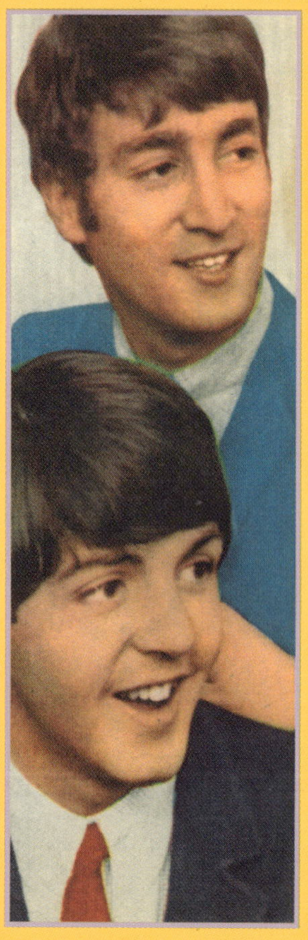

Os Beatles não foram um grupo qualquer. Eram uma unidade, tanto que, quando Paul McCartney anunciou sua saída da banda, esta acabou. Se fosse qualquer outro grupo de rock, bastaria substituir o baixista. Os Beatles eram John, Paul, George e Ringo. Os Rolling Stones são apenas Mick e Keith; o The Who é apenas Roger e Pete; o Led Zeppelin, apenas Robert e Jimi; o Queen era apenas Freddie.

Este livro busca levar você de volta a todos os fatos da história desses jovens, sua luta pelo sucesso, frustrações, alegrias, músicas, shows e discos. Tudo recheado com muitas fotos e informações inéditas.

O Brasil merece um livro como este, pois nosso país tem ligações com os Beatles: uma brasileira gravou com eles em 1968. George Harrison tinha um grande amigo aqui. George Martin também tem amigos brasileiros. O país propiciou a Paul McCartney o recorde mundial de público pagante para assistir ao show de um único artista.

Não perca mais tempo. Embarque nesta "viagem mágica e misteriosa" ao mundo da Beatlemania, junto com o "Sargento Pimenta e sua Banda dos Corações Solitários". E "Deixe Estar", não grite por "Socorro", pois o "Submarino Amarelo" virá para te levar a "Strawberry Fields", passando por "Abbey Road" e "Penny Lane"!

Prefácio

A música do Brasil sempre foi agradável ao meu coração e muito antes de eu ter visitado o país já era fascinado pelos ritmos e melodias maravilhosos de lá. Uma das pessoas que tornaram a música brasileira muito popular nos Estados Unidos foi o grande saxofonista Stan Getz, com quem eu fiz uma série de álbuns nos anos 70. Suponho que o Brasil retribuiu se apaixonando pela música dos Beatles, com a qual fui estreitamente associado. Um de meus momentos mais maravilhosos foi me reunir e passar algum tempo com o grande Tom Jobim, que foi um dos meus heróis. Tenho agradáveis lembranças de minha estada no Rio, regendo um coral de crianças e jovens divinos na Quinta da Boa Vista. Quando estávamos de partida para a Inglaterra, eles fizeram uma despedida no aeroporto. Foi um momento tocante, que levou minha esposa e filhos às lágrimas.

Este livro de Ricardo Pugialli é muito abrangente e mostra o quanto a música une o Brasil e o dito Primeiro Mundo. Só lamento que os Beatles nunca tenham se apresentado no País, como se chegou a imaginar em 1965. Se isso tivesse acontecido, eu estaria lá, acreditem.

Espero que através deste livro eu seja capaz de chegar até meus amigos brasileiros e deixá-los saber o quanto sou agradecido por sua gentileza e hospitalidade. Minha esposa e meus filhos adorariam estar com vocês e esperamos voltar algum dia.

Best wishes to Ricardo from George Martin xo.

EMI
FOR
SALE

jovens

THE BEATLES

OOK INSIDE
PLETE STORY OF THEIR FAVORITE MALE
FEMALE SINGER, THEIR FAVORITE FOODS,
PES OF GIRLS, SPORT, HOBBY, SONGS,
S, REAL NAME, BIRTHPLACE, BIRTHDAYS,
IT, EDUCATION, COLOR OF HAIR & EYES

Capitol

Ringo

Em 7 de julho de 1940, o baterista dos Beatles, mundialmente conhecido como Ringo Starr, nasceu com o nome Richard Starkey (mas foi apelidado de Ritchie pelos familiares), filho de Richard Starkey e Elsie Gleave, que se separaram quando ele completou três anos. Ele só tornou a ver o pai, em períodos muito curtos, no começo de sua adolescência. Quando estava perto de completar 13 anos, sua mãe se casou novamente, com o decorador Harry Graves. Ritchie teve várias doenças durante a infância e pré-adolescência, privando-o de acompanhar devidamente as aulas. Em 1955, começou a procurar empregos, e trabalhou de mensageiro a garçom. Foi a turnê de Bill Halley e seus Cometas na Inglaterra, em 1956, que acendeu a chama da música em Ritchie. Ele começou a se interessar por guitarras, mas logo percebeu que não levava jeito. Com dezesseis anos ganhou sua primeira bateria, uma Kat, presente de Natal de seu padrasto. A febre do "skiffle", ritmo lançado por Lonnie Donegan na Inglaterra, levou o jovem a formar seu grupo, junto com Eddie Miles e Eddie Clayton. Dois anos depois, em 1959, ele entrou para o grupo de Rory Storm and The Hurricanes. Nesse grupo, atuando como profissional, passou a usar diversos anéis, sendo apresentado como "Rings" e logo depois como "Ringo", que soava melhor. O sobrenome "Starr" veio logo em seguida, por seus momentos de "brilho" ao cantar "Boys" e "You're Sixteen", entre outras.

John

Em 9 de outubro de 1940, em pleno bombardeio alemão sobre Liverpool, nasceu John Winston Lennon, filho de Alfred "Freddie" Lennon e Julia Stanley. O pai logo se tornaria ausente de sua vida, partindo para viagens que o deixavam afastado durante meses, por conta da guerra. Sua mãe logo passaria a sair todas as noites, deixando o pequeno John com a tia. Ao descobrir a vida que sua esposa estava levando, Freddie ficou furioso, desapareceu novamente, se envolveu em confusões e brigas e inclusive esteve preso. Ele só voltou para casa no final de 1944, encontrando Julia grávida. Durante a ausência do pai, John ouvia sua tia Mimi dizer que ele havia ido embora. Sua "meia-irmã", Victoria, nasceu em junho de 1945, tendo sido adotada por outra família e retornando à vida de John apenas quando adulta. Ainda criança, ele começa a ter problemas de comportamento, sendo sempre o brigão da turma, o que o levou a ser expulso da escola. Como não se dava com o namorado de sua mãe, o pai o levou para morar com ele em Blackpool. Na verdade, ele queria levá-lo para a Nova Zelândia, mas Julia, que estava casada novamente, desejava que John morasse com ela. A solução mais lógica foi ele voltar para a casa da tia Mimi, primeiro em Mendips e depois na Menlove Avenue. John passou pela escola primária e em seguida entrou para a famosa Quarry Bank School, onde seu estilo rebelde ficou ainda pior, com ele aterrorizando desde os vizinhos até os colegas de escola, sempre acompanhado de seu fiel amigo desde a escola primária, Pete Shotton.

Paul

Em 18 de junho de 1942, nasceu James Paul McCartney, filho de James "Jim" McCartney e Mary Patricia Mohin. Segundo o pai, Paul era "feio de dar dó". Sua família mudava de casa o tempo todo, pois a mãe era funcionária da Prefeitura. Em 1953, Paul entrou para o Liverpool Institute. Ele não era um bom aluno e fazia pequenos furtos em lojas, para conseguir "itens de primeira necessidade". Sua mãe faleceu em 31 de outubro de 1956, de câncer no seio. Paul chorou muito e o episódio o marcou profundamente, o que o levou a citar a mãe na música "Let It Be" ("mother Mary"). Seu pai passou a ser dono de casa para poder cuidar dos dois filhos. A situação deles, apesar da ajuda da família, piorou muito. Mas seu pai, antigo músico de jazz, mesmo com as dificuldades da vida, não privaria o filho de seus sonhos. Ele presenteou Paul com um trompete e mais tarde com um violão Zenith (que Paul ainda possui). O amor deste pelo rock o levou a assistir shows e partilhar seus sonhos com o jovem George Harrison, que estudava na mesma escola que ele.

George

Em 25 de fevereiro de 1943, nasceu George Harold Harrison, o último dos quatro filhos de Harold "Harry" Harrison e Louise French. Garoto esperto, era a alegria da família. Em 1953, ele saiu da Quarry Bank School, por sempre desrespeitar os professores com seu humor ácido e cabelos compridos, e foi para o Liverpool Institute, onde, dois anos depois, conheceria Paul. Apesar das dificuldades financeiras, sua mãe comprou seu primeiro violão, que ele aprendeu a tocar sozinho. George formou um grupo com seu irmão, ao mesmo tempo que trabalhava como aprendiz de eletricista. Conheceu um amigo no colégio, Paul McCartney, que ficou impressionado com seu jeito de tocar guitarra, apesar da pouca idade.

O embrião dos Beatles

1952
1957

A FAMOSA "QUARRY BANK SCHOOL"

Em 1952, John entra para a escola onde conhecerá seus primeiros parceiros de "rock and roll" e que batizará seu grupo musical.

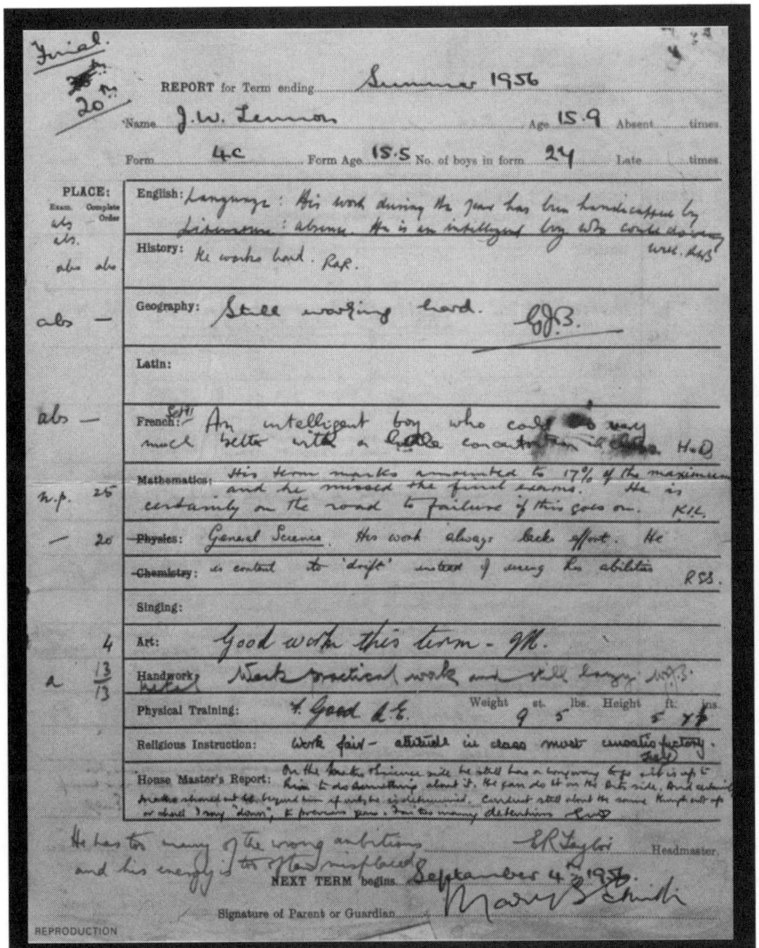

REPORT for Term ending Summer 1956

Name J.W. Lennon Age 15.9 Absent ... times

Form 4C Form Age 15.5 No. of boys in form 24 Late ... times

PLACE: Exam Complete Order

English: Language: His work during the year has been handicapped by [illegible]. He is an intelligent boy who could do very well.

History: He works hard.

Geography: Still working hard.

Latin:

French: An intelligent boy who could do very much better with a little concentration in class. H.O.

Mathematics: His term marks amounted to 17% of the maximum and he missed the final exams. He is certainly on the road to failure if this goes on. K.L.

Physics: General Science. His work always lacks effort. He is content to 'drift' instead of using his abilities. RSS.

Singing:

Art: Good work this term.

Handwork: Weak practical work and still lazy.

Physical Training: Good. Weight 9 st. 5 lbs. Height 5 ft. 7½ ins.

Religious Instruction: Work fair - attitude in class most unsatisfactory.

House Master's Report: [illegible]

He has too many of the wrong ambitions and his energy is too often misplaced. Headmaster

NEXT TERM begins September 4th 1956.

Signature of Parent or Guardian

REPRODUCTION

Paul e George entrarão depois para a mesma escola e para a vida de John.

SURGE O "SKIFFLE", A RESPOSTA INGLESA AO "ROCK AND ROLL"

Em 1956, Lonnie Donegan lança o disco *Rock Island Line*, com uma música facílima de ser tocada pelos jovens, com instrumentos improvisados e baratos: violões, tábuas de esfregar roupas, baixo artesanal feito com caixa de chá e bateria de duas peças. A febre do novo ritmo alastra-se pela Inglaterra e pela mente do jovem John Lennon.

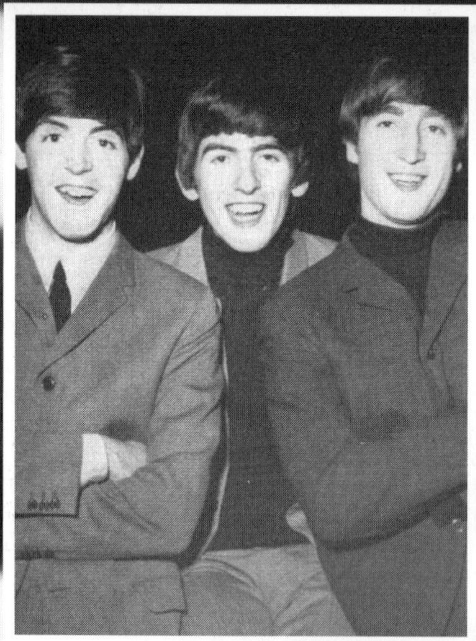

"THE BLACK JACKS", O PRIMEIRO GRUPO DE JOHN

John e seus amigos de colégio formam um grupo de "skiffle", que foi batizado de acordo com as roupas que usavam. Mas o nome não agradou muito e logo seria mudado.

John Lennon: violão e vocal

Pete Shotton: tábua de esfregar roupa

Eric Graffiths: violão

Rod Davies: banjo

Bill Smith: contrabaixo (ele saiu logo e foi substituído por Nigel Whalley e depois Len Gary)

Colin Hanton: bateria

ESTRÉIA FRUSTRADA DO "THE QUARRY MEN"

Com novo nome, o grupo ensaia bastante e julga-se pronto para o "estrelato". A primeira apresentação acontece em 9 de junho de 1957, numa audição para o programa de talentos do famoso apresentador Carrol Levis, no Empire Theatre. Eles não passaram das eliminatórias

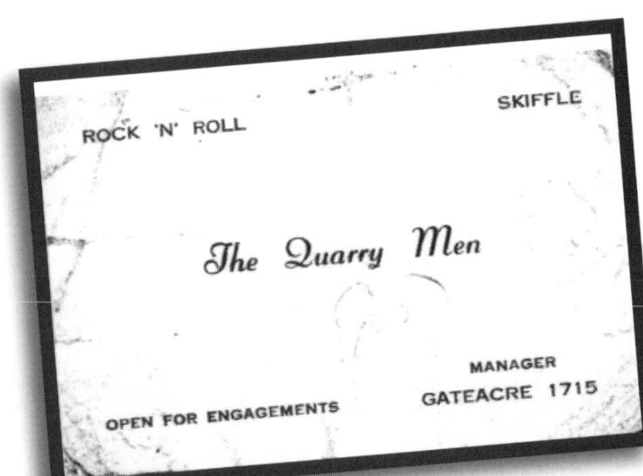

O PRIMEIRO SHOW

O primeiro show propriamente dito do conjunto ocorre em 22 de junho, numa festa comemorativa na Roseberry Street, em Liverpool, ao ar livre, com o palco improvisado em cima da carroceria de um caminhão.

GARDEN FETE

ST. PETER'S CHURCH FIELD

WOOLTON PARISH CHURCH — Rector: M. Pryce Jones.

Saturday, 6th July, 1957

at 3 p.m.

ADMISSION BY PROGRAMME:

CHILDREN 3d.

PROCEEDS IN AID OF CHURCH FUNDS.

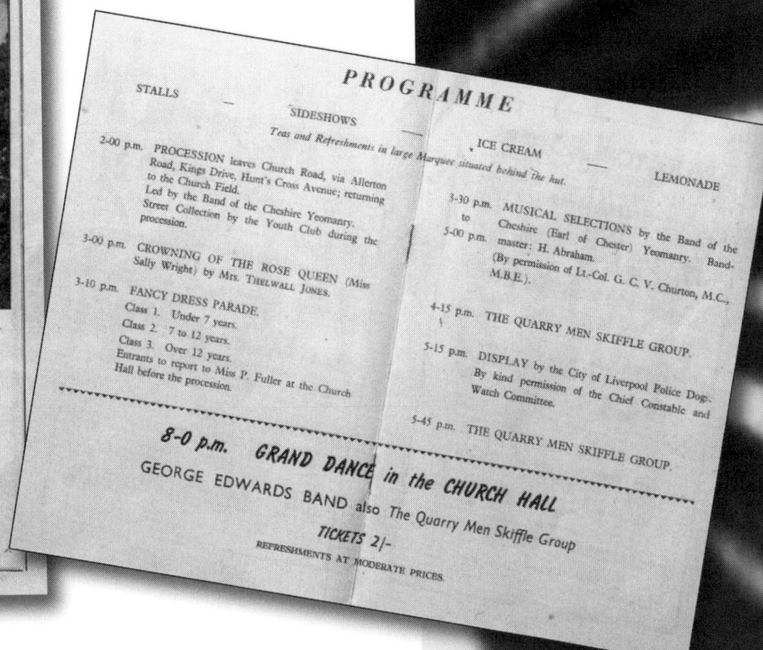

PROGRAMME

STALLS — SIDESHOWS — ICE CREAM — LEMONADE

Teas and Refreshments in large Marquee situated behind the hut.

2-00 p.m. PROCESSION leaves Church Road, via Allerton Road, Kings Drive, Hunt's Cross Avenue; returning to the Church Field. Led by the Band of the Cheshire Yeomanry. Street Collection by the Youth Club during the procession.

3-00 p.m. CROWNING OF THE ROSE QUEEN (Miss Sally Wright) by Mrs. Thelwall Jones.

3-10 p.m. FANCY DRESS PARADE.
Class 1. Under 7 years.
Class 2. 7 to 12 years.
Class 3. Over 12 years.
Entrants to report to Miss P. Fuller at the Church Hall before the procession.

3-30 p.m. to 5-00 p.m. MUSICAL SELECTIONS by the Band of the Cheshire (Earl of Chester) Yeomanry. Band-master: H. Abraham. (By permission of Lt.-Col. G. C. V. Churton, M.C., M.B.E.).

4-15 p.m. THE QUARRY MEN SKIFFLE GROUP.

5-15 p.m. DISPLAY by the City of Liverpool Police Dogs. By kind permission of the Chief Constable and Watch Committee.

5-45 p.m. THE QUARRY MEN SKIFFLE GROUP.

8-0 p.m. GRAND DANCE in the CHURCH HALL
GEORGE EDWARDS BAND also The Quarry Men Skiffle Group
TICKETS 2/-
REFRESHMENTS AT MODERATE PRICES.

PAUL MCCARTNEY CONHECE JOHN LENNON

Em 6 de julho, o Quarry Men faz duas apresentações na quermesse organizada pela paróquia da Igreja de São Pedro. Entre os jovens presentes, estava Paul McCartney, outro aficionado por rock, que tocava violão e compunha. Paul aceita a sugestão de Ivan Vaugham, um amigo mútuo, de conversar com John entre as duas apresentações. Ele mostra os acordes corretos de "Twenty Flight Rock" e "Be-Bop-A-Lula" (que John estava errando), e fala de suas composições. Aquilo mexe com o vocalista do Quarry Men: Paul tocava bem e compunha, assim como ele. E o mais importante: ensinou como afinar o violão!

JOHN CONVIDA PAUL A ENTRAR NO QUARRY MEN

Após relutar em aceitar um cara melhor que ele no grupo, John convida Paul para fazer parte do grupo em agosto. Mas este não entraria de imediato, pois faria uma viagem com seu irmão e não poderia tocar no dia 7, no Cavern Club.

A ESTRÉIA NO "CAVERN CLUB"

Na verdade, a estréia no famoso reduto que se tornaria símbolo dos Beatles foi desastrosa. Por ser um clube de jazz naquela época, a performance do grupo durou exatas três músicas, até serem expulsos por causa do estilo "incompatível" com a tradição do lugar.

CAVERN TO-NIGHT
SKIFFLE SESSION
DIRECT FROM TRIUMPHANT TOUR
RON McKAY
Plus Dark Town, Deltones, Quarry Men
and the Demon Five.

WILSON HALL, THURSDAY
QUARRYMEN Rock 'N Skiffle Group.
Saturday: Ray Ennis with Bluegenes.

GEORGE FORMA SEU PRIMEIRO GRUPO

George e seu irmão Pete formam o "The Rebels", no qual tocavam violão junto com o amigo Arthur Kelly. Outros dois, cujos nomes se perderam no tempo, completavam na gaita e no contrabaixo improvisado.

PAUL E O QUARRY MEN

No dia 18 de outubro de 1957, Paul estréia no New Clubmoor Hall, em Liverpool. Ele estava tão nervoso que errou a música que havia ensaiado a semana inteira.

WILSON HALL (Opposite Garston Bus Depot.)
To-night Rockers, Quarrymen. Before 8. 2/6
Saturday, Always Gay 4/-, before 8:20 3/-
CARNIVAL NEXT WEEK CARNIVAL

1958

George Harrison entra para os Beatles

O PRIMEIRO DISCO DO GRUPO

O primeiro empresário

Morre a mãe de John Lennon

NO BRASIL

O Brasil é campeão mundial de futebol, na Suécia

O filme *Ao Balanço das Horas* incendeia a juventude

Os Golden Boys lançam seus primeiros discos

Roberto Carlos canta rock e é chamado de "Elvis Presley Brasileiro". Ele se apresenta na abertura do show de Bill Halley, no Rio de Janeiro

Celly Campello e seu irmão Tony Campello estréiam em disco

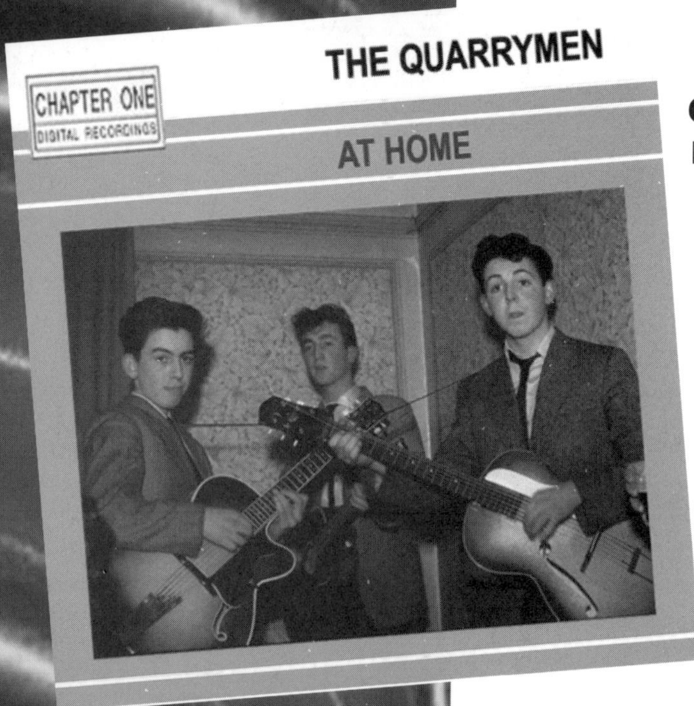

GEORGE HARRISON E OS QUARRY MEN

Paul conhece o jovem George (um ano mais novo que ele e três mais que John, um "abismo" naquela época) nas viagens de ônibus para a escola. Ambos curtem rock, e George tem um cabelo muito comprido e toca muito bem violão e guitarra. Era uma boa escolha para a banda naquele 1958 que iniciava.

JOHN ACADA CEDENDO

Para John, apesar de ser um excelente guitarrista, George era uma "criança". Mas como ele seguia o grupo o tempo todo, ganhou um lugar graças à sua técnica e persistência.

UMA DUPLA PRODUTIVA

Desde 1957, John e Paul já vinham compondo juntos. Dentre os muitos originais sofríveis, sobreviveram "Love Me Do", "I Lost My Little Girl", "Too Bad About Sorrows", "The One After 909", "Hello Little Girl", "Hot As Sun", "Catswalk", "Love of the Loved", "Thinking of Linking", entre outras. Estas músicas faziam parte do repertório dos shows amadores do Quarry Men.

A PRIMEIRA PERDA DE JOHN

No dia 15 de julho, a mãe de John, Julia, está esperando um ônibus quando é atropelada por um policial bêbado. Ela falece a caminho do hospital. John perde o rumo e este incidente o aproxima mais ainda de Paul, igualmente órfão de mãe.

CYNTHIA POWELL

John entra para o Art College e conhece a loirinha Cynthia Powell, com quem inicia um romance que os levará ao casamento.

O PRIMEIRO DISCO DOS BEATLES?

No verão de 1958, os dois, mais George, Colin Hanton na bateria e Lohn Lowe no piano (os Quarry Men remanescentes), gravam um 78 rotações em um estúdio amador. As músicas eram "That'll Be The Day", de Buddy Holly, no lado A e "In Spite of all the Danger", de Paul e George, no lado B. O grupo fazia apresentações em festas, casamentos, reuniões e pequenos clubes, tudo em escala amadora.

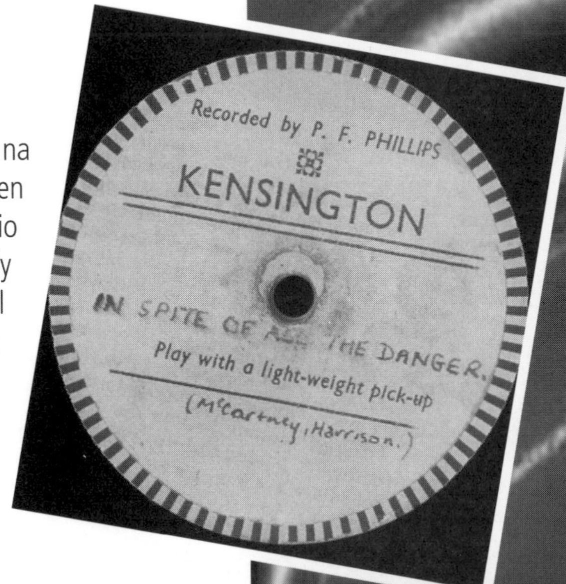

O PRIMEIRO EMPRESÁRIO?

Allan Williams, encanador por profissão, mas empreendedor e ganancioso por natureza, resolve abrir um bar. No melhor estilo de Liverpool, ele cria um *coffee bar* com música ao vivo e local para entretenimento e conversas, o "Jacaranda Club" ou simplesmente "The Jac". Logo os jovens adotam o clube como *point* noturno, pois Williams permitia que grupos de rock and roll tocassem no porão . A maioria das casas noturnas da cidade não aceitava aqueles amadores barulhentos, pois queriam músicos de verdade, tocando jazz. Os grupos corriqueiros no Jac eram Rory Storm and The Hurricanes e Derry and The Seniors. Palavras de Williams: "Eles ficavam passando o tempo no Jac, felizes por sentarem perto dos grupos de sucesso da cidade, o Rory Storm and The Hurricanes e o Derry and The Seniors. Eles tocavam em festas do Art College, pequenos clubes e bailes, mas o som que faziam era horrível. Para mim (e outras pessoas), eles eram um grupo de fracassados. Mas eram diferentes, tinham personalidade forte, chamavam atenção. Mas não passavam de perdedores".

1959

SEM BATERISTA

A FAMA E "O ÚLTIMO TREM"

NO BRASIL

É lançado o LP *Chega de Saudade*, de João Gilberto

Maria Esther Bueno é campeã do torneio de tênis em Wimbledon

Surge a ponte aérea Rio–São Paulo

Celly Campello explode com as vendas de seus discos

Roberto Carlos grava seu primeiro disco

Os Golden Boys lançam vários discos

O primeiro programa de música jovem da TV: *Crush em Hi-Fi*

Pipocam grupos e cantores de rock no Rio e em São Paulo: Renato e seus Blue Caps, The Rebels, The Avalons, George Freedman, Demétrius, Ronnie Cord, Trio Esperança

Sergio Murilo alcança o estrelato com o disco *Marcianita*

KASBAH HAS A NEW MEANING FOR LOCAL TEENAGERS

"Come with me to the Kasbah," is a sentence familiar to Charles Boyer fans, but for teenagers in West Derby it has taken on a new meaning.

The Kasbah is a club which was opened recently by an enterprising mother, Mrs. Mona Best, Haymans Green, West Derby, in the cellars of her home.

"The house was like a railway station," Mrs. Best told the Reporter, "then my sons had the idea of turning the cellars into a 'den' for their friends. They began by papering the walls, but of course with it being a cellar it wouldn't stay up, so they became downhearted."

Mrs. Best decided that the job should be done properly so, after a conference with 18-years-old Peter, Rory (aged 15) and some of their friends, they decided to form a club.

For two months Mrs. Best helped the boys to paint the walls and stain the boards that now give the club its Eastern atmosphere. Their pride and joy is a large dragon which is painted along the length of one wall.

GUITAR GROUP

Three of the boys, Kenneth Brown, 149, Storrington Avenue, Norris Green, David Hughes, 119, Blackmoor Drive, West Derby, and Douglas Jenkins, 28, Cottesbrook Road, Norris Green, went to the cellars from their jobs each evening and helped with the conversion at weekends.

Kenneth Brown is also a member of a guitar group which entertains the club members on Saturday nights. The other members of the group, who call themselves "The Quarrymen," travel from the south end of the city to play.

They are: John Lennon, Menlove Avenue, Woolton, Paul McCartney, Forthlin Road, Allerton, and George Harrison, Upton Green, Speke. During the week members take their own records or play those provided by Mrs. Best. There is even room for the energetic who wish to dance.

The club has only been open a few weeks but already membership has exceeded 280. "I enjoy having them here," said Mrs. Best. And although her husband was sceptic about the idea at first he now admits that it is a great success.

Two of the teenagers chat with Rory Best. (B1563/1)

Three "cool cats" listen to "The Quarrymen." (B1565)

MISSIONARY WORK

The speaker at last week's meeting of the Church of the Good Shepherd Mothers Union, West Derby, was Miss J. Troughton, who took as her subject "Missionary work."

IS THIS PRESTON

Golfers up in arms

A PRIMEIRA FOTO PUBLICADA DOS BEATLES

Em fevereiro de 1959, Colin Hanton sai do Quarry Men, após uma violenta discussão com os outros membros. Lowe já havia saído também, mas sem brigas. Durante todo o primeiro semestre do ano, eles não tocam mais. George começa a tocar em outro grupo, o Les Stewart Quartet, que combina com a senhora Mona Best (mãe de Pete) de tocar na inauguração de seu clube, o Kasbah Coffee Club, em agosto. Mas por causa de uma briga, a banda desiste do compromisso. Mas o baixista Ken Brown queria honrar o acordo e, após conversar com George, este convence John e Paul a se reunirem novamente e, junto com Brown, tocar na inauguração. A volta dos Quarry Men aos palcos, em 29 de agosto de 1958, chega a aparecer nos jornais locais, com direito a foto.

UM BEATLE POR QUATRO DIAS!

Entre setembro e outubro, eles se apresentam com Ken Brown no Kasbah por quatro vezes. Mas há uma briga entre o grupo e Mona Best e Ken Brown, encerrando a participação deste no Quarry Men e da banda no clube.

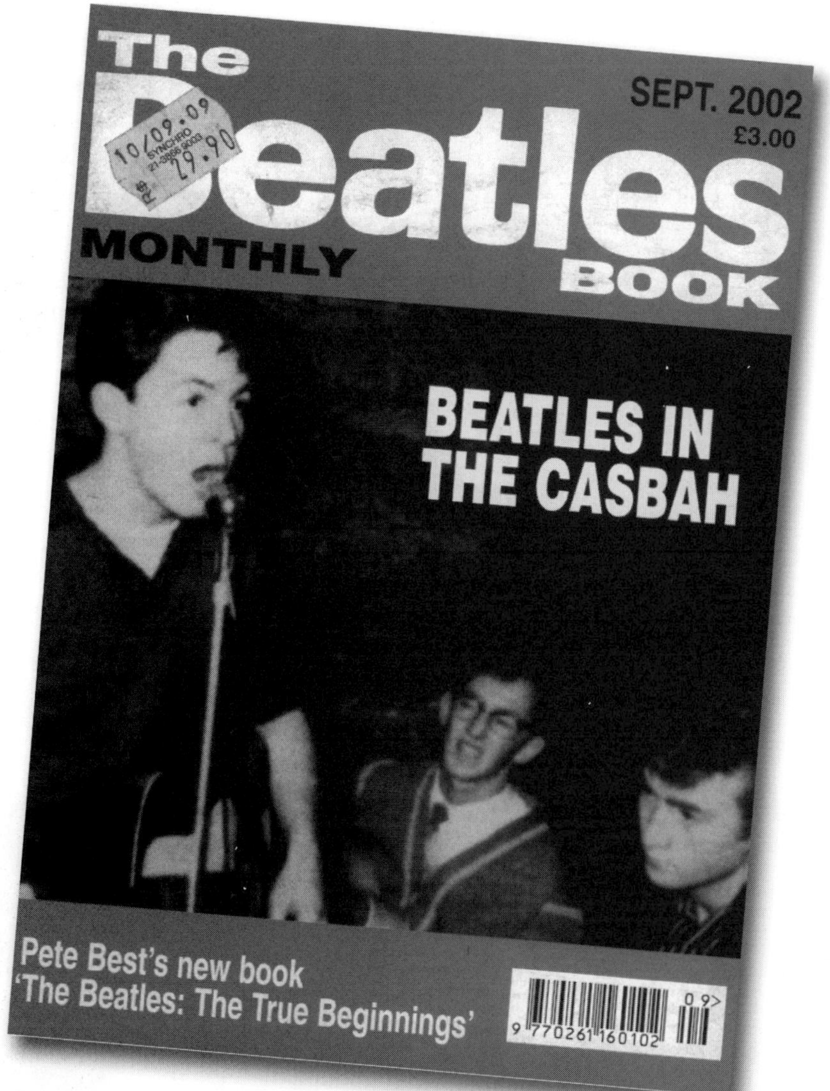

A SONHADA FAMA TEM QUE ESPERAR. OU ELES PERDERIAM O TREM.

Depois de dois anos, surge novamente a oportunidade de tentar ganhar o concurso promovido por Carroll Levis, o "Mr Star-Maker", em seu programa. Como o nome do grupo poderia ser lembrado após o fiasco de 1957, eles decidem se apresentar como Johnny and The Moondogs. Eles tocam em três noites de outubro, mas não levam o primeiro prêmio em nenhuma delas. A última chance seria em 15 de novembro, em Manchester, mas eles não puderam ficar até o final, senão perderiam o trem de volta a Liverpool. Uma das lendas a respeito desse concurso é de que o grupo teria sido filmado durante a última apresentação pela TV Manchester. Mas isso nunca aconteceu.

1960

Stuart Sutcliffe entra para o grupo

Audição para Larry Parnes

EXCURSÃO À ESCÓCIA

Três bateristas em um ano!

NO BRASIL

Inauguração de Brasília

Jânio Quadros eleito presidente

Eder Jofre é campeão mundial de boxe, categoria peso galo

Uma gravadora de rock: Young

Sergio Murilo estoura com *Broto Legal* (*I'm In Love*)

Ronnie Cord estréia com *Pretty Blue Eyes* e estoura com *Itsy Bitsy Teenie Weenie Yeallow Polkadot Bikini*

Renato e seus Blue Caps estréia em disco

Roberto Carlos ainda grava bossa-nova

The Snakes de Erasmo Carlos estréia em disco

HAMBURGO!

STU, O QUINTO BEATLE

Em janeiro, o grupo volta a ter quatro membros, com a entrada de Stuart Fergusson Victor Sutcliffe, ou simplesmente Stu. Este escocês de dezenove anos era um artista nato, sem nenhuma ambição para a música. Ele inscreveu uma de suas pinturas na segunda exposição bienal John Moores, que aconteceu entre novembro de 1959 e janeiro de 1960 na respeitada Walker Art Gallery, em Liverpool. O próprio Moores ficou impressionado com o talento de Stu e comprou seu quadro, pagando a fabulosa quantia de 65 libras (algo hoje em torno de 850 libras, ou 2.800 reais).

Mas o seu amigo de Art College e de pequenas arruaças, John Lennon, não ia permitir que esse dinheiro fosse investido em sua carreira artística, convencendo-o a comprar um baixo e entrar no grupo. Por 60 libras, Stu adquiriu um baixo Hofner President e passou a ser um Quarry Men. Mas ele nunca havia estudado na Quarry Bank School, então sugeriu uma mudança de nome no grupo. Todos adoravam Buddy Holly and His Crickets (gafanhotos), então por que não um nome baseado neles? Besouros em Inglês é beetles. Num trocadilho fonético e ortográfico, ele escreveu Beatals, que se pronuncia do mesmo modo e brinca com a "beat music", estilo em alta na Inglaterra naquela época.

FITAS CASEIRAS

O grupo começa a ensaiar sem parar na casa de Paul e no porão do The Jac. As poucas fitas desses ensaios que sobreviveram até os dias de hoje mostram um grande amadorismo e a falta que um baterista fazia. Além disso, evidenciam as enormes limitações musicais de Stu, que apenas marcava cada acorde, quando muito. Mas ele tinha carisma, um "ar de James Dean" e o toque de rebeldia que completava os malvestidos e mal-encarados Beatals.

COMEÇAM OS SONHOS COM A FAMA

Os Beatals ficam na platéia do show de Gene Vincent em Liverpool, promovido em parte por Allan Williams, pois ele não achava que o grupo estivesse pronto para ser uma das bandas de abertura.

O show foi uma loucura incontrolável, quase terminando em tumulto. Mais tarde, Williams, Larry Parnes (um famoso empresário londrino), os artistas e, é claro, os quatro Beatals foram todos para o Jac. Lá foram traçados planos entre o ambicioso empresário iniciante de Liverpool e Parnes, que precisava de grupos para acompanhar seus artistas contratados, como Billy Fury, Johnny Gentle, Duffy Power, Georgie Fame e Tommy Steele, entre outros. Fury era o que mais precisava de um grupo com urgência, pois estava com uma turnê nacional já para começar. Os Beatals, em especial John, quase torceram os pescoços de tanto que esticaram para poder ouvir a conversa entre os dois empresários. Alguns dias depois, estavam pedindo uma chance a Williams que, para tirar um sarro, perguntou quem era o baterista do grupo. John logo respondeu: "Não temos uma porra de baterista! Não conheço nenhuma merda de baterista!". Nessa época, o grupo dizia que o ritmo estava nas guitarras.

"Não temos uma porra de baterista!"

"NÃO CONHEÇO NENHUMA MERDA DE BATERISTA!"

UM NOVO BATERISTA

A pedido de Williams, o jovem Brian Cassar (do grupo Cass and The Cassanovas) sugeriu o nome de Tommy Moore para baterista dos Beatals. O problema era que Tommy tinha 36 anos, sendo muito mais velho que os rapazes do grupo. Mas isso foi superado e eles poderiam ver seu sonho tornar-se realidade.

MAIS UMA AUDIÇÃO

A audição para Larry Parnes estava acertada com Allan Williams para 10 de maio, mas o Jacaranda era muito apertado para receber as bandas, seus instrumentos e mais a comitiva de Parnes, formada por Billy Fury e Mark Forster, assistente pessoal de Parnes. Williams então resolve usar o Wyvern Social Club, que ele havia acabado de alugar e estava transformando no Blue Angel Club. Para o evento, ele selecionou os seguintes grupos, em ordem de entrada: Cass and The Cassanovas, Derry and The Seniors, Gerry and The Pacemakers, Cliff Roberts and The Rockers e os Beatals.

Williams achou que os rapazes já estavam demonstrando habilidades musicais, mas que o nome escolhido, Beatals, era ridículo, pois ninguém escrevia como eles queriam, e sim como Beatles. Os nomes compostos eram moda para os grupos e uma sugestão que foi feita era "Long John and The Silver Beatles". Eles ficaram com o Silver Beatles (Besouros Prateados).

CHEGA O GRANDE DIA

No dia 10, todos os grupos estavam chegando, animados e ansiosos. O fotógrafo Cheniston Roland, contratado por Alan Williams para documentar o evento, colocou-se bem de frente ao palco improvisado, de maneira a registrar a performance de cada banda. E os Silver Beatles têm o seu primeiro momento de pânico: Tommy Moore, o novo baterista, ainda não havia chegado. Começa a audição. Larry Parnes e sua comitiva assistem sem muito entusiasmo aos três primeiros grupos. No intervalo, um momento singelo e histórico: John pede autógrafo a Billy Fury, dando um papel com suas caricaturas no verso. Roland fez a foto pensando em registrar Fury, por isso John aparece apenas no canto.

ENTRA O SUBSTITUTO

Em seguida veio o quarto grupo, que também não empolgou muito Parnes. Então chegou o aguardado momento da apresentação dos Silver Beatles, para a qual ensaiaram uma semana sem parar. Só que Tommy ainda não havia chegado. Ao saber disso, Larry Parnes pediu a Johnny Hutchinson, do Cass and The Cassanovas, para ocupar o lugar vazio. Hutchinson relutou muito e sua irritação ficou evidente na única foto divulgada da audição.

FINALMENTE O GRUPO COMPLETO

Tirando Stu, que logo deu as costas para o grupo de avaliadores para esconder sua inabilidade com o baixo, os três guitarristas estavam dando o melhor de si. Parnes logo notou a evidente diferença em estilo dos rapazes e os outros competidores. Antes de começarem a quarta música, Tommy Moore chegou. Ele estava pegando peças de sua bateria em outro clube. O grupo apresentou seis músicas.

ESCOLHA FEITA... CONFUSÕES À VISTA

Assim que eles encerraram, Billy Fury disse para Larry Parnes

"ESTE É O GRUPO, OS SILVER BEATLES".

Parnes também achou que eles eram a melhor banda da audição, mas Stu destoava completamente. Ele se escondia, disfarçando o fato de fingir tocar a maioria das notas. Parnes virou-se para Allan Williams e perguntou:

"Pode pedir para eles tocarem algo sem o baixista?"

Williams engoliu em seco, pois sabia que os rapazes eram muito unidos, mas um pedido de Parnes era uma ordem. John na hora retrucou:

"Somos um grupo, todos ou nenhum. É assim que é."

Para não criar confusão, Parnes não discutiu e apenas disse para Williams que eles seriam aceitos, mas sem o baixista. Williams percebeu que o grupo havia evoluído muito nos últimos meses, principalmente depois da semana de ensaios para a audição. Ele decide ser o empresário da banda e tentar arrumar algumas apresentações.

COPY

TELEPHONE NO.
NEW BRIGHTON 1232

PARAMOUNT ENTERPRISES
Dance & Concert Promotion, etc.

67, SEABANK ROAD,
WALLASEY,
CHESHIRE

AN AGREEMENT MADE THE 20th DAY OF MAY 1960.

BETWEEN PARAMOUNT ENTERPRISES HEREINAFTER CALLED THE MANAGEMENT OF THE ONE PART, AND A. R. WILLIAMS (Manager) HEREINAFTER CALLED THE ARTISTE OF THE OTHER PART WITNESSETH THAT THE MANAGEMENT HEREBY ENGAGES THE ARTISTE, AND THE ARTISTE ACCEPTS AN ENGAGEMENT TO PRESENT GERRY & THE PACE-MAKERS & THE SILVER BEETLES APPEAR – (OR IN HIS USUAL ENTERTAINMENT) AT THE STATED PLACE OF ENTERTAINMENT, AND FROM THE DATES FOR THE PERIODS AND AT THE SALARIES STATED IN THE SCHEDULE HERETO.

THE ARTISTE AGREES TO APPEAR AT ONE EVENING PERFORMANCES – MATINEE

AT A SALARY OF £10. 0. 0. GERRY & THE PACE-MAKERS { TEN POUNDS
£10. 0. 0. THE SILVER BEETLES { TEN POUNDS

SCHEDULE

GERRY & THE PACE-MAKERS 2 SESSIONS OF ONE HOUR EACH
THE SILVER BEETLES 2 SESSIONS OF ONE HOUR EACH

ON WHIT MONDAY, 6th JUNE, 1960.
AT THE GROSVENOR BALLROOM, WALLASEY.

THE ARTISTE SHALL NOT, WITHOUT THE WRITTEN CONSENT OF THE MANAGEMENT, APPEAR IN ANY PLACE OF PUBLIC ENTERTAINMENT WITHIN A RADIUS OF – MILES OF THE PLACE OF ENTERTAINMENT MENTIONED HEREIN FOR – WEEKS PRIOR, DURING, AND – WEEKS AFTER THIS ENGAGEMENT.

BILL MATTER, PROGRAMME MATTER, PUBLICITY MATTER AND PHOTOGRAPHS TO BE SENT TO NIL

NOT LATER THAN – DAYS BEFORE OPENING.

ADDITIONAL CLAUSES
A prompt start is required at 8 p.m.
No local talent will be permitted from Ballroom floor.
Cheque for total amount to be made out to A.R. Williams.

SIGNATURE [signature]
ADDRESS 67, Seabank Road,
WALLASEY, Cheshire.

A TURNÊ PELA ESCÓCIA: ENFIM O ESTRELATO?

Logo Williams conseguiria, junto a Larry Parnes, que o grupo acompanhasse Johnny Gentle em sua turnê pela Escócia (de 20 a 28 de maio). O pagamento seria de 18 libras para cada um (algo em torno de 240 libras em valores atuais, ou 800 reais). Paul, em uma entrevista concedida em 1982, disse que eles não receberam o dinheiro prometido. Parnes processou Paul e conseguiu uma retratação pública, mas Paul continua afirmando que ele não pagou o acordado.

Para se ausentarem por oito dias, John e Stu faltariam às aulas no Art College, Paul mentiria para seu pai dizendo que teria "folga para estudar para as provas", George conseguiu antecipar suas férias no emprego de aprendiz de eletricista e Tommy Moore teve uma briga feroz com sua namorada para provar que traria mais dinheiro do que com o emprego na fábrica. E adotaram "nomes de palco" para impressionar as futuras fãs. Paul passou a ser Paul Ramon (o que iria inspirar o nome do grupo Ramones), Stu seria Stuart de Staël (inspirado no artista russo Nicholas de Staël) e George seria Carl Harrison (em homenagem a Carl Perkins, seu ídolo). John sempre insistiu que nunca adotou outro nome, mas durante as entrevistas para *Anthology*, série de documentários, álbuns e livro que foi exibido nos Estados Unidos em 1995, Paul disse que ele se chamou Long John Silver durante a turnê.

MAIS DECEPÇÕES

A falta de controle sobre o dinheiro, o cansaço e o total anonimato (eles eram apenas o "grupo que acompanha Johnny Gentle") fizeram com que o grupo retornasse para casa, totalmente desapontado com o "glamuroso mundo do rock and roll".

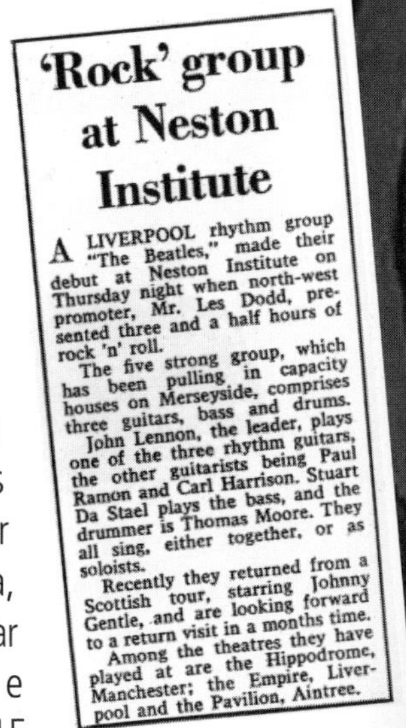

'Rock' group at Neston Institute

A LIVERPOOL rhythm group "The Beatles," made their debut at Neston Institute on Thursday night when north-west promoter, Mr. Les Dodd, presented three and a half hours of rock 'n' roll.

The five strong group, which has been pulling in capacity houses on Merseyside, comprises three guitars, bass and drums.

John Lennon, the leader, plays one of the three rhythm guitars, the other guitarists being Paul Ramon and Carl Harrison. Stuart Da Stael plays the bass, and the drummer is Thomas Moore. They all sing, either together, or as soloists.

Recently they returned from a Scottish tour, starring Johnny Gentle, and are looking forward to a return visit in a months time.

Among the theatres they have played at are the Hippodrome, Manchester; the Empire, Liverpool and the Pavilion, Aintree.

PROFISSIONAIS?

Com o retorno dos meninos, Williams arrumou compromissos "profissionais" para o grupo em dois locais "razoáveis": o Neston Institute e o Grosvenor Ballroom, famosos pelas violentas brigas na platéia, verdadeiros "linchamentos". E eles conseguiram comprar amplificadores decentes para suas guitarras: John e George dividiram um Selmer Truvoice Stadium de 15 watts, Paul usou um Elpico AC-55 de 10 watts e Stu ficou com um Watkins Westminster de potência desconhecida.

BATISMO NAS NOITES SELVAGENS DE LIVERPOOL

No Grosvenor Ballroom, eles passaram a se apresentar nas noites de sábado, as "noites selvagens", chamadas oficialmente de *Big Beat Nights*. Paul lembra que enquanto tocavam a música "(Baby) Hully Gully", dos Olympics, coisas muito "estranhas" aconteciam. No trecho "hully hully gully" a pancadaria comia solta. Era um lado do salão contra o outro. Mulheres contra homens, gangues contra todo mundo. Copos e garrafas voavam. Até o amplificador Elpico de Paul foi usado como arma por um dos arruaceiros.

Já no Institute eles tocavam nas noites de quinta-feira. Ainda usavam os "nomes de palco" Paul Ramon, Carl Harrison e Stuart de Staël. Só John e Tommy usavam os nomes reais.

A CIRANDA DE BATERISTAS ADIA O SUCESSO

Como já vinha prometendo a sua namorada e ao grupo, Tommy Moore deixa os Silver Beatles no dia 11 de junho. Ele não atendeu aos apelos desesperados para entrar na van e seguir para o Grosvenor Ballroom. Com uma bateria vazia e um público jovem enfurecido, querendo rock and roll, John faz um apelo patético ao microfone: "Tem algum baterista na platéia?". Foi uma tentativa de salvar a noite. Pois bem, um arruaceiro (dentre as centenas que havia), líder de uma gangue, subiu ao palco. Seu nome era Ronnie e o que se viu foi a destruição da preciosa bateria de Tommy. Durante o intervalo, John ligou para Allan Williams pedindo ajuda para saírem do Ballroom com a bateria, já que o tal Ronnie estava decidido a ficar com ela e ser um Silver Beatle! Com sua "educação" bem peculiar, Allan resolveu a parada.

No dia 13 o pobre Tommy foi ao The Jac pegar sua bateria e se apresentar pela última vez com o grupo. Desse dia em diante, para evitar novos Ronnies, a vaga de baterista foi ocupada por Paul, bastante relutante, mas decidido a fazer o sacrifício para evitar mais confusões com as gangues. Mas ele só concordou em tocar nas apresentações já agendadas.

ACOMPANHANTES DE "STRIP-TEASE"

Com isso, nenhum outro agente de shows contratou o "grupo sem baterista" e o dinheiro que começava a entrar com certeza ia acabar após o contrato com as duas casas onde tocavam. Mas o faro para dinheiro de Alan manteria o grupo em atividade. Em parceria com um indiano que se intitulava Lord Woodbine, ele abriu um clube de strip-tease totalmente ilegal, o New Cabaret Artistes. Os quatro Silver Beatles passaram a acompanhar a performance da stripper Janice, acompanhada por pérolas musicais como "Third Man Theme", "Summertime", "September Song" e "Begin the Beguine", entre outras.

O EXÉRCITO VAI ACABAR COM OS BEATLES?

Numa das noites no Jac, os rapazes escutaram um baterista tocando do outro lado da rua. Era Norman Chapman, que trabalhava com reforma de móveis durante o dia e praticava bateria à noite, apenas por curtição. Ele foi imediatamente convidado a se juntar ao grupo. Mas o acaso novamente pegou a banda na hora de retomar o fôlego e pensar grande. Quando tinham tudo para ficar com um bom baterista, Chapman foi convocado para o serviço militar, indo servir por dois anos no Quênia e Kwait. E este era um presságio para o fim do grupo, pois a idade se aproximava para John, depois Paul e em seguida George. Seria o fim de seus sonhos?

UM ALEMÃO VAI "DESPERTAR" OS BEATLES

Bruno Koshmider possuía várias boates, inferninhos e cines pornôs no bairro de St. Pauli, na área da Reeperbahn, a avenida conhecida como "zona da luz vermelha" de Hamburgo. Por volta de abril de 1960, ele queria música ao vivo em suas boates, mas na Alemanha só se tocavam polcas e marchas. Ele pensou em importar grupos americanos de rock and roll, mas o custo era proibitivo. Então o empresário soube que bons grupos de rock podiam ser encontrados no Soho de Londres. Bruno freqüentou o Two-I's Coffee Bar, reduto de artistas e empresários do ramo musical, e conheceu Tony Sheridan, o primeiro roqueiro que contratou e que passou a tocar na Kaiserkeller, uma de suas principais casas.

SURGE A CHANCE

Como ficou rapidamente famoso em Hamburgo, Tony Sheridan foi cantar na boate Top Ten Club, de um concorrente de Koshmider, deixando-o na mão. Com isso, Bruno retorna a Londres em busca de substitutos para Sheridan. Aqui o acaso começa a sorrir para os Beatles. Allan Williams tinha acertado com o megaempresário Larry Parnes uma turnê com o Derry and The Seniors, mas ela foi cancelada em cima da hora. Williams ficou furioso, pegou o grupo e rumou para o Two – I's Coffee Bar, onde Parnes estaria com seus contratados. Por uma grande coincidência, Koshmider foi ao Coffee Bar na mesma noite, e encontrou Williams. Desta vez chegaram a um acordo, Bruno contratou o grupo Derry and The Seniors. Na Kaiserkeller eles se tornaram rapidamente um grande sucesso entre os freqüentadores.

Koshmider queria naquele momento um grupo para sua fracassada boate Indra. Ligou para Allan Williams, que logo pensou em mandar o Rory Storm and The Hurricanes, mas eles estavam tocando fora de Liverpool. Depois pensou no Gerry and The Pacemakers, mas o vocalista Gerry Marsden não quis viajar para a Alemanha. Só sobraram os Beatles...

MAS E O BATERISTA?

Mas eles estavam novamente sem baterista, depois da convocação de Norman Chapman para o serviço militar. Eles sabiam que o filho de Mona Best, a proprietária do Casbah Coffee Club, era baterista. E que seu grupo, o Blackjacks, estava encerrando as atividades. Aproveitaram que o show contratado para o dia 6 de agosto no Grosvenor Ballroom havia sido cancelado e rumaram para o Casbah. Eles viram Pete fazer seu último show ao lado de seu grupo (Ken Brown, Chas Newby e Bill Barrow) e o convidaram para ir com eles para Hamburgo.

PAUL GUITARRISTA?

Com a entrada de Pete, Paul ficaria de vez na guitarra, deixando de ser o baterista do grupo. Ele tratou de melhorar seu som "para as noites profissionais de Hamburgo", comprando à prestação, no dia 30 de junho, uma nova guitarra na loja Hessy's. Era uma Rosetti Solid-7, na verdade semi-acústica, com acabamento sunburst preto-para-vermelho e custo de 290 libras em valores de hoje, ou cerca de mil reais.

O CACHÊ

O contrato original previa que o grupo ficaria por dois meses, recebendo 185 libras por dia (em valores atuais, ou cerca de 620 reais), com 10% de comissão para Allan Williams. O que Paul receberia por dia, 37 libras (em valores atuais, ou 120 reais), era mais do que seu pai ganhava. Por isso ele permitiu que Paul se ausentasse de casa e perdesse tantas aulas.

BARRA-PESADA

A Hamburgo que espera os Beatles é uma cidade depravada. Suas atividades sexuais e criminosas eram conhecidas em toda a Europa. Todo tipo imaginável de bandido fugiu de Berlim antes da construção do muro e foi para Hamburgo. As brigas de gangues eram tão violentas, a ponto de os bares contratarem mais "leões-de-chácara" do que garçons! O centro do submundo de Hamburgo começava na avenida Reeperbahn. Era a zona do baixo meretrício, com garotas se exibindo nas vitrines.

Uma transversal à sua direita era uma das principais ruas do entretenimento noturno: a Grosse Freiheit. Lá ficavam as principais boates, quase todas de propriedade de Bruno.

À VONTADE...

O grupo chegou na noite do dia 17 de agosto, quando a zona estava em plena atividade. Eles ficaram chocados com "a selva de néons e sexo". Segundo Pete, havia strip-teases e brigas de garotas na lama em cada vitrine das boates. Eles nunca haviam visto nada parecido. Eram roqueiros, mas eram também garotos de boas famílias, nunca tendo freqüentado lugares similares. John, com seu cinismo peculiar, foi logo dizendo: "É legal, né rapazes?". Ao que Paul respondeu: "Acho que vamos gostar daqui!".

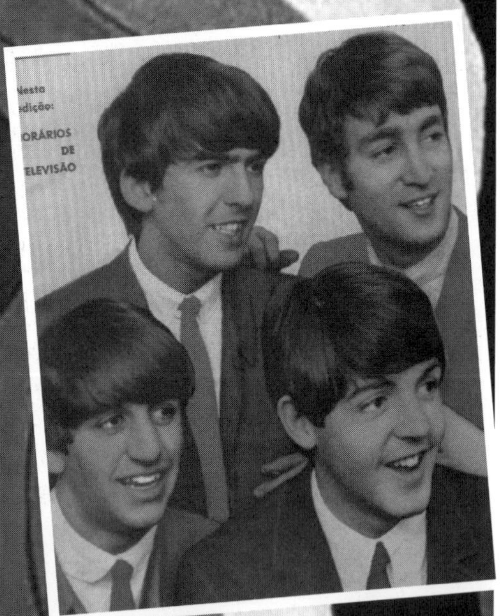

ANÚNCIO DE PROBLEMAS

Depois das 22h nenhum menor de idade era permitido dentro do distrito de St. Pauli, a zona das boates. A polícia entrava nos lugares, mandava parar o som e procurava menores de idade. Todos tinham que andar com carteiras de identidade. Ninguém sabia (e nem perguntou) que George tinha apenas 17 anos.

CARA FEIA PARA OS BEATLES

O grupo foi diretamente ao Kaiserkeller, onde Derry and The Seniors estava tocando. O saxofonista Howie Casey não disfarçou seu desapontamento com a presença dos Beatles, que ele considerava horríveis (como a vida dá voltas... em 1975, Howie faria parte do naipe de metais que acompanharia o Wings de Paul em sua megaturnê mundial).

DESAPONTADOS

Ao ver o Kaiserkeller, o grupo vibrou. Era uma bela casa, grande, com um palco espetacular. Mas Bruno sorriu e logo os fez voltar à realidade. Eles iam tocar em outra boate, na verdade um pequeno clube, no fim da mesma rua. Só que era no fim de tudo. Não havia mais as luzes das boates, o movimento, nada. Apenas o Indra Club, que era minúsculo, com quatro mesas na direita, duas na esquerda e um palco mínimo. Tinha uma pista de dança e cinco banquetas com abajures vermelhos. O palco era rodeado por grossas cortinas, que abafavam todo o som que o grupo tentasse fazer. A capacidade da casa era de apenas 60 pessoas. Segundo Pete, "era animado como a capela de um cemitério". Mas Bruno os animou dizendo que eles fariam daquele lugar um novo Kaiserkeller. E admitiu que ninguém estava freqüentando o local.

AS ACOMODAÇÕES GERMÂNICAS

E se a boate era ruim, as acomodações do grupo eram piores ainda. Bruno levou-os para o Bambi-Filmkunsttheater, um velho cinema desativado, também de sua propriedade. Ficava logo depois da Indra, na Paul-Roosen Strasse. Os beliches ficavam atrás da tela amarelada e mofada. E eles tinham que usar o velho banheiro para os banhos e "uso em geral". E o melhor: não havia aquecimento. Ao ver o local, John proferiu um "que porra é essa"? E os outros responderam em uníssono: "Nos fudemos". John e Stu pegaram logo o beliche. George foi rápido e se apoderou do sofá. Paul e Pete já estavam se acostumando com a idéia de dormirem no chão quando Bruno disse que havia mais duas camas. Os dois logo pensaram em quartos separados, mas foram para um cubículo sem luz e sem janelas, com duas coisas que de longe poderiam ser chamadas de camas. Mas Koshmider ria e falava que era temporário.

O CONTRATO

O contrato de trabalho ia do dia 17 de agosto até 16 de outubro, com uma média de seis horas por noite. Uma cláusula adicional os proibia de tocar em outra boate a menos de 40 km do Indra Club. Bruno queria evitar outro problema como o de Tony Sheridan. A primeira apresentação do grupo no Indra foi sofrível. Eles estavam famintos e cansados da viagem, mal se movendo no palco. O que não foi um problema, já que havia apenas dois freqüentadores naquela noite. Os Beatles tinham que levantar o lugar, que já havia fracassado como boate de strip-tease.

UMA VELHINHA NO CAMINHO DOS BEATLES

E logo começaram a ocorrer problemas. Não com os freqüentadores, mas com a velhinha que morava em cima do Indra. Ela reclamou do barulho do grupo com Koshmider e a polícia. Como Bruno não havia tirado as licenças de trabalho para os Beatles, ele tratou de diminuir o volume dos surrados amplificadores. Foi um desastre, pois "Long Tall Sally" não foi composta para ser sussurrada. Mas a velhinha não se deu por satisfeita e o clube teve de ser fechado em 4 de outubro. Mas Bruno não queria liberar a "mina-de-ouro" que o grupo havia se tornado, e resolveu estender o contrato até dezembro. Os Beatles iriam tocar no Kaiserkeller!

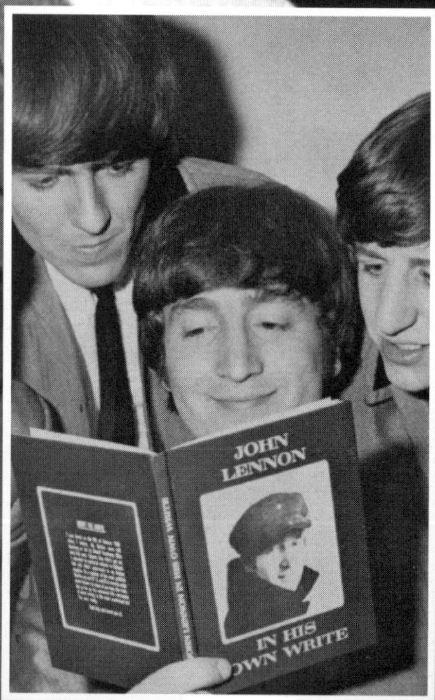

OS BEATLES NO KAISERKELLER

Inicialmente os Beatles se assustaram com o tamanho do palco. Perto do Kaiserkeller, o palco do Indra Club era uma caixa de fósforos. Eles não sabiam o que fazer e ficavam quase como estátuas, numa performance sofrível. Mas na sétima noite, Alan Williams foi visitar a banda (e sacar suas comissões, depositadas no Commerzbank, perto do Kaiserkeller). Ao ver o grupo tão desanimado, falou para que "dessem um show". Bruno, pensando no dinheiro investido, gritou do bar: "Jungen, sie bekamen es zu mach schau!" ("Rapazes, vocês têm que dar um show!"). Mach schau! Mach schau! Era a senha: façam o show!

MACH SCHAU!

Aos poucos John começou a encarnar Gene Vincent, agarrando-se ao microfone, fazendo piruetas e ameaçando cair na platéia. Paul gritava a todos os pulmões, no melhor estilo Little Richard. George ficava sério, tocando o mais profissionalmente possível. Pete fazia suas gracinhas, ficando em pé na bateria ou andando e tocando um tambor embaixo do braço. Já Stu parecia uma estátua de óculos escuros. Com o passar das noites, o show dos Beatles ficou mais animado e barulhento, pois colocavam seus pífios amplificadores no volume máximo. A platéia amava e bebia horrores. E os Beatles também enchiam a cara durante os shows. E também nos intervalos. Algumas vezes Paul tocava com a guitarra desplugada, mas ninguém percebia,tamanho era o barulho que estavam fazendo no minúsculo clube. John girava o microfone no ar, pulava, gritava, se arrastava no chão, dançava, fingia brigar com Paul no palco. Enfim, eles estavam "fazendo o show" e fazendo história.

O repertório era variado, indo de Fats Domino a Ray Charles, passando por canções como "Over the Rainbow". O ponto alto das apresentações era a participação da platéia em "What I'd Say", de Ray Charles, onde o grupo tocava a música por mais de 60 minutos! John conseguia levar "Whole Lotta Shake Goin' On", de Jery Lee Lewis, por mais de 30 minutos, indo para a platéia com o microfone e entrando por baixo das mesas, possuído pelo rock and roll. George desfiava canções de Carl Perkins e Chuck Berry, Paul atacava de Elvis e Little Richard. E os alemães deliravam.

O INÍCIO DAS DROGAS?

Todas as noites os Beatles recebiam uma ou duas garrafas de cerveja se atendessem aos pedidos dos freqüentadores. Ao mesmo tempo, já estavam tomando estimulantes para agüentar as maratonas noturnas de shows. Pílulas de todas as cores podiam ser vistas sobre os amplificadores. Combinadas com álcool, produziam um efeito devastador: o grupo ficava realmente selvagem no palco. Apenas Pete Best evitava as bolinhas.

> Em um mês o grupo já era notícia na noite e muita gente ia ao Kaiserkeller apenas para ver os "loucos Beatles e seu bufão". Lennon era o bufão, o mestre-de-cerimônias.

John ia ficando cada vez mais à vontade e selvagem, chegando ao microfone e gritando para o público coisas como "fucking Krauts", "Nazis" e "Hitlerites", com o sotaque carregado, impossibilitando qualquer entendimento por parte dos bêbados alemães. Outras vezes fazia a saudação nazista ou marchava com o famoso "passo-de-ganso" do exército alemão.

OS BEATLES E RINGO STARR DIVIDEM O MESMO PALCO

O grupo Rory Storm and The Hurricanes estava tocando no Kaiserkeller no lugar do Derry and The Seniors, e passaram a dividir o palco com os Beatles, com cada banda tocando uma hora alternadamente. O baterista de Rory Storm era Ringo Starr.

DESTRUIÇÃO DO PALCO

Apesar de grande e imponente, o piso do palco do Kaiserkeller era de madeira em péssimas condições. Os dois grupos fizeram uma aposta para ver quem o destruiria primeiro. Durante uma performance animal de "Blue Suede Shoes", Rory conseguiu. E foi multado por Bruno, que não gostou nem um pouco da brincadeira.

OS BEATLES E RINGO GRAVAM DISCO

A primeira gravação dos Beatles com Ringo aconteceu por acaso. O baixista e vocalista dos Hurricanes, Lu Walters (cujo nome verdadeiro é Walter Eymond), quis gravar algumas músicas no pequeno estúdio Akustik, perto da estação ferroviária de Hamburgo. Para a canção "Summertime", de Gershwin, ele chamou os Beatles sem Stu, já que ele mesmo iria tocar baixo. Mas como Pete Best não pôde ir, Ringo foi chamado para gravar a bateria. Sendo assim, os quatro Beatles estavam juntos pela primeira vez! Foram prensados nove discos de 78 rotações, mas apenas uma cópia sobreviveu todos estes anos.

No dia 15 de outubro, um sábado, de tarde, todos subiram até o terceiro andar do pequeno prédio e gravaram a canção. Allan Williams, que também estava presente, pagou os custos.

OS PRIMEIROS FÃS DOS BEATLES

Durante as famosas noites no Kaiserkeller, os Beatles começam a receber a constante visita de um jovem alemão na platéia: o artista Klaus Voorman. Na primeira noite ele havia brigado com sua namorada, a fotógrafa Astrid Kirchherr. Ao passar pela zona das boates, viu a balbúrdia provocada pelo grupo e resolveu arriscar entrar no "antro dos rockers", sendo ele um "exi" (de existencialista, a tribo artística de Hamburgo). Ficou tão impressionado que na noite seguinte levou sua namorada, e depois os dois começaram a levar seus amigos. Os Beatles começaram a fazer a cabeça de um grupo mais seleto de admiradores, para a alegria de John e Stu, os dois "artistas" do grupo. Stu logo se apaixonaria por Astrid.

CONTRATO RENOVADO E PROBLEMAS À VISTA

Com o crescente sucesso da dobradinha Beatles-Rory Storm, Koshminder renova o contrato das bandas até 31 de dezembro. E novamente, em letras microscópicas, estava a proibição de tocarem em outra casa perto do Kaiserkeller. No final de outubro, uma nova boate tinha sido inaugurada bem ali perto, o Top Ten Club, de propriedade de Peter Eckhorn. Seu objetivo era desbancar a fama da casa de Koshminder, e para isso contratou ninguém menos que Tony Sheridan.

AS PRIMEIRAS FOTOS "ARTÍSTICAS"

No mês de novembro, a fotógrafa Astrid faz as primeiras fotos posadas dos Beatles em diversos locais de Hamburgo, que ficaram tão famosas que são uma referência para ilustrar esse período tão importante do grupo. Ela logo influenciaria grandes mudanças no visual da banda.

QUEBRA DE CONTRATO

Logo os Beatles começam a usar os 30 minutos de descanso entre suas apresentações no Kaiserkeller para acompanhar Sheridan. E quando a banda deste, os Jets, chegou de Liverpoool, os dois grupos faziam animadas *jam-sessions* no palco do Top Ten Club. Bruno Koshminder foi avisado da violação dos termos do contrato e, já irritado com a destruição do palco, usou isso como pretexto para cancelar o contrato, enviando um aviso-prévio de 30 dias. Para piorar, avisou às autoridades que George Harrison era menor de idade. O grupo passou a dormir no sótão do Top Ten Club, um hotel cinco-estrelas perto do cinema onde dormiam. No dia 21 de novembro, George foi deportado pelas autoridades, gastando tudo o havia ganho até a data com passagens, gorjetas, táxis e comida. O aviso era para todos deixarem a Alemanha, mas o restante dos Beatles ficou tocando no Top Ten.

DEPORTAÇÃO

Paul e Pete Best vão ao cinema Bambi-Filmkunsttheater, onde haviam deixado o restante de suas roupas. Como estava escuro e não havia velas, eles tiveram a "brilhante idéia" de tocar fogo nas cortinas velhas, iluminando o local. Foram embora sem avisar o que haviam feito. Logo chegou aos ouvidos de Bruno que dois dos Beatles tentaram tocar fogo no cinema. Pronto, agora era caso de polícia. Paul e Pete foram presos e passaram a noite na cadeia. No dia seguinte, foram deportados para Londres, gastando o resto de seu dinheiro com passagens para Liverpool. Chegaram em casa no dia 1º de dezembro.

NOVO CONTRATO

Os Beatles acertam com Peter Eckhorn que voltariam em abril para o Top Ten, assinando uma carta manuscrita como rascunho de contrato. Mas eles excluíram Allan Williams do acordo, o que lhes traria problemas futuros.

FUGA PARA CASA

John, que vinha sendo procurado insistentemente pela polícia alemã, resolve voltar para casa em 10 de dezembro. Mais um que gastou todas as economias. O grupo voltou da "triunfal turnê alemã" sem um centavo no bolso. Ficaram sem se falar por cinco dias.

DE VOLTA AOS PALCOS

Os Beatles retornam da Alemanha sem baixista – Stu ficou em Hamburgo com sua nova namorada, a fotógrafa Astrid – e marcam novos shows. Para tocar com eles, chamam Chas Newby, baixista dos Blackjacks, que estava de férias escolares. A maioria era em locais já conhecidos da banda, mas no dia 27 eles tocaram no Town Hall Ballroom, em Litherland.

O NASCIMENTO DA BEATLEMANIA?

Nesse dia, tudo o que eles aprenderam nas noites selvagens de Hamburgo ficou evidente para os fãs ingleses: a banda não era mais aquela que havia saído timidamente para ganhar a fama no continente. A platéia ficou enlouquecida com o rock tocado pelos Beatles. O próprio baixista convidado não conseguia acreditar na energia dos quatro garotos. Pode-se dizer que a Beatlemania nasceu nessa noite. O proprietário da casa contratou o grupo para uma serie de shows pagando um cachê mais alto, para garantir sua presença.

OS BEATLES GANHAM UM *ROADIE*

Neil Aspinall, amigo de Pete Best, assistia aos shows do grupo no Casbah e ficou fascinado com a apresentação em Litherland. Ele começou ajudando timidamente a carregar os instrumentos, arrumando a bateria com Pete. Logo estaria trabalhando quase exclusivamente para a banda, por causa do aumento do número de apresentações. Com a maratona de shows que o grupo teria entre janeiro e março de 1961, o *roadie* Neil acabou comprando uma caminhonete para poder levar os Beatles e seus instrumentos de um lado para o outro quase diariamente.

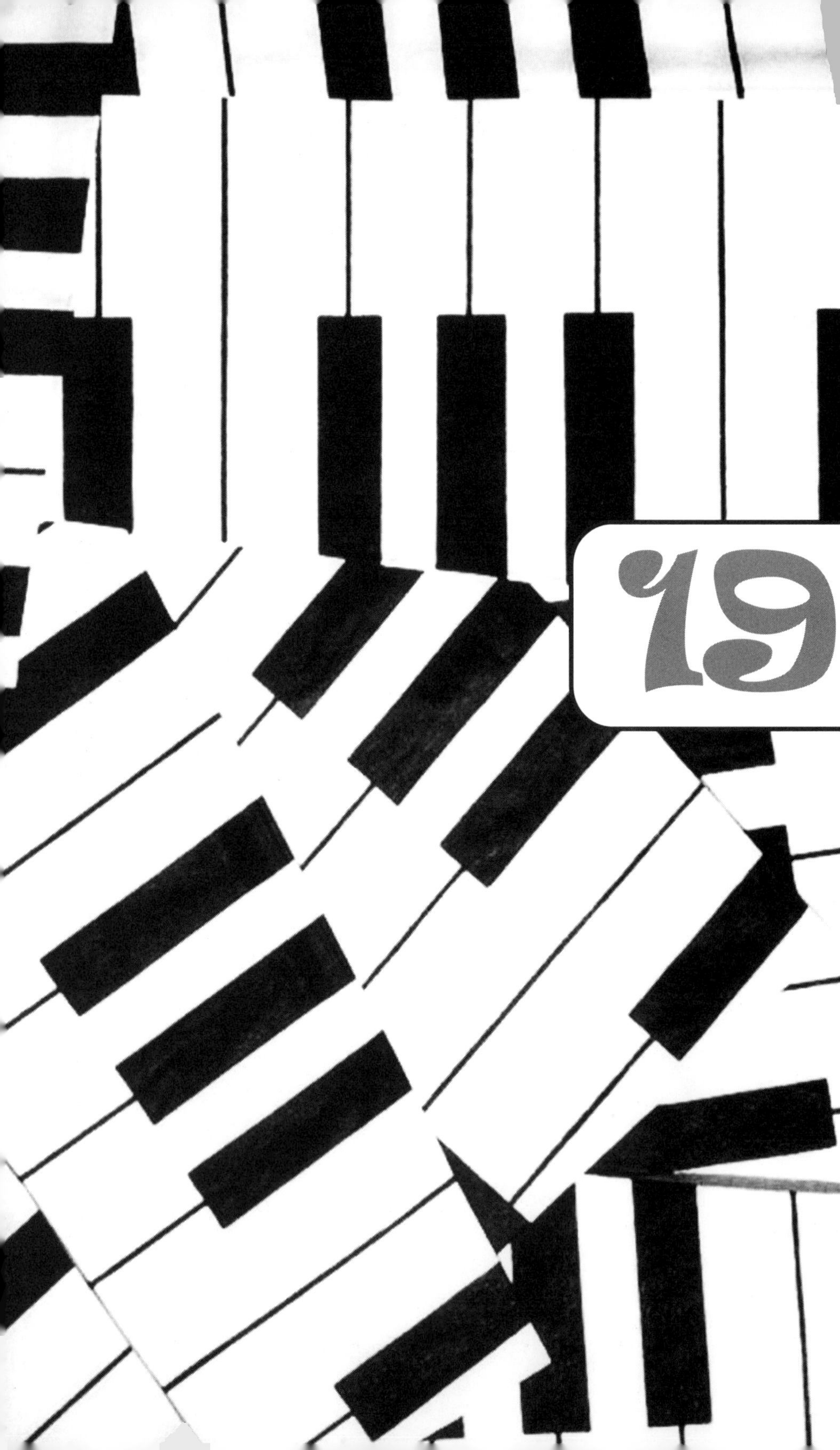

1967

Paul McCartney baixista

O famoso "baixo violino"

Gravando para Bert Kaempfert

O rompimento com o empresário

As primeiras fotos "promocionais"

SURGE BRIAN EPSTEIN

HAMBURGO DE NOVO

NO BRASIL

Jânio Quadros renuncia

João Goulart assume como Presidente (contra a vontade dos militares), mas com a decretação do Parlamentarismo

Elis Regina lança seu primeiro 78 rotações, com rock!

Roberto Carlos lança seu primeiro LP

O The Snakes de Erasmo Carlos lança seu LP

Terceiro LP de Sergio Murilo

Primeiro LP de Demétrius

Eduardo Araújo lança seu primeiro disco

Wanderléa volta aos palcos, escondida do pai

Jerry Adriani forma um grupo de rock, Os Rebeldes

The Jordans lança seu primeiro disco

A estréia de Sergio Reis e Rosemay pela gravadora Chantecler

O NOVO BAIXISTA DOS BEATLES

Janeiro de 1961 foi o mês da grande mudança nos Beatles. Com a recusa de George em assumir o baixo (muito justa, por sinal), Paul acaba ficando no posto definitivamente. Essa mudança foi vital para o som da banda, pois sendo um guitarrista nato, Paul imprimiu uma marca em seu estilo de tocar baixo, trocando as cordas de sua guitarra Rosetti por cordas de piano. Naqueles dias, cordas de baixo eram um artigo de luxo.

OS BEATLES E O CAVERN CLUB

Em fevereiro, mais precisamente no dia 21, os Beatles fizeram sua primeira apresentação no Cavern Club, bar de música que era um dos poucos lugares de Liverpool onde não havia brigas na platéia. Originalmente era uma casa de jazz, mas logo aceitou receber grupos de rock. Os Quarry Men chegaram a tocar lá quando ainda era um reduto de jazz. Quem conseguiu o contrato para os Beatles ali foi a mãe de Pete Best, Mona, e Bobby Wooler, disc-jockey do Cavern na época.

DE VOLTA A HAMBURGO

No dia 26 de fevereiro, Stu retorna a Liverpool para acertar os detalhes da volta do grupo à Alemanha. E, para matar as saudades, tocou com os Beatles novamente. No inicio de março, ele voltou levando cartas de desculpas do grupo para as autoridades alemãs. Além disso, diversas cartas foram enviadas por Mona Best e Pete para as autoridades, com garantias de bom comportamento dos rapazes. Peter Eckhorn também pagou o reembolso das despesas de deportação. O contrato assinado com o Top Ten Club seria honrado.

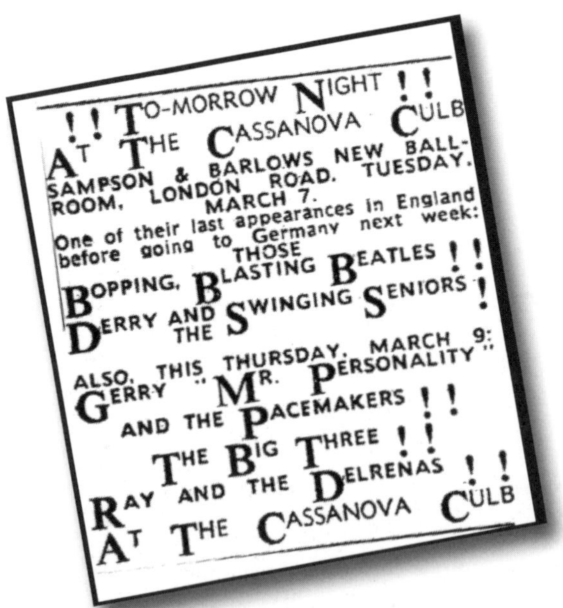

!! TO-MORROW NIGHT !!
AT THE CASSANOVA CULB
SAMPSON & BARLOWS NEW BALL-ROOM, LONDON ROAD. TUESDAY, MARCH 7.
One of their last appearances in England before going to Germany next week:
THOSE
BOPPING, BLASTING BEATLES !!
DERRY AND THE SWINGING SENIORS !
ALSO, THIS THURSDAY, MARCH 9: GERRY "MR. PERSONALITY" AND THE PACEMAKERS !!
THE BIG THREE !!
RAY AND THE DELRENAS !!
AT THE CASSANOVA CULB

MAIS UMA MARATONA

Em março, começa mais uma turnê em Hamburgo, que durou 98 noites, com a banda tocando cerca de sete horas por dia.

A fama do grupo se espalhava por toda a cidade, garantindo casa cheia todas as noites, para alegria de Peter Eckhorn, dono do Top Ten. Roqueiros e artistas existencialistas conviviam harmoniosamente na platéia. Até Stu, já fora da banda, tocava com eles várias noites.

PAGE 30 MERSEY BEAT Mar. 22—Apr. 5, 1962

THE BEATLES

Photograph by Albert Marrion

MERSEY ROUNDABOUT

by VIRGINIA

Will Ringo Starr, drummer with The Hurricanes join The Seniors on their tour of one-night stands? . . . The Wallasey group Dave and the Rave-Ons have broken up—Dave is studying for his G.C.E., and after the exams will be joining a Modern jazz group . . . Local poet Roger McGough has genuine talent . . . The Travellers are making a test record which they will be sending to Pye . . . Drummer Bob Evans has now joined Dixie and the Dare-Devils . . . The Spring- to see Lee Curtis and the Detours play at the Jacaranda Club recently—the last group we watched there were The Beatles.

The Jaywalkers have broken up for good—and there is no chance of the original personnel re-forming. Phil Rogers, bassist, is now with the Remo Four. Dale Roberts will be getting married on March 31st. Billy Buck will probably be joining a dance band and Dave Williams is freelancing.

The musical paper "Disc" spot-

ROCK AND ROLL GROUPS

Birkenhead's Own Group
Socials, Dances, etc. For
TONY AND THE QUANDROS
you ring CLA 1779 Ferry 2658

Contact the Group who are going places
KEN DALLAS AND THE SILHOUETTES
BOOtle 5362

No 'Strangers' to large audiences—**THE STRANGERS**, Harry Hutchings, Tel.: AINtree 5659.

EDDY FALCON AND THE VAMPIRES, with their dynamic "Doubl Drum-Beat". Phone: WAL 5481 o 7531.

TONY AND THE QUANDROS — Birkenhead's new rock group. Danc etc., Socials. Ring CLA 1779; R. Ferr 2658.

GERRY AND THE PACEMAKERS— 5 Menzies Street, Liverpool.

THE BEATLES—12/14 Whitechap ROYal 7895.

KINGSIZE TAYLOR AND TH DOMINOES WITH SWINGING CILL

O NASCIMENTO DE UM ÍCONE

Nessa viagem a Hamburgo, o agora baixista Paul resolve aposentar a sua surrada guitarra Rosetti, transformada em baixo, e compra um instrumento que será sua marca registrada: o baixo Hofner 500/1, em forma de violino. Ele queria ter um baixo Fender, mas o preço era proibitivo para um músico iniciante. O Hofner era barato, leve e, por sua forma, perfeito para um canhoto.

DISCUSSÃO COM O EMPRESÁRIO

Os Beatles (na verdade Stu) escrevem cartas para Allan Williams, dizendo que por terem eles mesmos fechado o contrato com o Top Ten Club, não iam mais pagar suas comissões. Ele fica furioso e manda cartas ameaçadoras. Ainda não seria desta vez que eles iriam se livrar do fraco empresário.

O FAMOSO "PENTEADO BEATLE"

Durante a visita a Hamburgo, os Beatles viram o novo corte de cabelo que Astrid fez em Stu. Era um corte moderno, acabando de vez com o topete, moda entre os precursores do rock. Todos riram muito, mas no dia seguinte George pediu para ela fazer o mesmo nele. Depois foi a vez de Paul. John relutou, mas logo estava usando o seu também. Só Pete Best nunca aderiu ao "penteado Beatle".

MERSEYSIDE'S OWN ENTERTAINMENTS PAPER

WHY NOT BE A BLOOD DONOR NOW!

MERSEY BEAT

For the care of child life— LIVERPOOL CHILD WELFARE ASSOCIATION INC.

Price THREEPENCE

JULY 20—AUGUST 3

VOL 1 NO 2

BEATLE'S SIGN RECORDING CONTRACT!

Left to Right Pete Best George Harrison John Lennon Paul MacArthy Stuart Sutcliffe

OS BEATLES ESTRÉIAM EM DISCO

Na turnê alemã, os Beatles constantemente acompanham o cantor inglês Tony Sheridan, assíduo freqüentador das paradas de sucesso. Com um contrato de gravação com o maestro Bert Kaempfert, da Polydor, Tony queria que o grupo o acompanhasse naquelas gravações. Eles assinaram então um contrato que garantia 10 libras, cerca de 35 reais em valores atuais, para cada um. Nos dias 22 e 23 de junho, as músicas escolhidas para as gravações foram "My Bonnie", "The Saints (When The Saints Go Marchin' In)", "Why (Can't You Love Me Again)", "Nobody's Child", "Take Out Some Insurance on Me Baby", "Ain't She Sweet" e "Cry for a Shadow". Esta última era uma composição de John e George, e eles cederam os direitos para a editora de Bert. O local das gravações foi o palco da escola Friedrich-Ebert-Halle, cuja acústica era fenomenal. As gravações soam modernas até os dias de hoje, com timbres e nuances não encontrados em discos da época.

PAGE 20

MERSEY BEAT

READERS' LETTERS

I've tried everywhere else and you seem to be my last resort. PLEASE could you give me some gen on George Harrison guitarist with "The Beatles". I saw "The Beatles" at the Cavern on July 21st at the lunch-time session and I think George is the utmost, ginchiest, skizziest, craziest cool cat I've ever seen. Why don't "The Beatles" record "The Hully Gully Song"? I'm sure it would be a hit.

Audrey McDowall,
112 Coronation Road,
Lydiate, nr. Maghull,
Lancs.

Photo by Bob Dean

THE BEATLES AGAIN! SEEN HERE DURING THE RECENT ALL-NIGHT SESSION AT THE CAVERN

MUITAS FOTOS

Esse período em Hamburgo garantiu um bom estoque de fotos dos Beatles, feitas por Astrid, Jürgen Vollmer e Peter Brüchmann, seus admiradores.

DE VOLTA À ROTINA DE SHOWS

Em julho, o grupo está novamente em Liverpool, com uma nova maratona diária de apresentações por toda a região do Rio Mersey. Era comum eles tocarem três vezes no mesmo dia, levando o jovem Neil Aspinall à loucura, dirigindo de um lado para o outro.

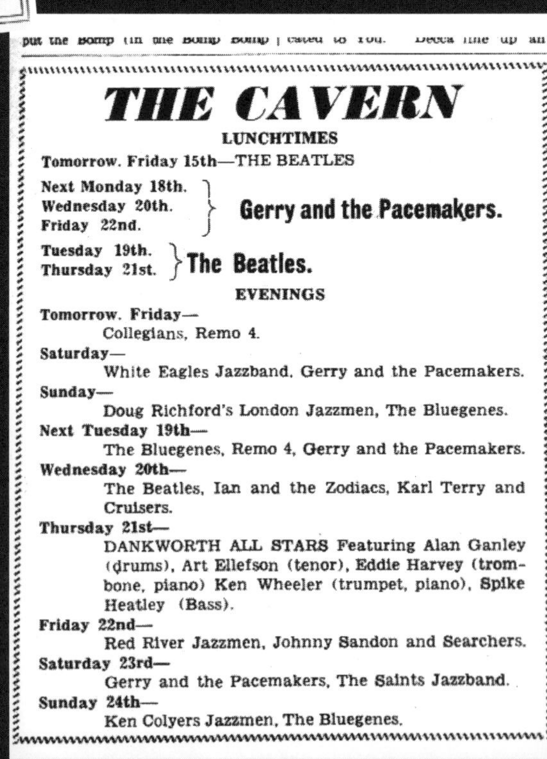

O PRIMEIRO LANÇAMENTO COMERCIAL

No dia 23 de outubro, é lançado o compacto *My Bonnie/The Saints* (24 673 NH). Creditado apenas a Tony Sheridan & The Beat Brothers (um nome genérico para substituir Beatles, que soava igual a um palavrão em alemão), o disco alcançou relativo sucesso na Alemanha, alcançando o 32º lugar nas paradas locais. Nada mais.

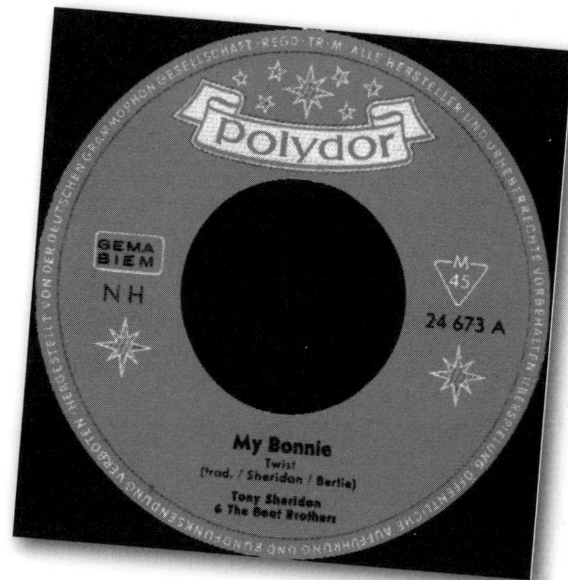

ENTRA EM CENA BRIAN EPSTEIN. PARTE 1 – A LENDA

Reza a lenda que um jovem chamado Raymond Jones entrou na loja de Brian, a NEMS, especializada em discos de todos os gêneros, e pediu o compacto dos Beatles. Brian confirmou não ter o disco em estoque, mas que iria solicitar ao distribuidor, mas como bom homem de negócios, ficou intrigado por não ter em sua loja um disco de um grupo da sua cidade. Essa história tem muitos furos, pois sua loja tinha anúncios no principal jornal de música da região, em que os Beatles figuravam sempre na capa. A loja era também um dos pontos-de-venda dos ingressos do festival Operation Big Beat, onde o nome do grupo estava em destaque. Mas o principal ponto que invalida essa lenda é o fato de nenhum fã dos Beatles conhecer esse tal de Raymond Jones. Na verdade, essa foi uma história inventada por Brian quando escreveu sua biografia, para justificar seu interesse pelo grupo.

Aufnahmeprotokoll

VERÖFFENTLICHUNG N U R FÜR FRANKREICH !!!

Produktion Hamburg

Titel:	Cry For A Shadow	**Zeitdauer**	2'26"
	24757		
Gattung:	-.-		
Komponist:	George Harrison-John Lennon	**Textdichter:**	-.-
Arrangeur:	Harrison-Lennon	**Verlag:**	Tonika-Musikverlag

Ausführende:

1. Solist: -.-
2. Background:
3. Orchester: The Beat Brothers
4. Instrumentalsolisten:
5. Dirigent:

Stereo
Kontrollbl

Aufnahmeort:	Hamburg-Harburg	Aufnahmeraum:	Friedrich-Ebert-Halle
Aufnahmedatum:	22./23.6.1961 Nachaufnahme: 4.10.1961	Ausstellungsdatum des Protokolls:	7.11.1961
Künstlerische Aufnahmeleitung:	Bert Kaempfert	Technische Aufnahmeleitung:	Karl Hinze
Bandtype und Bandnummer:		Frequenz:	50 Hz.
Überspielnummer:		Bestellnummer:	

Gegenseite: für E.P.H.

Künstler-Lizenz für: Tony Sheridan 5/1.67 EL-Not

Ausgestellt von: Riedel (Name)

Etikettentext GEMA BIEM

VERÖFFENTLICHUNG N U R FÜR FRANKREICH

Cry For A Shadow
(Harrison-Lennon)
The Beat Brothers

A | B

DG 22 109 7.61

STEREO

MERSEYSIDE CIVIL SERVICE CLUB

THE FABULOUS BEATLES

On Tuesday, 7th November, 1961

Guest's Ticket 3/-

The member whose name appears on the reverse of this ticket must accompany the bearer and sign the Visitor's Book at the time of admission

ENTRA EM CEN

FOTOS PROMOCIONAIS

Para poder apresentar o grupo, Brian marca uma sessão de fotos dos Beatles exibindo suas surradas roupas de couro preto. O fotógrafo é Albert Marion, conceituado em Liverpool.

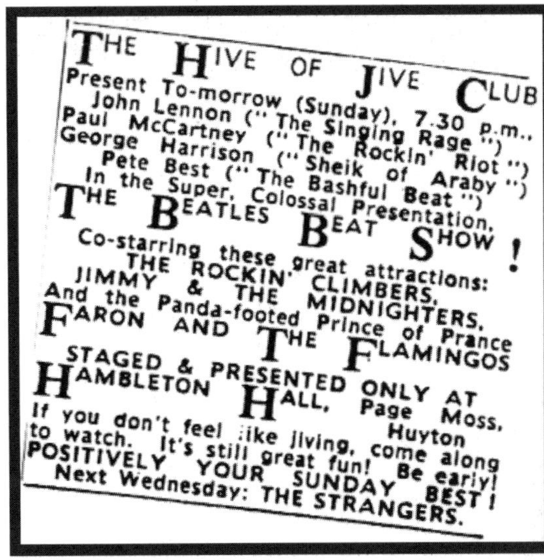

BUSCANDO MELHORES SHOWS

Brian queria que o grupo saísse do circuito Liverpool e arredores e para isso marca shows em Londres. O problema é que o grupo era um ilustre desconhecido fora de sua cidade natal. Resultado: apenas 18 pessoas na platéia.

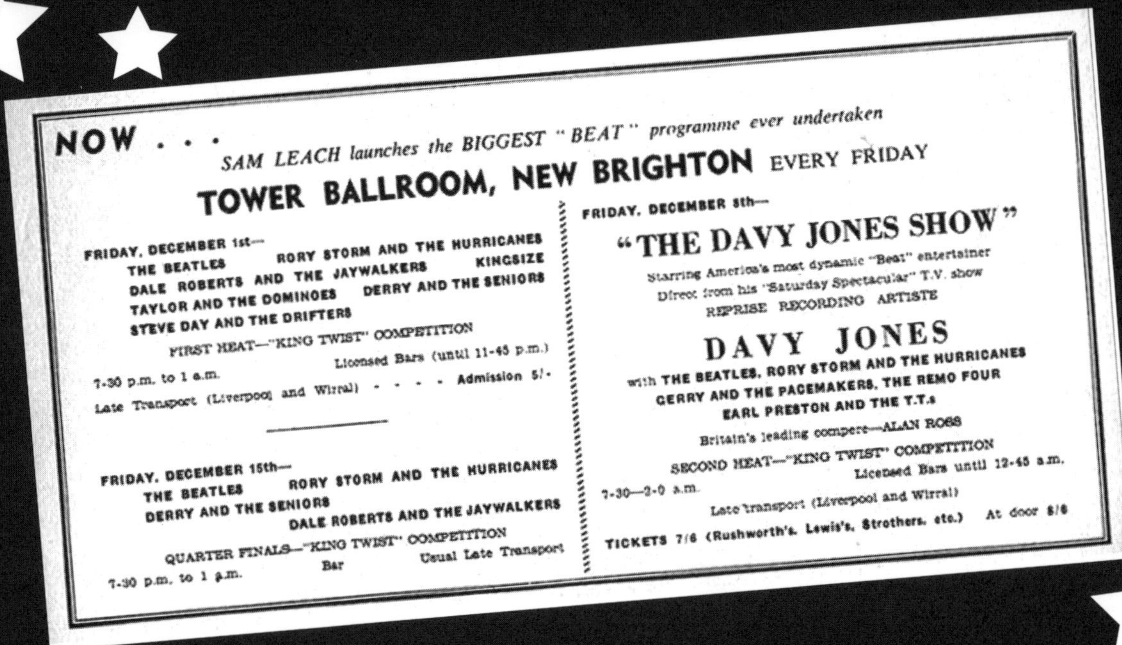
NOW . . . SAM LEACH launches the BIGGEST "BEAT" programme ever undertaken

TOWER BALLROOM, NEW BRIGHTON EVERY FRIDAY

FRIDAY, DECEMBER 1st—
THE BEATLES RORY STORM AND THE HURRICANES
DALE ROBERTS AND THE JAYWALKERS KINGSIZE
TAYLOR AND THE DOMINOES DERRY AND THE SENIORS
STEVE DAY AND THE DRIFTERS
FIRST HEAT—"KING TWIST" COMPETITION
Licensed Bars (until 11-45 p.m.)
7-30 p.m. to 1 a.m.
Late Transport (Liverpool and Wirral) - - - - Admission 5/-

FRIDAY, DECEMBER 15th—
THE BEATLES RORY STORM AND THE HURRICANES
DERRY AND THE SENIORS
DALE ROBERTS AND THE JAYWALKERS
QUARTER FINALS—"KING TWIST" COMPETITION
Bar Usual Late Transport
7-30 p.m. to 1 a.m.

FRIDAY, DECEMBER 8th—
"THE DAVY JONES SHOW"
Starring America's most dynamic "Beat" entertainer
Direct from his "Saturday Spectacular" T.V. show
REPRISE RECORDING ARTISTE
DAVY JONES
with THE BEATLES, RORY STORM AND THE HURRICANES
GERRY AND THE PACEMAKERS, THE REMO FOUR
EARL PRESTON AND THE T.T.s
Britain's leading compere—ALAN ROSS
SECOND HEAT—"KING TWIST" COMPETITION
Licensed Bars until 12-45 a.m.
7-30—2-0 a.m.
Late transport (Liverpool and Wirral)
TICKETS 7/6 (Rushworth's, Lewis's, Strothers, etc.) At door 8/6

COMEÇA A BUSCA POR UMA GRAVADORA

Sua primeira atividade para promover o grupo foi enviar uma cópia do disco *My Bonnie* e algumas fotos feitas por Jürgen Voolmer no Top Ten para o gerente-geral de marketing da EMI, Ron White, em Londres. Os selos HMV e Columbia recusam o grupo e White envia uma carta informando da negativa.

Em seguida, Brian entra em contato com os executivos da gravadora londrina Decca, com quem mantinha boas relações comerciais, visando a um contrato de gravação. No dia 13 de dezembro, o executivo Mike Smith vai ao Cavern Club assistir ao grupo tocar, e fica bastante interessado. Ele então marca uma audição nos estúdios da gravadora em um dia bastante infeliz, 1º de janeiro.

DE NOVO EM HAMBURGO?

Peter Eckhorn tenta contratar os Beatles para uma terceira temporada no Top Ten, mas recusa o cachê proposto por Brian, de 500 marcos alemães (cerca de 45 libras, ou 150 reais, em valores de hoje), por semana para cada um. Peter concordava em pagar apenas 450 marcos.

OPERATION BIG BEAT

THE HURRICANES RIP IT UP ! . . .

. . . Gold lame shirts included. Johnny Guitar, Rory, Ringo and Lu at New Brighton Tower.

PHOTOGRAPHS IN MERSEY BEAT CAN BE OBTAINED TO ORDER FROM THE OFFICE

Photo by Dick Matthews

THE BEATLES IN ACTION . . .

George, Paul, Pete and John, appearing at the highly successful "Operation Big Beat" at the Tower Ballroom. Fans of this popular group will be pleased to hear that copies of their record will be available soon at Nems.

1962

1962: O ANO DAS MUDANÇAS

Entram em cena George Martin e a Parlophone

Audição para Decca

NO BRASIL

Brasil é bicampeão de futebol no Chile

Wanderléa lança seu primeiro disco

Roberto Carlos lança *Susie*, seu primeiro álbum de rock

George Freedman desponta como ídolo com a música "Multiplication"

Mais um disco de Renato e seus Blue Caps

O Trio Esperança lança seu primeiro álbum

Celly Campello e Sergio Murilo: rainha e rei do rock brasileiro

Jet Black's lançam 78 rotações e LP

Ed Wilson lança seu disco

RECUSADOS

Mais Hamburgo

Adeus, Pete Best

Bem-vindo Ringo Starr

O primeiro disco realmente dos Beatles

MERSEYSIDE'S OWN ENTERTAINMENTS PAPER

CRANES

The name for Records, Amplifiers Transistor Radios Also Pianos and Organs

HANOVER STREET, LIVERPOOL 1
Telephone: ROYal 4714

MERSEY BEAT

NEMS

WHITECHAPEL AND GREAT CHARLOTTE STREET

THE FINEST RECORD SELECTIONS IN THE NORTH

Open until 6-0 p.m. each day (Thursday and Saturday 6-30 p.m.)

Vol. 1 No. 13 — JANUARY 4-18, 1962 — Price THREEPENCE

Beatles Top Poll!

FULL RESULTS INSIDE

Cover photograph by Albert Marrion

JOHN LENNON — GEORGE HARRISON — PAUL McARTREY — PETE BEST

IVAMAR

WHAT DOES IT MEAN?

IN THIS ISSUE

CLUBLAND

POLL RESULTS

3 JACK O' CLUBS
3 N.U.R. No. 5 SOCIAL CLUB
7 ODD SPOT OPENS

WALTON LANE SOCIAL CLUB

Proprietor: Mrs. Ada Taylor

THE PULSE OF CLUBLAND

ALWAYS A WELCOME FOR

A AUDIÇÃO PARA A DECCA

Depois de passarem a noite de Natal em Londres dirigindo debaixo de neve desde Liverpool, o grupo entra nos estúdios da Decca Records em pleno feriado, encontrando funcionários entediados sem a mínima animação para mais um grupinho em busca de fama. Os Beatles estavam bastante nervosos, desafinando, errando músicas fáceis e insistindo num repertório escolhido por Brian, que pouco tinha a ver com suas apresentações. As gravações duraram cerca de duas horas e renderam quinze músicas, sendo três de autoria de John e Paul.

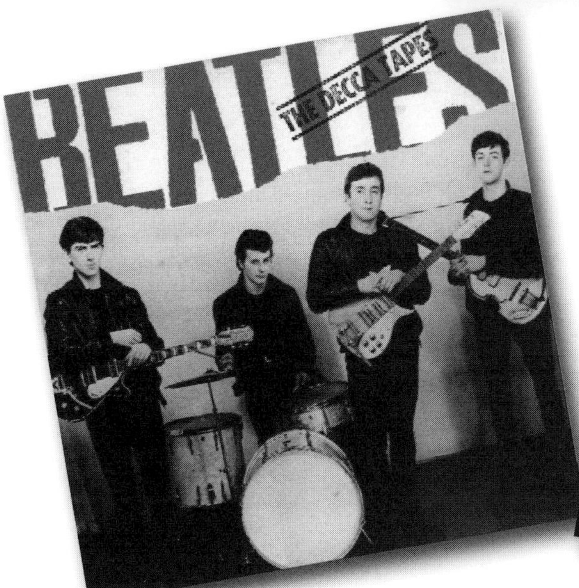

OS BEATLES GANHAM CONCURSO

No dia 4 de janeiro, sai o resultado do concurso do jornal *Mersey Beat*. Os Beatles ficam em primeiro lugar, batendo bandas já conhecidas de Liverpool. A capa do jornal traz uma das fotos promocionais encomendadas por Brian, mas com o nome de Paul errado, grafado como McArtrey.

The
Beatles
Best wishes John Lennon
George Harrison
Pete Best
Best wishes
from Paul McCartney

MAIS SHOWS

Novas apresentações acontecem todos os dias, às vezes duas, três e até quatro por noite. Os Beatles começam a ter grupos abrindo suas apresentações. Brian passa a selecionar os locais para os shows da banda, visando melhorar sua imagem (e, principalmente, o cachê). Ele também estava começando a "polir" a imagem da banda proibindo-os de comer, beber e fumar durante os shows. Locais com brigas e gangues foram aos poucos abolidos.

STAR CLUB – UMA NOVA BOATE EM HAMBURGO

Horst Fascher, antigo "leão-de-chácara" do Kaiserkeller e do Top Ten Club, que passou a trabalhar para o Star Club, de Manfred Weissleder, oferece 500 marcos por semana/músico (mais "luvas" de 1.000 marcos), e fecha um contrato para o período de 13 de abril a 31 de maio.

LP *MY BONNIE* (POLYDOR 46612 LPHM)

Em abril é lançado o LP com as gravações que Tony Sheridan fez com os Beatles e outros músicos, para a Polydor alemã.

MAIS UMA RECUSA

A gravadora Decca recusa contratar os Beatles. A desculpa era que eles soavam iguais aos Shadows, e grupos de guitarras estavam fora de moda. Os rapazes ficaram decepcionados, inclusive culpando Brian pela escolha do repertorio da audição. E não falaram nada com Pete Best.

TESTE PARA RÁDIO

Brian estava tentando tornar os Beatles conhecidos de qualquer maneira, e aparecer em um programa de rádio era uma das melhores estratégias. Em fevereiro, eles fazem um teste para o programa *Teenager's Turn*, da BBC, em Manchester. São aceitos e participam do programa em 7 de março.

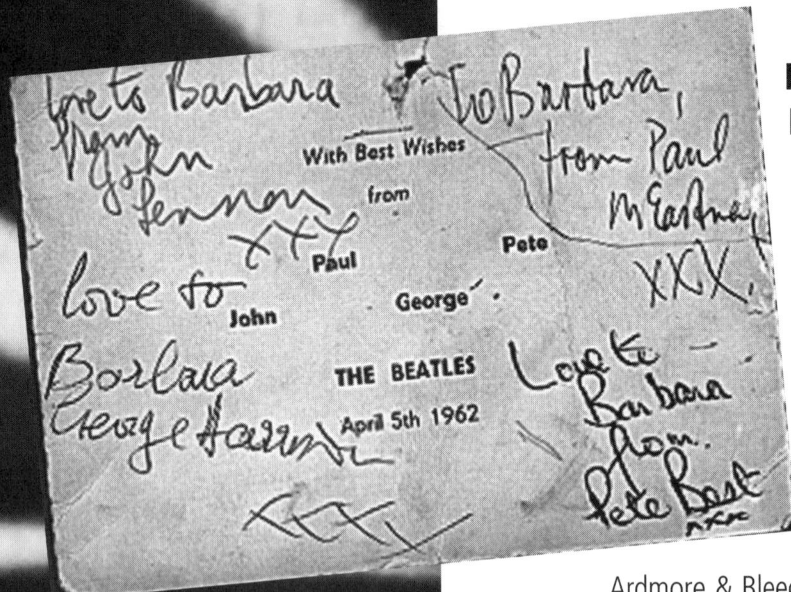

DE NOVO À PROCURA DE UMA GRAVADORA

Brian viaja para Londres ainda em fevereiro, com as fitas da audição da Decca, em nova peregrinação pelas gravadoras. Ele ouve um "não" da Pye e da Oriole. No dia seguinte, vai até a loja HMV, do grupo EMI, para passar as fitas para vinil, pois dessa forma a apresentação do som do grupo para executivos de gravadoras ficaria mais profissional. Como havia material original, composto por John e Paul, sugeriram que ele registrasse as músicas com Sydney "Sid" Coleman, da editora Ardmore & Bleechwood, também do grupo EMI. Ao saber que Brian estava atrás de um contrato de gravação, Coleman indicou o produtor George Martin do selo Parlophone, também da EMI, pois ele estava em busca de novos artistas. Na semana seguinte os dois se encontraram. Martin ouviu as músicas e gostou do jeito de George tocar e, principalmente, da voz de Paul. Mas não deixou nada agendado.

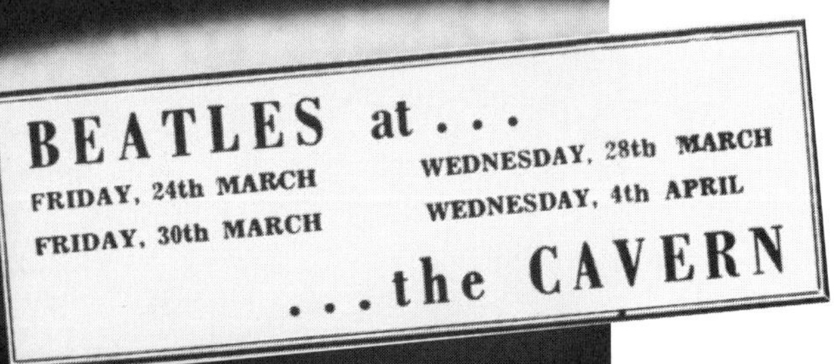

A GRANDE MUDANÇA PROPOSTA POR BRIAN

No dia 7 de março, os Beatles tiveram um susto quando abriram os quatro pacotes de papel pardo ao chegarem nos estúdios da BBC em Manchester, no Playhouse Theatre. Havia quatro ternos confeccionados pelo alfaiate Beno Dorn. A partir desse dia, os casacos de couro e as calças jeans estavam abolidos do vestuário do grupo em suas apresentações. Brian queria uma imagem respeitável para conseguir bons contratos para o grupo fora de Liverpool.

PROBLEMAS EM HAMBURGO

Os Beatles não tinham mais notícias de Stu, que então morava com Astrid. Ele estava tendo dores de cabeça constantes, acompanhadas de perda de visão momentânea. Seu estado piorava a cada dia e ele não enviava mais cartas a John, como sempre fazia. No dia 10 de abril, Stu morreu nos braços de Astrid, vítima de hemorragia cerebral.

DE VOLTA À ALEMANHA

No dia 11 os Beatles chegam de avião (mais mudanças de Brian) em Hamburgo e são recebidos por uma desolada Astrid. Ao saberem das notícias, ficam mudos e depois desabam a chorar. Mas tinham uma agenda a cumprir, e no dia 13 estavam no palco do Star Club, para sete semanas de contrato. Num dia tocavam por quatro horas (com uma hora de descanso a cada hora tocada) e no seguinte, três horas. Em uma semana dividiram o palco com Gene Vincent. Para o grupo foi a chance de estar perto de seu ídolo americano.

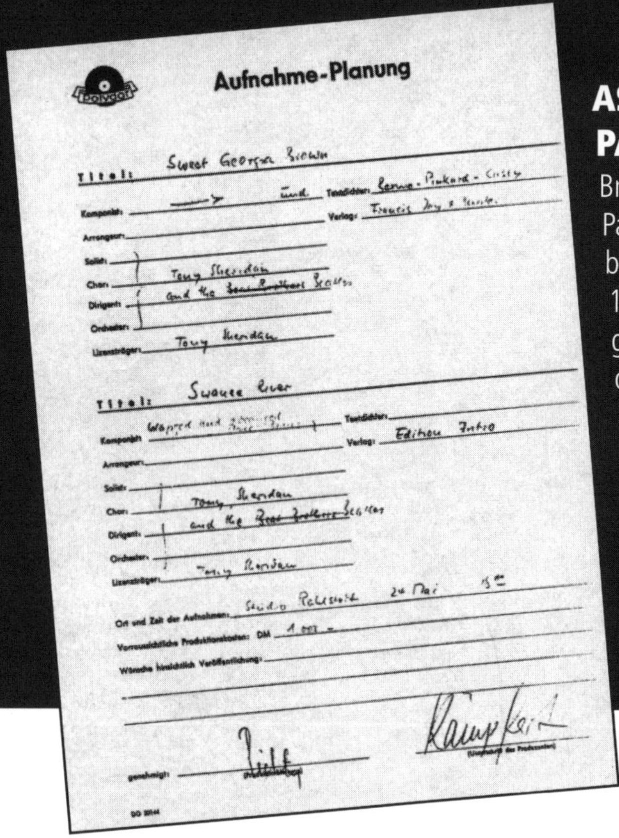
Aufnahme-Planung

Titel: Sweet Georgia Brown

Komponist: und Textdichter: Verlag:

Arrangeur:

Solist: Tony Sheridan

Chor: and the Beat Brothers

Dirigent:

Orchester:

Lizenzträger: Tony Sheridan

Titel: Swanee River

Komponist: Textdichter: Verlag: Edition Intro

Arrangeur:

Solist: Tony Sheridan

Chor: and the Beat Brothers

Dirigent:

Orchester:

Lizenzträger: Tony Sheridan

Ort und Zeit der Aufnahmen: Studio Rahlstedt 24 Mai

Voraussichtliche Produktionskosten: DM 1.000.-

Wünsche hinsichtlich Veröffentlichung:

genehmigt:

AS ÚLTIMAS GRAVAÇÕES PARA BERT KAEMPFERT

Brian, animado com a possibilidade de gravar para a Parlophone, entrou em contato com Bert Kaempfert buscando liberar os Beatles do contrato assinado em 1961. O maestro alemão concordou, desde que eles gravassem mais duas músicas com Tony Sheridan. No dia 24 de maio, o grupo (mais o pianista do Star Club Roy Young) entrou no Studio Rahlstedt e gravou "Sweet Georgia Brown" e "Swanee River". No dia seguinte o contrato foi desfeito.

A AUDIÇÃO PARA GEORGE MARTIN E A PRIMEIRA GRAVAÇÃO

Logo que chegaram a Liverpool, os Beatles ficam ensaiando no Cavern Club, e no dia 6 de junho entram pela primeira vez no famoso Estúdio 2 da EMI, em Abbey Road, Londres. Inicialmente tocaram várias músicas, numa audição para o assistente de George Martin, Ron Richards. Todos cantaram seus melhores números. Ao receberem o "ok" de Richards, gravaram quatro músicas: "Besame Mucho", "P.S. I Love You", "Ask Me Why" e "Love Me Do". Martin só chegou no estúdio quando eles estavam gravando esta última. O engenheiro de som Norman Smith o chamou, pois valia a pena ouvir o material, mas Martin não gostou muito de Pete Best, que foi bastante limitado em algumas músicas, isso quando não errava o tempo em outras. Ele preferiu agendar a gravação definitiva para uma data em setembro, pois ia pensar em uma música de impacto para o grupo gravar, em vez de composições próprias.

ROTINA DE SHOWS

Sem muito otimismo com a visita aos estúdios da EMI, os Beatles voltam à rotina dos shows diários, fazendo cerca de 80 apresentações entre junho e agosto.

are no exception. Chester's **Pacemakers** found that wherever they appeared people were mistaking them for **Gerry and the Pacemakers** and decided to change their name. They also introduced a bright note into the group with the inclusion of vocalist **Rita.**

Rita, who has been singing since she was eight years old, has developed in more ways than one. Having entered many talent contests, she has gained valuable stage experience—and together with the boys will provide a com-

STOP PRESS

Pete Best with All-Stars

Pete Best, former drummer with The Beatles, is now a member of Lee Curtis and the All Stars. His first appearance as a member of the group will take place on Monday, September 10th at the Majestic Ballroom, Birkenhead. Full story next issue.

MAJESTIC BALLROOM
CONWAY STREET, BIRKENHEAD
FIRST APPEARANCE OF
PETE BEST with
LEE CURTIS & ALL STARS
MONDAY, SEPTEMBER 10th

MERSEY BEAT EXCLUSIVE STORY

BEATLES CHANGE DRUMMER !

PETE BEST
Photo by Arthur Miller

Ringo Starr (former drummer with **Rory Storm and the Hurricanes**) has joined **The Beatles,** replacing **Pete Best** on drums. Ringo has admired The Beatles for years and is delighted with his new engagement. Naturally h is tremendously excited abo the future.

The Beatles comment "Pe left the group by mutual agr ment. There were no ar ments or difficulties, and has been an entirely amic decision."

On Tuesday, September The Beatles will fly to L to make recordings at Studios. They will be rec numbers that have been ally written for the which they have receiv their recording **George Martin** (Parlo

THE BEATLES TO PLAY

As a result of the phe Office success of The Be their 4-week season of M at the Plaza Ballroom, S directors of Whetsto ments, controllers of have engaged The Bea of four Thursday nig the Riverpark Ball which commenced on

A DEMISSÃO DE PETE BEST

No dia 16 de agosto, Brian Epstein chama Pete Best em seu escritório. Ele tinha um recado devastador: os rapazes queriam que ele saísse da banda, e já tinham um substituto: Ringo Starr, do Rory Storm and The Hurricanes. A justificativa era que George Martin não havia gostado do estilo de Pete. Mas a verdade era outra. Em primeiro lugar, havia o ciúme que Paul e John tinham da popularidade de Pete com as garotas. Ele cantava algumas músicas, chegando a trocar de lugar com Paul e ter seu momento de destaque ao microfone. Ele também havia se recusado a mudar o penteado, continuando a usar o velho topete. E o seu estilo de tocar estava estagnado, irritando o grupo, que sonhava alto. Pete saiu arrasado, pois durante dois anos cuidou da contabilidade da banda, fez do Casbah (bar de sua mãe) a casa do grupo e, na hora da fama, foi chutado. Ele não tocou naquela noite, apesar de ter se comprometido com Brian, e nunca mais falou com nenhum dos Beatles.

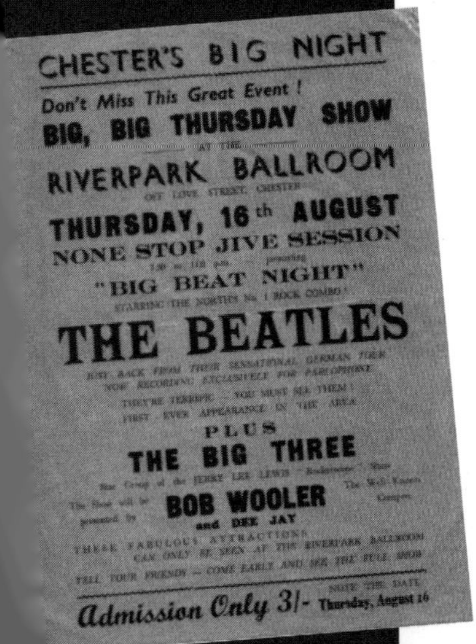

A PRIMEIRA APRESENTAÇÃO NA TELEVISÃO

Os fãs do grupo inundaram a produção da TV Granada, em Manchester, pedindo a presença dos Beatles em algum programa. Os produtores assistiram a dois shows deles e adoraram o que viram. Em 22 de agosto, uma equipe completa filmou o grupo no Cavern Club, tocando "Some Other Guy" e "Kansas City", com Ringo na bateria. Ao final da primeira música, ouvem-se os gritos de alguns fãs: "Pete, Pete", em alusão a Pete Best. A filmagem não ficou muito boa e apenas em novembro, com o grupo já famoso, ela foi ao ar.

"LOVE ME DO"

O CASAMENTO DE JOHN LENNON

Namorando sua amiga de colégio Cynthia Powell desde 1959, John recebe a notícia de que ela estava grávida e não pensou duas vezes: casou-se com ela no dia 23 de agosto, no Mount Pleasant Register Office. Mas em segredo, por causa das fãs. A lua-de-mel foi com os Beatles, pois tinham show marcado para aquela noite.

A GRAVAÇÃO DO PRIMEIRO DISCO PARA A PARLOPHONE/EMI

Os Beatles voltam à Abbey Road no dia 4 de setembro, dessa vez para a gravação definitiva do primeiro disco. Mas entre suas músicas originais havia uma, "How Do You Do It", que George Martin insistia que fosse gravada. Ele mandou um acetato, matriz para a prensagem dos discos, com uma demo para eles fazerem sua versão. A banda gravou apenas duas músicas nessa sessão: "Love Me Do" e "How Do You Do It". Foi a estréia de Ringo em Abbey Road e George Martin novamente ficou pouco impressionado com mais um baterista da banda.

"How do you do it"

A FINALIZAÇÃO DO PRIMEIRO COMPACTO-SIMPLES

Com a evidente má vontade dos Beatles com a música sugerida por Martin, no dia 11 de setembro eles voltam a Londres e finalizam o disco, gravando "P.S I Love You" (que seria o lado A, na preferência de Martin) e regravando "Love Me Do". Só que havia um baterista de estúdio, Andy White, pois George Martin não queria arriscar perder tempo, já que Ringo tinha se mostrado inseguro na sessão anterior. Em "P.S. I Love You" ele tocou maracas e em "Love Me Do", um pandeiro. Esta versão saiu no LP do grupo. Para o compacto foi mantida a versão em que Ringo toca bateria, o que garantiu que ele não saísse da banda, decepcionado.

LOVE ME DO/P.S. I LOVE YOU (PARLOPHONE 45-R 4949)

Dia 8 de outubro foi a data de lançamento oficial do primeiro disco dos Beatles, no programa *The Friday Spectacular*, da Radio Luxembourg. O programa foi gravado em um pequeno estúdio na sede da EMI, em Manchester Square, Londres. O disco tocou em playback, os Beatles fizeram uma dublagem para cem convidados e depois deram entrevista para a rádio. George Harrison foi à loucura ao ouvir o disco na rádio, acordando toda a família para ouvi-lo. Em sete dias, o álbum era o 49º das paradas.

LITTLE RICHARD E PETE BEST

No mesmo dia em que os Beatles tocaram antes de Little Richard, 12 de outubro, no Tower Ballroom, eles encontraram com Pete Best nos bastidores, pois sua nova banda, Lee Curtis & The All Stars, era uma das primeiras na programação da noite. Não houve nenhum papo entre os rapazes.

"P.S. I love you"

the cavern

A report on the legendary Liverpool venue which witnessed the birth of the Beatles era, by Terry Morgan.

NO-ONE could see the remarkable future, but none the less, the Liverpool club scene in the early years of the sixties was an exciting place to be. The now world-famous Cavern was an unknown sweaty dive with two enormous bouncers on the door and more members than it could comfortably hold. Like hundreds of other Merseyside lads I had my first underage pint in the Grapes opposite the cellar preparatory to fighting my way down after closing time to eye up the talent and dance my winkle-pickers off.

In 1961 we were in the middle of the "Trad" boom. There were as many jazz bands as there were later to be pop groups, with the Merseysippi not only the best known but as far as I know probably the only one still playing today. These bands and groups played in reconditioned warehouses throughout the city, such as Temple St.'s Storyville, or Iron Door as it had formerly been named and was soon to be called again in the boom which followed, or somewhat grander establishments like the Mardi Gras in Mount Pleasant, with an occasional change by way of a date at the Tower Ballroom, New Brighton or Litherland Town Hall.

FACTORY

The big pop names of the time were people like Kenny Ball, Acker Bilk and Terry Lightfoot, who played pop trad jazz. Lower down the bill would appear the names of rock or beat groups who were soon to become household words.

The Beatles were always something special, even in those days. They had a following who pursued them from club to club, ignoring the other acts and forming an enormous clique in front of the stage. Elsewhere were to be found groups or singers who went their separate ways to national fame or back to the factory – Johnny Sandon and the Searchers, Pete MacLaine and the Dakotas and Billy J. Kramer and the Coasters – and others who, though no less

A shot taken from the back of the stage during an actual performance by the boys at the Cavern. It certainly makes one wonder how they ever became known as the "long-haired Beatles"!

A VERDADEIRA ESTRÉIA NA TV

No dia 16 de outubro, entre duas apresentações no Cavern Club, os Beatles foram aos estúdios da TV Granada, em Manchester, e tocaram duas músicas no programa *People and Places*: "Some Other Guy" e "Love Me Do".

A CAPITOL RECORDS RECUSA OS BEATLES

A Capitol tinha o direito de recusar qualquer gravação da EMI, num acordo entre as duas empresas (apesar de a EMI ser a dona da Capitol). O produtor Dave Dexter recebeu uma cópia do disco dos Beatles e recusou o lançamento. Ele fez isso por causa da gaita de John, vista como um instrumento de blues. Como o disco não estava fazendo muito sucesso na Inglaterra, nem a EMI nem George Martin se importaram, naquele momento.

HAMBURGO NOVAMENTE

Os Beatles chegam no dia 1º de novembro. Esta foi uma das mais rentáveis das temporadas em Hamburgo. Eles tocaram mais uma vez no Star Club, e dividiram o palco novamente com o ídolo Little Richard. Tocaram 14 dias, com uma média de três horas por noite.

"LOVE ME DO" SUBINDO NAS PARADAS. UMA AJUDINHA DO EMPRESÁRIO?

O disco vai subindo lentamente nas paradas de sucesso, aumentando os rumores de que a cadeia de lojas de disco de Brian, a NEMS, teria comprado cerca de 10 mil cópias nesses quase dois meses. No final de novembro, já chegava ao 23º lugar.

NOVO DISCO PARA A PARLOPHONE

Com o modesto sucesso de "Love Me Do" nas paradas, os Beatles voltam à Abbey Road, em 26 de novembro, para gravar um novo compacto simples. Tocaram "Please Please Me", "Ask Me Why" e "Tip of My Tongue". George Martin disse que a primeira música estava tão boa que seria o primeiro sucesso do grupo nas paradas. Mas disse que a última tinha ficado muito ruim e não seria aproveitada.

O BRASIL RECEBE UM DISCO DOS BEATLES (OU QUASE ISSO)

Em novembro é lançado aqui o LP *Twistin'* (Polydor DCP 621517), que era o disco alemão de Tony Sheridan. Mas o nome Beatles ainda não aparecia.

SUCESSO À VISTA

Com o disco subindo nas paradas de sucesso (chegou ao 21º lugar em dezembro), shows diários (muitos dividindo a noite com ídolos como Gene Vincent, Little Richard, Frank Ifield e Joe Brown), quatro aparições na TV, outras quatro participações na BBC e duas na Radio Luxembourg, o ano de 1962 estava encerrando-se com chave de ouro.

HAMBURGO, PELA ÚLTIMA VEZ

As últimas treze noites no Star Club acontecem de 18 a 31 de dezembro. O grupo não queria ir, pois as atividades de promoção do disco e as constantes aparições em rádio e TV estavam rendendo dividendos. Mas havia um contrato a cumprir e lá foram os Beatles para a Alemanha.

A PRIMEIRA TRANSMISSÃO NORTE-AMERICANA

Em dezembro, a rádio CFRB, de Toronto, Canadá, faz a primeira transmissão de uma música dos Beatles. Um ouvinte que havia retornado de uma viagem a Liverpool trouxe uma cópia inglesa de "Love Me Do" e a enviou junto com uma carta, contando da popularidade do grupo e de seus shows. A rádio tocou o disco numa noite de sábado.

GRAVAÇÃO PIRATA

Durante essa temporada no Star Club, a apresentação do dia 31 foi gravada por Ted "King Size" Taylor (do grupo King Size Taylor and The Dominoes) em seu gravador de rolo. Ted estava vivendo em Hamburgo e fazia muitos serviços nas casas noturnas. Cerca de três horas de material foram registradas. Brian não se interessou pelas fitas, devido à má qualidade da gravação. Elas ficaram "perdidas" até 1972, quando começou a ser divulgado que elas traziam material inédito dos Beatles. Mais cinco anos se passariam até que a qualidade das mesmas estivesse compatível com um lançamento fonográfico. Em 1977 os Beatles iniciaram uma grande batalha judicial contra o lançamento comercial das fitas, mas não obtiveram sucesso. Tudo porque permitiram que Ted Taylor fizesse as gravações "em troca de umas cervejas".

1963

Discos em primeiro lugar

"Please Please Me" – o primeiro sucesso

"She Loves You" – surge o lê-lê-lê

QUATRO TURNÊS NACIONAIS

HISTERIA EM TODOS OS SHOWS

Presença real na platéia

"I Want To Hold Your Hand" – a conquista do mundo

NO BRASIL

Fim do Parlamentarismo no País – os militares irritados

O Brasil é campeão mundial de basquetebol masculino, no Rio de Janeiro

Roberto Carlos explode com "Splish Splash", versão de Erasmo Carlos, e lança seu disco de rock

Roberto arrebenta as paradas com "Parei na Contramão"

Wanderléa lança seu primeiro LP

Surge o grupo The Fevers

The Clevers (futuro Os Incríveis) lança seu primeiro disco

Prêmio do mais conceituado jornal de música da Inglaterra

TURNÊ ESCOCESA

Entre os dias 2 e 8 de janeiro, os Beatles fazem shows pela Escócia e apareceram na TV local. Era o início dos planos de Brian Epstein para colocar o grupo em turnês fechadas, com datas e locais predefinidos e de preferência abrindo para nomes consagrados.

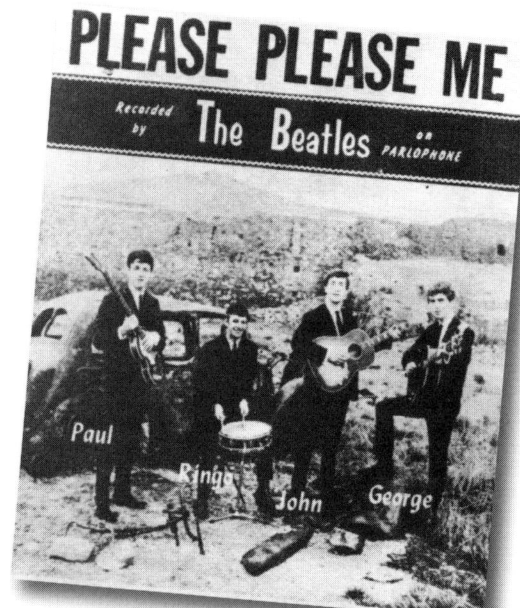

PLEASE PLEASE ME ASK ME WHY (PARLOPHONE 45-R 4983)

O segundo disco dos Beatles para a Parlophone é lançado em 11 de janeiro. George Martin acertou ao dizer que este seria o primeiro sucesso do grupo: em seis dias já estava nas paradas de sucesso!

THANK YOUR LUCKY STARS

Os Beatles aparecem, no dia 19 de janeiro, no mais importante programa musical da TV inglesa naquela época, dublando "Please Please Me". Como o programa era exibido em cadeia nacional, para muitos espectadores era a primeira vez que o grupo estava sendo visto na TV.

LANÇAR OS DISCOS NA AMÉRICA – UM TERRENO LAMACENTO

George Martin fica furioso ao saber que a subsidiária da EMI nos Estados Unidos, a Capitol Records, também não ia lançar o novo disco, já que ele tinha certeza de que seria um sucesso. E o motivo foi o mesmo: a gaita de John.

ENTRA EM CENA A VEE-JAY RECORDS

Esta pequena gravadora de Chicago tinha um contrato com a EMI e já havia lançado discos de Frank Ifield nos Estados Unidos. Com a recusa da Capitol, o novo disco dos Beatles seria lançado por esse selo.

PROGRAMAS DE RÁDIO E TV

Brian estava decidido: o rádio e a TV seriam os principais meios para vender os Beatles. Ele fazia tudo para o grupo estar no maior número possível de programas da BBC, da Luxembourg e das TVs locais e nacionais. O sucesso do disco ajudava.

ESTRATÉGIA DE SUCESSO: ABRIR PARA ARTISTAS FAMOSOS

Brian traçou uma nova estratégia para o ano de 1963. Os Beatles já eram conhecidos em todo o norte da Inglaterra e até na região central. Tocavam diariamente em vários lugares . Mas era preciso mais. Eles precisavam ficar conhecidos no país inteiro, tocar em boas casas, fazer turnês organizadas. Daí, ele começou a fazer bons contatos para encaixar os Beatles nos grandes pacotes de turnês. Sabendo que a primeira seria com Helen Shapiro (cantora de dezesseis anos que havia sido eleita a melhor cantora inglesa de 1961 e 1962), John e Paul compuseram a música "Misery" especialmente para ela, que, inexplicavelmente, se recusou a gravar a canção.

TURNÊ NACIONAL

Os Beatles iniciam no dia 2 de fevereiro a primeira parte da turnê com Helen Shapiro. Eles seriam um dos artistas que fariam a abertura dos shows, cantando apenas quatro músicas. As apresentações seriam em cinemas e teatros de primeira linha e o grupo mudou sua postura no palco. Diminuíram o volume dos amplificadores, capricharam na execução perfeita das músicas e passaram a agradecer ao público, fazendo reverência após cada número.

OS BEATLES NA AMÉRICA

No dia 7 de fevereiro, o compacto *Please Please Me/Ask Me Why* é lançado nos Estados Unidos pela Vee-Jay (VJ 498). No dia seguinte é tocado na WLS Radio, de Chicago, a primeira rádio americana a tocar Beatles.

OS 585 MINUTOS MAIS PRODUTIVOS DA HISTÓRIA FONOGRÁFICA

Devido à agenda apertada e provavelmente ao orçamento reduzido, os Beatles entram no dia 11 de fevereiro no Estúdio 2 da Abbey Road para gravar dez músicas, que, juntamente com as quatro dos compactos já lançados, comporiam o primeiro álbum do grupo. Trabalhando das dez da manhã até quase meia-noite (parando apenas para almoço e jantar), eles conseguiram gravar tudo.

RECEITA PARA GRAVAR UM CLÁSSICO: PASTILHAS PARA GARGANTA

John, gripado, estava praticamente sem voz na última música da noite, uma das favoritas do repertório do grupo: "Twist and Shout". Com um pouco de leite morno, chá e as "suaves e reconfortantes pastilhas Zubes", ele conseguiu gravar a canção e acabou de vez com sua voz. O que se ouve no disco é John esgoelando-se e perdendo a voz. Com fones de ouvido, é possível ouvi-lo tossindo ao final.

"Please Please Me"

UMA INOVAÇÃO DE GEORGE MARTIN

Para abrir o disco foi escolhida a música "I Saw Her Standing There", principalmente por ser um número bem animado Como diferencial, George Martin deixou a contagem que Paul fazia, marcando a entrada de todos os músicos no tempo certo. A clássica abertura do disco seria "one-two-three-foooooour".

O CANADÁ APOSTA NOS BEATLES

A Capitol canadense teve mais visão do que a matriz americana. Talvez por ser inglês, o gerente de promoções e produtor Paul White gostou do que ouviu ao receber uma cópia de *Love Me Do*. E como era de praxe naqueles dias, nem solicitou fitas master: copiou direto do vinil inglês. E lançou *Love Me Do/P.S. I Love You* (Capitol 72076) no dia 22, com a versão de Ringo na bateria. E apostou no disco como o próximo grande sucesso no Canadá. Acabou vendendo apenas 78 cópias.

Helen Shapiro was the big star of the first tour in which the Beatles appeared in 1963.

PRIMEIRO LUGAR NAS PARADAS DE SUCESSO

No dia 22 de fevereiro, "Please Please Me" chega ao primeiro lugar na parada da revista *New Musical Express*.

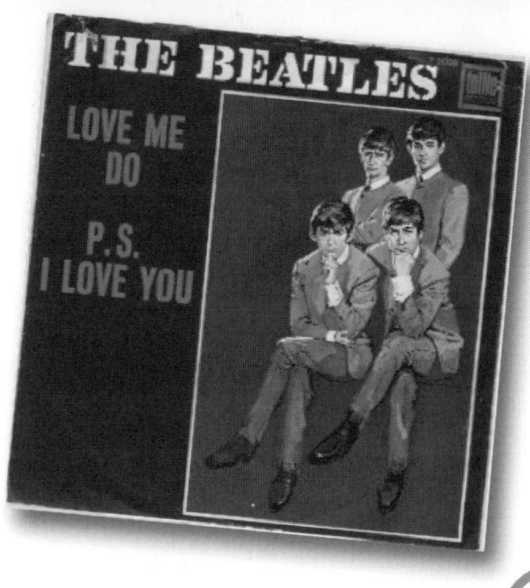

UMA NOVA COMPANHIA

No mesmo dia, foi fundada a Northern Songs, a editora que cuidaria das composições de John e Paul.

MUDA A POSIÇÃO NA TURNÊ

Os Beatles não estavam mais no início da primeira metade do show, como uma das atrações de abertura. Eles já eram a atração principal do primeiro bloco, o que faria toda a diferença nas turnês seguintes. E já havia a histeria das fãs na porta dos teatros.

Please Please Me

THE BEATLES

PMC 1202

■ GEORGE HARRISON (lead guitar) ■ JOHN LENNON (rhythm guitar)
■ PAUL McCARTNEY (bass guitar) ■ RINGO STARR (drums)

SIDE ONE

1. I SAW HER STANDING THERE (McCartney-Lennon)
2. MISERY (McCartney-Lennon)
3. ANNA (GO TO HIM) (Alexander)
4. CHAINS (Goffin-King)
5. BOYS (Dixon-Farrell)
6. ASK ME WHY (McCartney-Lennon)
7. PLEASE PLEASE ME (McCartney-Lennon)

SIDE TWO

1. LOVE ME DO (McCartney-Lennon)
2. P.S. I LOVE YOU (McCartney-Lennon)
3. BABY IT'S YOU (David-Williams-Bacharach)
4. DO YOU WANT TO KNOW A SECRET (McCartney-Lennon)
5. A TASTE OF HONEY (Scott-Marlow)
6. THERE'S A PLACE (McCartney-Lennon)
7. TWIST AND SHOUT (Medley-Russell)

Recording first published 1963

Pop picking is a fast 'n' furious business these days whether you are on the recording studio side listening out, or on the disc-counter side listening in. As a record reviewer I find myself installed halfway in-between with an ear cocked in either direction. So far as Britain's record collecting public is concerned, The Beatles broke into earshot in October, 1962. My natural hometown interest in the group prevented me taking a totally unbiased view of their early success. Eighteen months before their first visit to the EMI studios in London, The Beatles had been voted Merseyside's favourite outfit and it was inevitable that their first Parlophone record, LOVE ME DO, would go straight into the top of Liverpool's local hit parade. The group's chances of national chart entry seemed much more remote. No other team had joined the best-sellers via a debut disc. But The Beatles were history-makers from the start and LOVE ME DO sold enough copies during its first 48 hours in the shops to send it soaring into the national charts. In all the busy years since pop singles first shrank from ten to seven inches I have never seen a British group leap to the forefront of the scene with such speed and energy. Within the six months which followed the Top Twenty appearance of LOVE ME DO, almost every leading deejay and musical journalist in the country began to shout the praises of The Beatles. Readers of the *New Musical Express* voted the boys into a surprisingly high place via the 1962/63 popularity poll . . . on the strength of just one record release. Pictures of the group spread themselves across the front pages of three national music papers. People inside and outside the record industry expressed tremendous interest in the new vocal and instrumental sounds which The Beatles had introduced. Brian Matthew (who has since brought The Beatles to many millions of viewers and listeners in his "Thank Your Lucky Stars", "Saturday Club" and "Easy Beat" programmes) describes the quartet as *visually and musically the most exciting and accomplished group to emerge since The Shadows.*

Disc reviewing, like disc producing, teaches one to be wary about making long-term predictions. The hit parade isn't always dominated by the most worthy performances of the day so it is no good assuming that versatility counts for everything. It was during the recording of a Radio Luxembourg programme in the *EMI Friday Spectacular* series that I was finally convinced that The Beatles were about to enjoy the type of top-flight national fame which I had always believed that they deserved. The teen-audience didn't know the evening's line-up of artists and groups in advance and before Muriel Young brought on The Beatles she began to read out their Christian names. She got as far as John . . . Paul . . . and the rest of her introduction was buried in a mighty barrage of very genuine applause. I cannot think of more than one other group — British or American — which would be so readily identified and welcomed by the announcement of two Christian names. To me, this was the ultimate proof that The Beatles (and not just one or two of their hit records) had arrived at the uncommon peak-popularity point reserved for discdom's privileged few. Shortly afterwards The Beatles proved their pop power when they by-passed the lower segments of the hit parade to scuttle straight into the nation's Top Ten with their second single, PLEASE PLEASE ME.

This brisk-selling disc went on to overtake all rivals when it bounced into the coveted Number One slot towards the end of February. Just over four months after the release of their very first record The Beatles had become triumphant chart-toppers!

Producer George Martin has never had any headaches over choice of songs for The Beatles. Their own built-in tunesmith team of John Lennon and Paul McCartney has already tucked away enough self-penned numbers to maintain a steady output of all-original singles from now until 1975! Between them The Beatles adopt a do-it-yourself approach from the very beginning. They write their own lyrics, design and eventually build their own instrumental backdrops and work out their own vocal arrangements. Their music is wild, pungent, hard-hitting, uninhibited . . . and personal. The do-it-yourself angle ensures complete originality at all stages of the process. Although so many people suggest (without closer definition) that The Beatles have a trans-Atlantic style, their only real influence has been from the unique brand of Rhythm and Blues folk music which abounds on Merseyside and which The Beatles themselves have helped to pioneer since their formation in 1960.

This record comprises eight Lennon-McCartney compositions in addition to six other numbers which have become firm live-performance favourites in The Beatles' varied repertoire.

The group's admiration for the work of The Shirelles is demonstrated by the inclusion of BABY IT'S YOU (John taking the lead vocal with George and Paul supplying the harmony), and BOYS (a fast rocker which allows drummer Ringo to make his first recorded appearance as a vocalist). ANNA, ASK ME WHY, and TWIST AND SHOUT also feature stand-out solo performances from John, whilst DO YOU WANT TO KNOW A SECRET hands the audio spotlight to George. MISERY may sound as though it is a self-duet created by the multi-recording of a single voice . . . but the effect is produced by the fine matching of two voices belonging to John and Paul. There is only one 'trick duet' and that is on A TASTE OF HONEY featuring a dual-voiced Paul. John and Paul get together on THERE'S A PLACE and I SAW HER STANDING THERE; George joins them for CHAINS, LOVE ME DO and PLEASE PLEASE ME.

TONY BARROW

LONG PLAY 33⅓ R.P.M.

TRADE MARK OF THE PARLOPHONE Co., Ltd.

UM NOVO SUCESSO É COMPOSTO "NA ESTRADA"

No dia 28 de fevereiro, viajando entre duas cidades na turnê nacional, John e Paul compõem "From Me to You", que seria o próximo compacto simples. No dia 5 de março, eles gravam a música, junto com "Thank You Girl" e "The One After 909". As duas primeiras são escolhidas para o disco.

ACLAMAÇÃO NA NOVA TURNÊ

Cinco dias depois de encerrarem a turnê com Helen Shapiro, os Beatles iniciam outra, desta vez com os americanos Tommy Roe e Chris Montez como destaques. Ainda não havia a loucura dos gritos e cenas de histeria, então era possível ouvir os Beatles tocando. Já no primeiro dia, 9 de março, o público aclama os Beatles como os astros da turnê. Quando tocaram em Liverpool, Tommy Roe falou que a cidade era deles e que deviam fechar a noite. E foi assim até o fim da turnê, com o grupo sendo a atração principal.

PLEASE PLEASE ME (PARLOPHONE PMC 1202)

No dia 22 de março é lançado o primeiro álbum dos Beatles, contendo clássicos de seus shows ao lado de músicas próprias. A idéia era gravá-lo ao vivo no Cavern Club, mas foi rejeitada pela EMI. O disco não somente apresentou o grupo para o público, mas lançou um fenômeno. Composições da dupla Lennon-McCartney, como "Love Me Do", "Please Please Me", "Misery" e "I Saw Her Standing There", estavam ao lado de clássicos como "Twist And Shout".

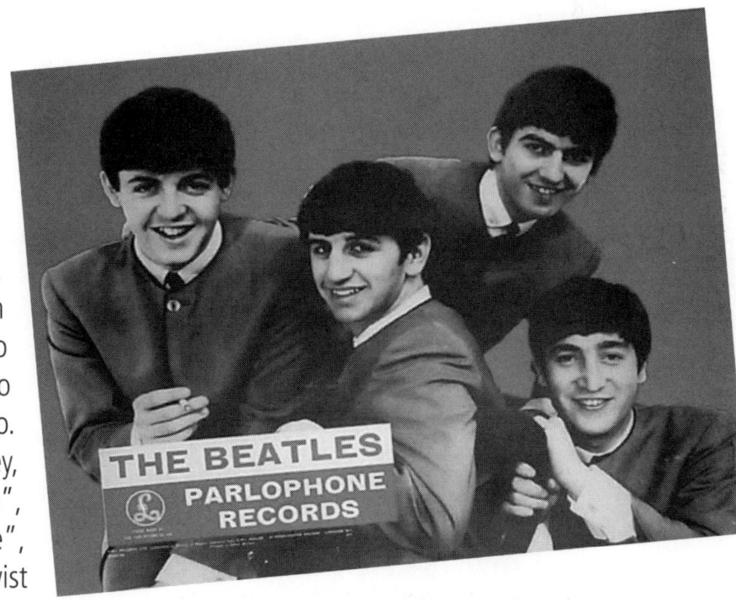

"Love me do"

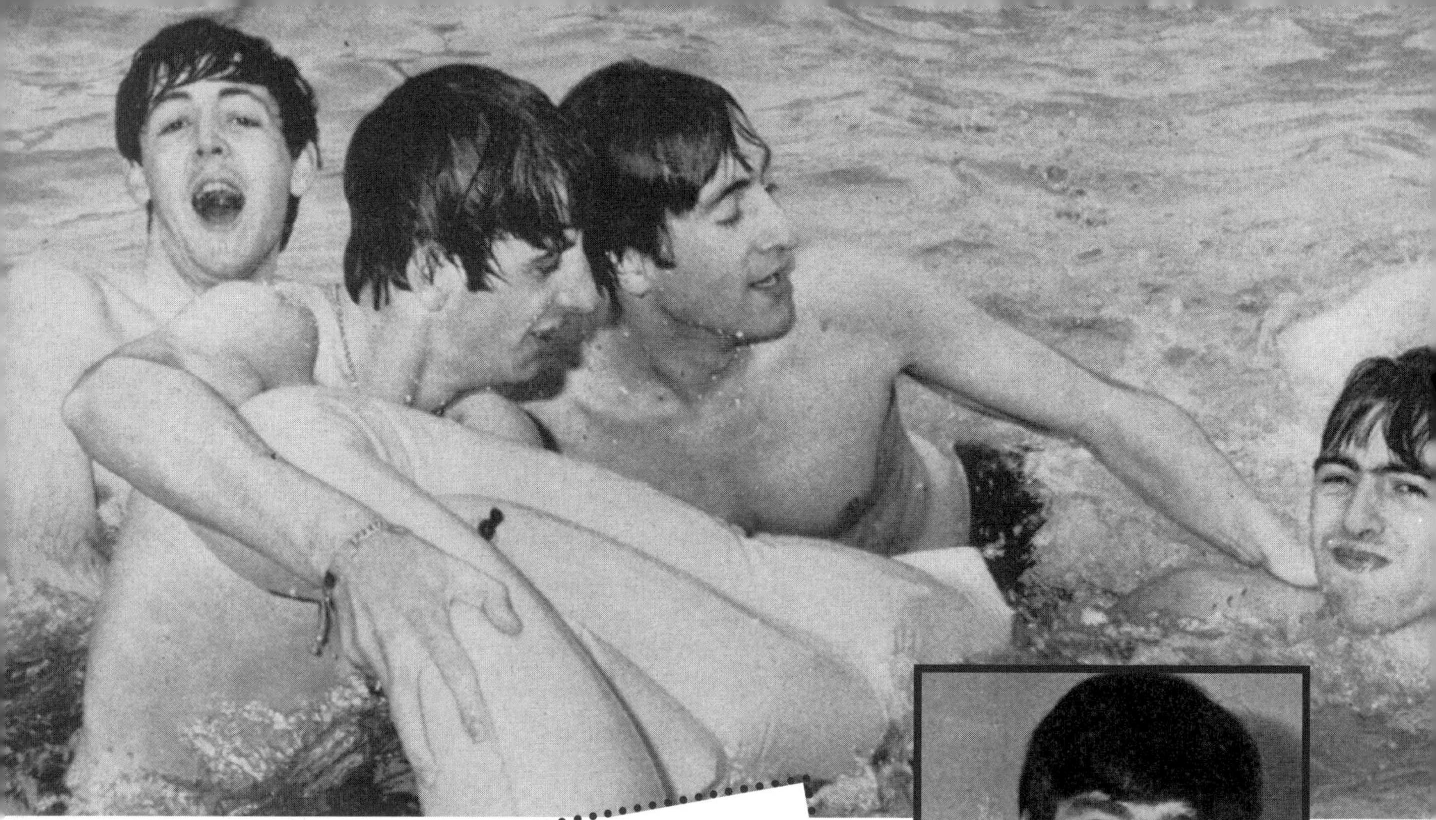

NASCE O FILHO DE JOHN

Nasce Julian, filho de John e Cynthia, em 8 de abril. O pai estava em meio à turnê nacional.

CANADÁ NOVAMENTE

A Capitol do Canadá, apostando mais uma vez no grupo, lança *Please Please Me/Ask Me Why* (Capitol 72090), no dia 5 de abril. Eles atrasaram o lançamento para dar uma chance ao disco anterior de aumentar as vendas. Este novo lançamento vende 180 cópias.

FROM ME TO YOU/THANK YOU GIRL (PARLOPHONE R 5015)

O terceiro compacto é lançado no dia 11 de abril, entrando em 6º lugar na parada da revista *New Musical Express*.

A PRIMEIRA APRESENTAÇÃO PARA MILHARES DE FÃS

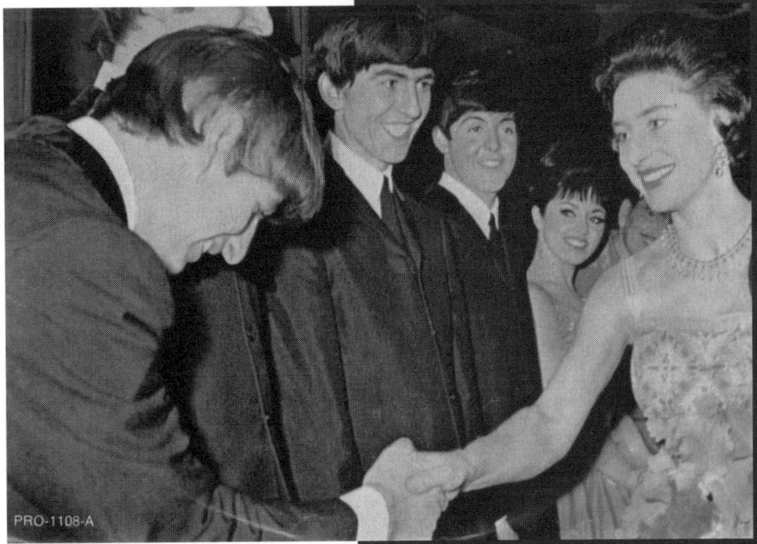

No dia 21, os Beatles tocam no Empire Pool, de Wembley, no NME Pool Winners' Concert, show promovido pela revista *New Musical Express* (*NME* na sigla) com bandas eleitas pelos leitores. A multidão foi estimada em 10 mil pessoas. Quatorze artistas foram premiados.

FÉRIAS MERECIDAS... PORÉM SUSPEITAS

John e Brian Epstein tiram duas semanas de férias na Espanha. Os outros Beatles vão para Tenerife. A viagem gera fofocas, pelo fato de Brian ser homossexual. Segundo relatos de amigos próximos, a atração acabou se consumando.

MAIS UM COMPACTO EM PRIMEIRO LUGAR

From Me To You/Thank You Girl chega ao topo das paradas em 2 de maio.

AMÉRICA

A Vee-Jay lança *From Me To You/Thank You Girl* (VJ 522) em 6 de maio, apesar das fracas vendas do compacto anterior, que não entrou no "Hot 100" da revista *Billboard*. O disco nem chegou a ser oferecido para a Capitol, já que havia um acordo entre a EMI e a Vee-Jay. Mas como também havia gaita, provavelmente também seria recusado.

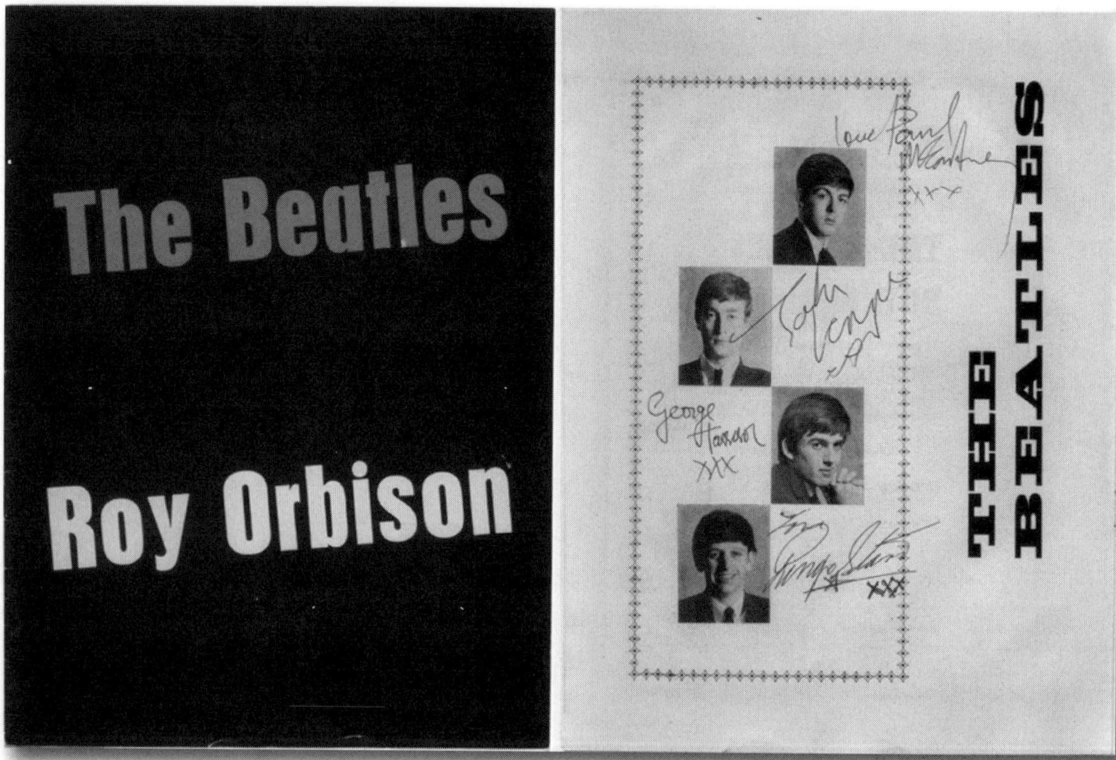

UM LP NO PRIMEIRO LUGAR

O LP *Please Please Me* chega ao primeiro lugar da parada da revista *Record Retailer* no dia 11 de maio e permanece nessa posição por 30 semanas, até ser superado por outro LP... dos Beatles!

A TERCEIRA E MAIS SURPREENDENTE TURNÊ NACIONAL

Em 18 de maio, os Beatles saem para mais uma atividade programada por Brian Epstein: abrir para o astro Roy Orbison, que estava em todas as paradas de sucesso e era um ídolo para os jovens ingleses. Mas novamente o impossível aconteceu. Os cartazes da turnê foram alterados, colocando os Beatles como a atração principal ainda no meio da turnê. Estava nascendo um fenômeno.

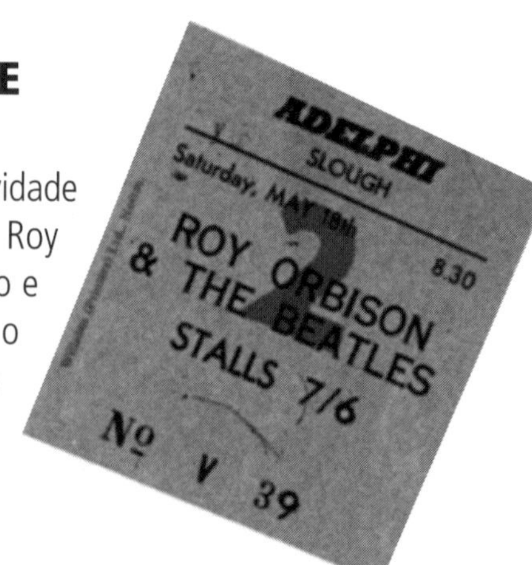

O PRÓPRIO PROGRAMA DE RÁDIO

Após participarem de vários programas, no dia 4 de junho os Beatles estream o seu próprio, na BBC: *Pop Go The Beatles*, que teria 15 edições.

CANADÁ

Com as fracas vendas dos discos anteriores, o primeiro LP dos Beatles não seria lançado no Canadá. Mas o novo compacto sim. A Capitol lança em 18 de junho *From Me To You/Thank You Girl* (Capitol 72101). Venderam 500 cópias.

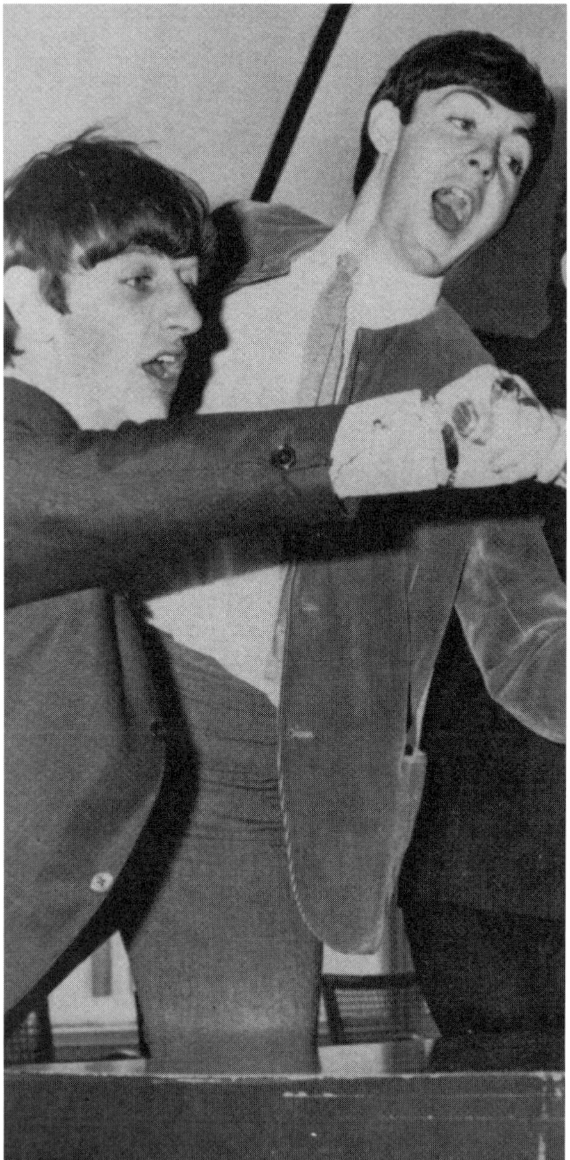

NASCE UM CLÁSSICO YEAH-YEAH-YEAH

No dia 26, em um quarto do hotel de Newcastle-Upon-Tyne, durante a turnê, John e Paul compõem "She Loves You" com a ajuda de George, que adicionou uma nota, uma "sexta" no primeiro e no último acordes. Ele nunca recebeu crédito por isso.

O PRIMEIRO LP AMERICANO

A Vee-Jay prepara em junho o primeiro LP do grupo, a ser lançado em 22 de julho. O título seria *Introducing The Beatles* (LP 1062). Mas os problemas financeiros da gravadora adiariam os planos.

ESTÚDIO 2, EMI STUDIOS, ABBEY ROAD, LONDRES

Em 1º de julho, entre 17h30 e 22h30, são gravadas as duas músicas do próximo compacto dos Beatles. Tudo iria mudar depois desse disco.

ESTÚDIO 2 NOVAMENTE – PARA O NOVO LP

Os Beatles retornam à Abbey Road no dia 18 para começar as gravações do segundo LP, ainda sem título. Das 19h até perto da 23h eles gravaram quatro músicas.

JOHN BRIGA NO ANIVERSARIO DE PAUL

Numa festa do aniversário de 21 anos de Paul, no dia 18, John briga com o famoso DJ da Cavern Club, Bob Wooler, que havia dito que ele era gay (em alusão à viagem com Brian.

MARATONA ENTRE ABBEY ROAD E A BBC RADIO

No dia 30 o grupo chega às 10h no estúdio da EMI e grava mais duas músicas para o LP. Depois vão para o Playhouse Theatre e gravam dois programas para a BBC, recheados de músicas e entrevistas. Às 17h retornam à Abbey Road e gravam mais quatro músicas para o disco.

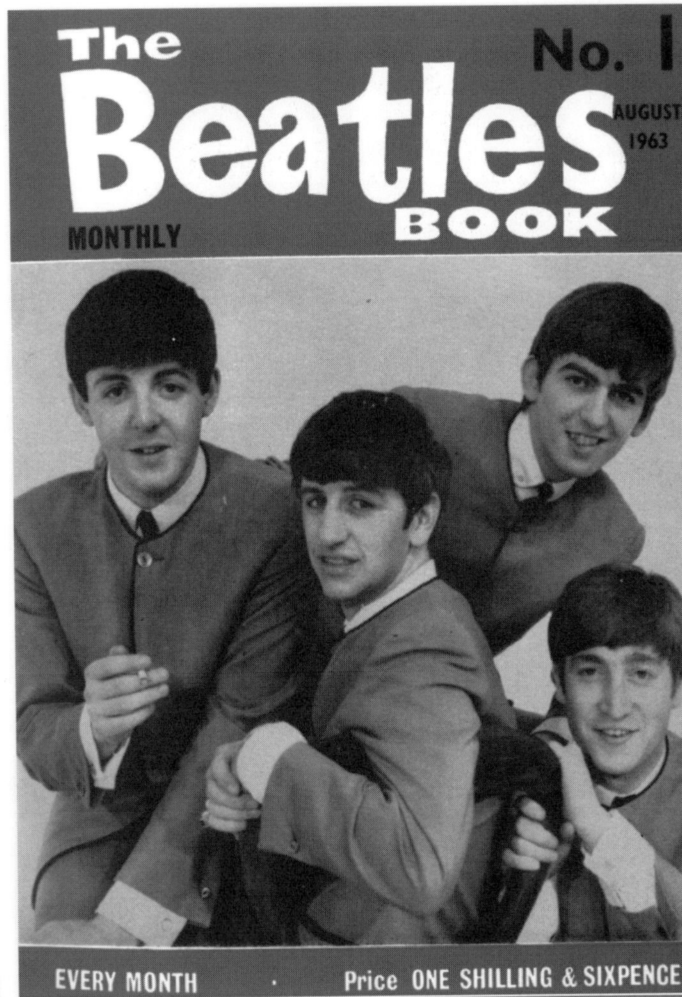

OS BEATLES GANHAM UMA REVISTA

O editor Sean O'Mahony lança em agosto a revista *Beatles Monthly*, também conhecida como *The Beatles Book*, dedicada ao grupo, com tiragem mensal. Detalhes de shows, gravações, fotos exclusivas, entrevistas... tudo aparecia na revista.

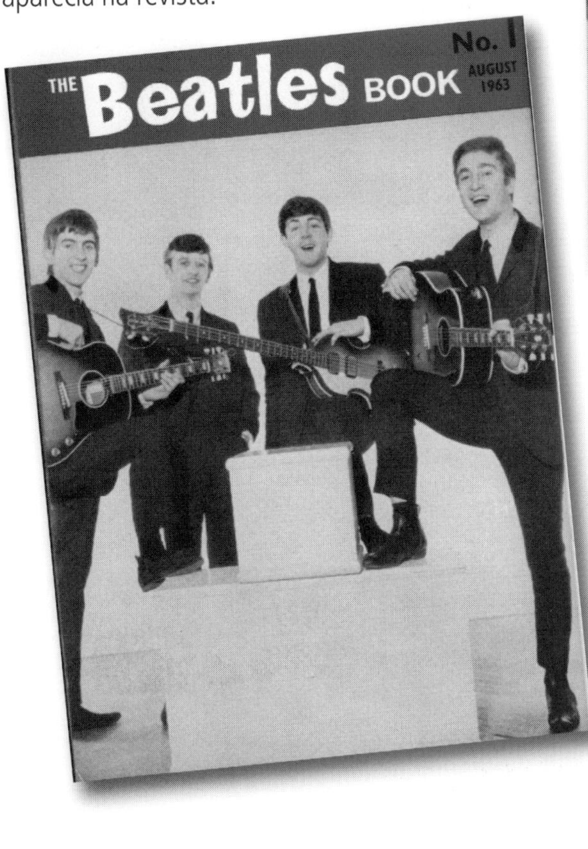

"YEAH-YEAH-YEAH"

O FIM DE UMA ERA: ADEUS CAVERN CLUB

Após 247 apresentações em cerca de dois anos e meio, os Beatles apresentam-se pela última vez no Cavern Club no dia 3 de agosto. Sem aviso, sem propaganda, nada. Simplesmente tocaram, pelo mesmo cachê de sempre. Nada foi gravado, e não existem fotos desse último e emblemático dia. Os Beatles haviam ficado maiores que sua cidade. Era desconfortável voltar como heróis a cada show que faziam lá. Eles conheciam todas as pessoas na platéia e isso os deixava nervosos.

A VEE-JAY SAI DE CENA

Por não pagar os royalties das vendas dos discos de Frank Ifield e dos Beatles, a gravadora americana foi proibida de continuar a vender ou lançar discos do grupo. Com isso, abriu-se a possibilidade de a Capitol finalmente entrar em cena.

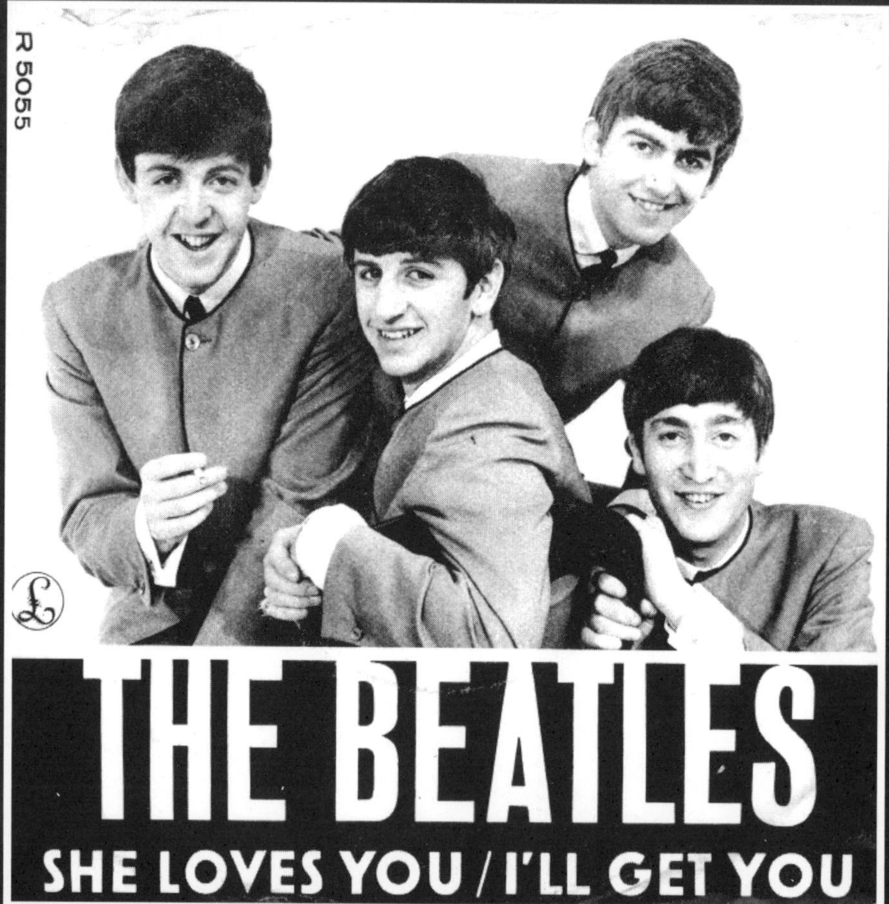

OS BEATLES PARTICIPAM DE UM DOCUMENTÁRIO "SÉRIO"

Durante a semana em que ficam em Southport para uma temporada de shows, os Beatles gravam várias contribuições para um documentário sociológico sobre a cena musical que viviam. A produção foi da BBC TV de Manchester.

SHE LOVES YOU – I'LL GET YOU (PARLOPHONE R5055)

No dia 23 de agosto, é lançado o quarto e revolucionário compacto do grupo. As vendas antecipadas foram surpreendentes.

A CAPITOL RECUSA OS BEATLES MAIS UMA VEZ

Ao ser perguntando sobre o lançamento do grupo que estava fazendo tanto sucesso na Inglaterrra, Dave Dexter diz para o presidente da Capitol, Alan Livingstone: "Esqueça, eles não são nada". A gravadora prefere lançar o novo disco de Frank Ifield (que tinha gaita!).

MAIS UM PRIMEIRO LUGAR!

Em menos de um mês o novo compacto atinge o primeiro lugar das paradas inglesas, e fica por incríveis 31 semanas entre os 40 mais, atingindo em setembro a marca de 500 mil cópias vendidas!

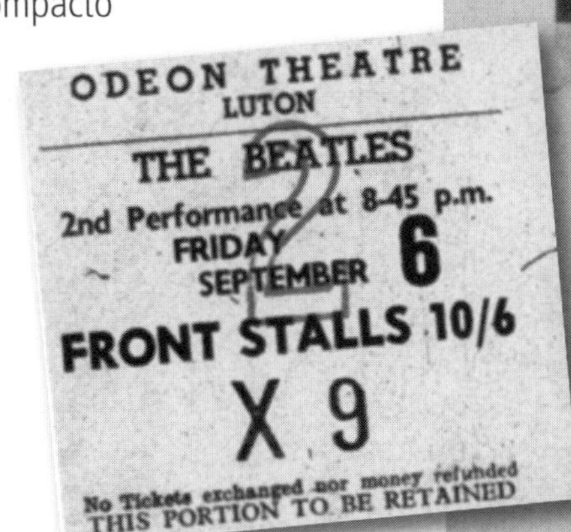

OS BEATLES PRESENTEIAM OS ROLLING STONES

Em setembro, a dupla Lennon-McCartney já é aclamada como *hit makers*, pois, além de seus três primeiros lugares nas paradas e o LP igualmente no topo, suas músicas gravadas por outros artistas também galgavam os primeiros postos da mesma maneira. Até músicas inéditas iam direto para os primeiros lugares. E assim, o empresário dos Rolling Stones, Andrew Loog Odham, encomenda uma música para o segundo compacto de seu grupo. E recebe de John e Paul "I Wanna Be Your Man".

GRAVANDO O LP NOVAMENTE

Os Beatles voltam ao Estúdio 2 da Abbey Road em 11 de setembro e gravam mais cinco músicas para o novo LP. No dia seguinte, gravam mais quatro (na verdade, regravações daquelas do dia anterior).

SHE LOVES YOU/I'LL GET YOU NA AMÉRICA?

Após tentar achar uma gravadora para lançar o novo disco dos Beatles na América, recebendo negativas dos selos Decca, RCA e Columbia, os agentes da EMI acabam aceitando lançá-lo pelo pequeno selo Swan, da Filadélfia, em 16 de setembro (Swan S-4152-S). A irmã de George, Louise, que morava nos Estados Unidos, ficou desapontada, pois, perto desta, a Vee-Jay era uma "grande gravadora". Mas foi pela Swan que eles foram citados na revista *Cash Box*.

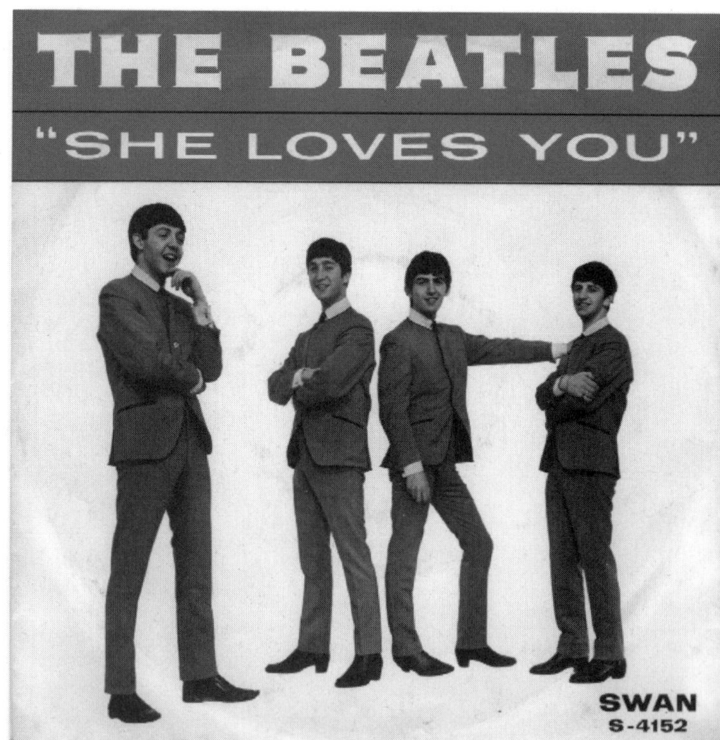

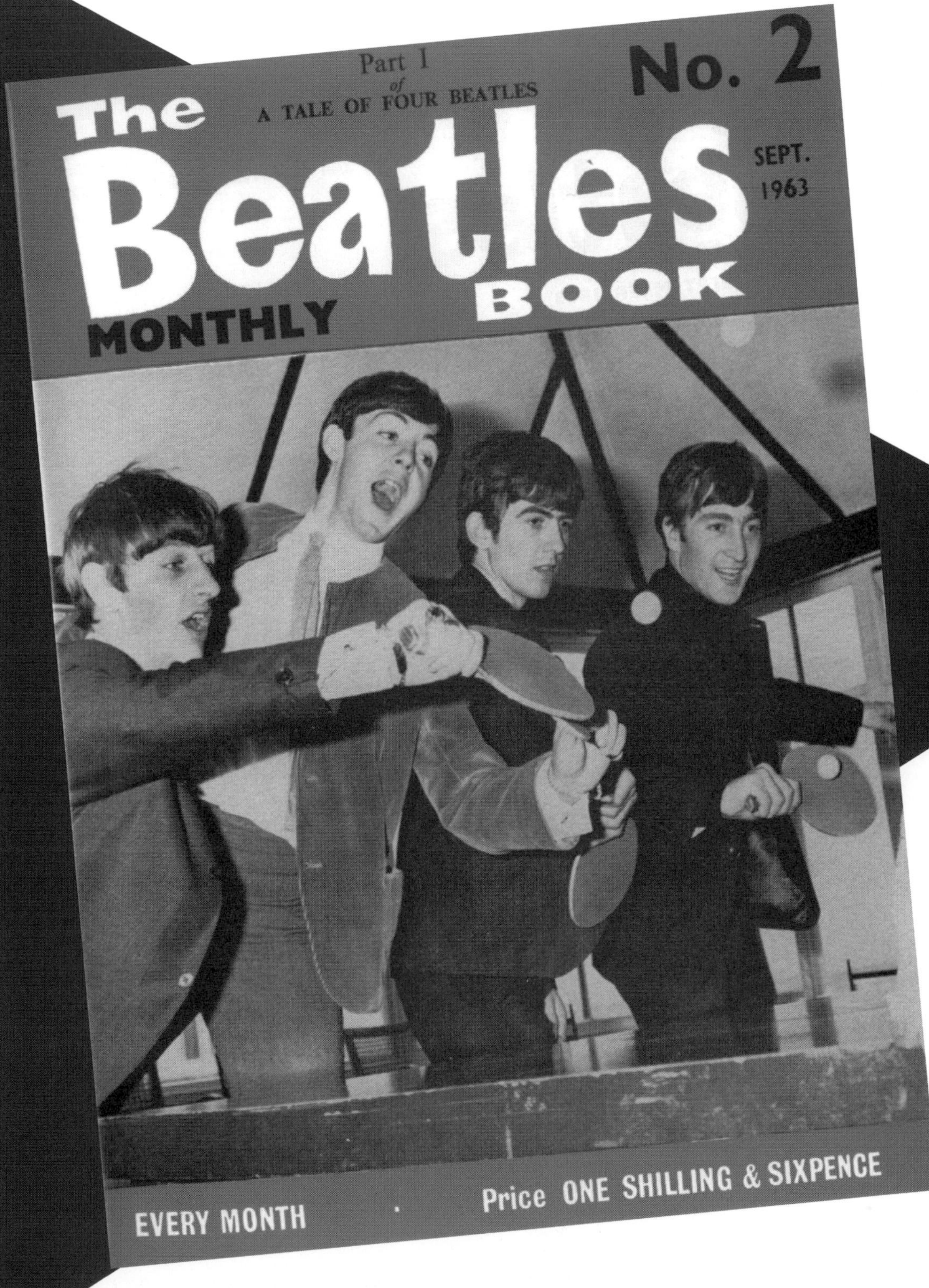
Part I
of
A TALE OF FOUR BEATLES
No. 2
The
Beatles
MONTHLY
BOOK
SEPT.
1963
EVERY MONTH
Price ONE SHILLING & SIXPENCE

CAPITOL CANADÁ – AINDA ACREDITANDO

No mesmo dia do lançamento pela Swan, o novo compacto também sai no Canadá (Capitol 72125), novamente por imposição de Paul White. E desta vez ele seria recompensado, pois o disco seria um grande sucesso e traria os três primeiros com ele.

UM BEATLE EM MISSÃO NA AMÉRICA

George e seu irmão Peter vão para o Illinois visitar sua irmã Louise durante as férias de duas semanas do grupo. Ela mantinha Brian informado do péssimo trabalho de divulgação que a Vee-Jay fazia com os discos do grupo nos Estados Unidos. George aproveita e compra uma guitarra Rickenbacker 425, dá entrevista para uma rádio e se apresenta com uma banda local, o The Four Vests. Entre 70 e 100 pessoas viram a histórica apresentação. Ele aproveitou ainda para sondar o terreno a pedido de Brian.

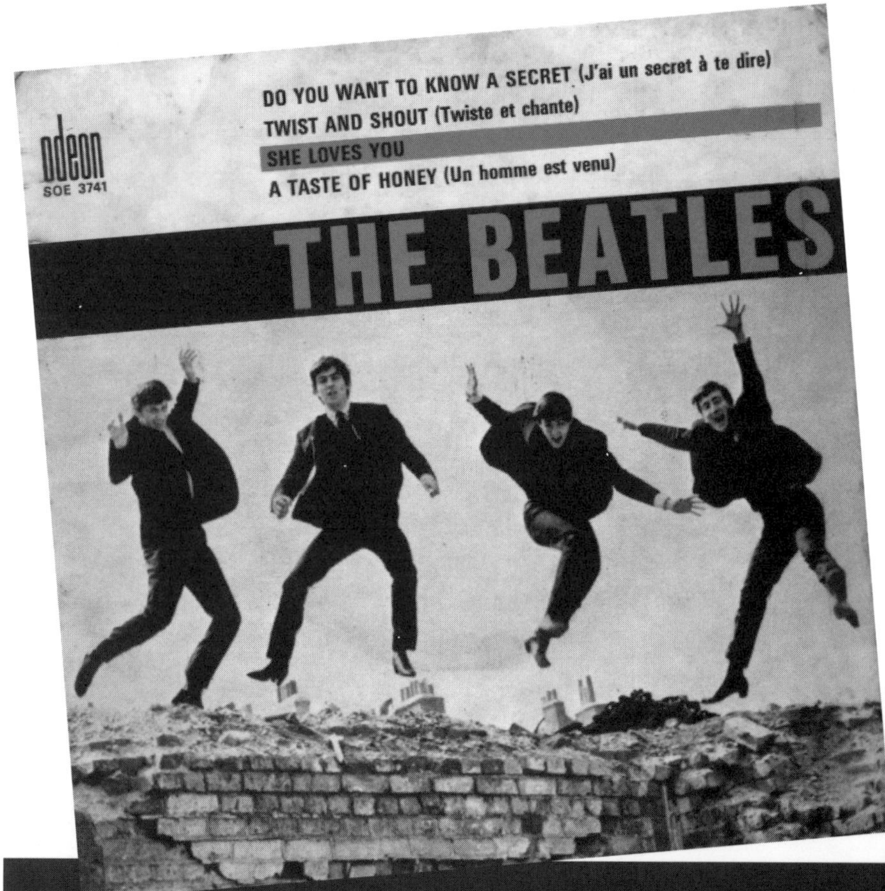

PALAVRAS DE GEORGE SOBRE FAZER SUCESSO NA AMÉRICA

Ao retornar dos Estados Unidos, ele disse para Derek Taylor, jornalista que tinha sido contratado por Brian para ser seu assistente:

"Acho que podemos fazer sim. Não há muita competição".

A CONSAGRAÇÃO: OS BEATLES SÃO A ATRAÇÃO PRINCIPAL DO SUNDAY NIGHT AT THE LONDON PALLADIUM

Aparecer neste programa de TV, transmitido ao vivo de um dos mais famosos teatros londrinos e com audiência de 15 milhões de pessoas, era o sonho de qualquer artista, ainda mais sendo a atração principal. Para os Beatles, o sonho tornou-se realidade no dia 13 de outubro, que pode ser chamado de "o dia em que a Beatlemania nasceu". Os gritos e as cenas de histeria das fãs dentro (e fora) do teatro estavam em todos os jornais no dia seguinte. O grupo cantou quatro músicas: "From Me to You", "I'll Get You", "She Loves You" e "Twist and Shout".

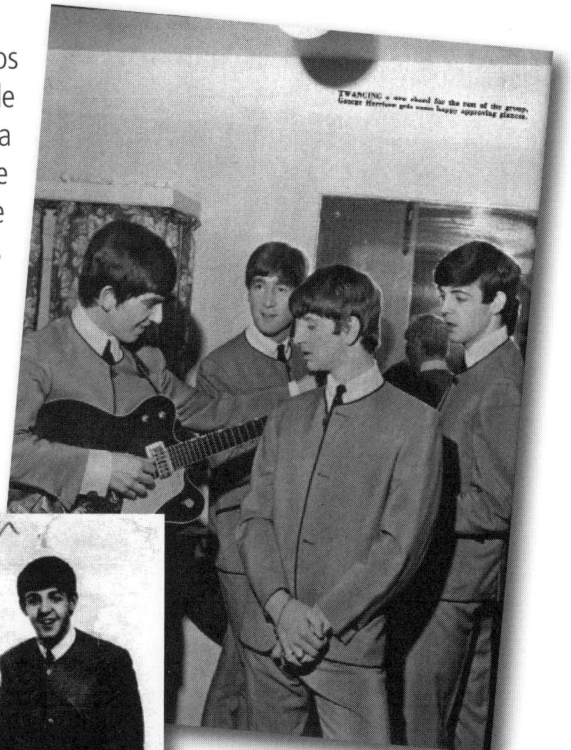

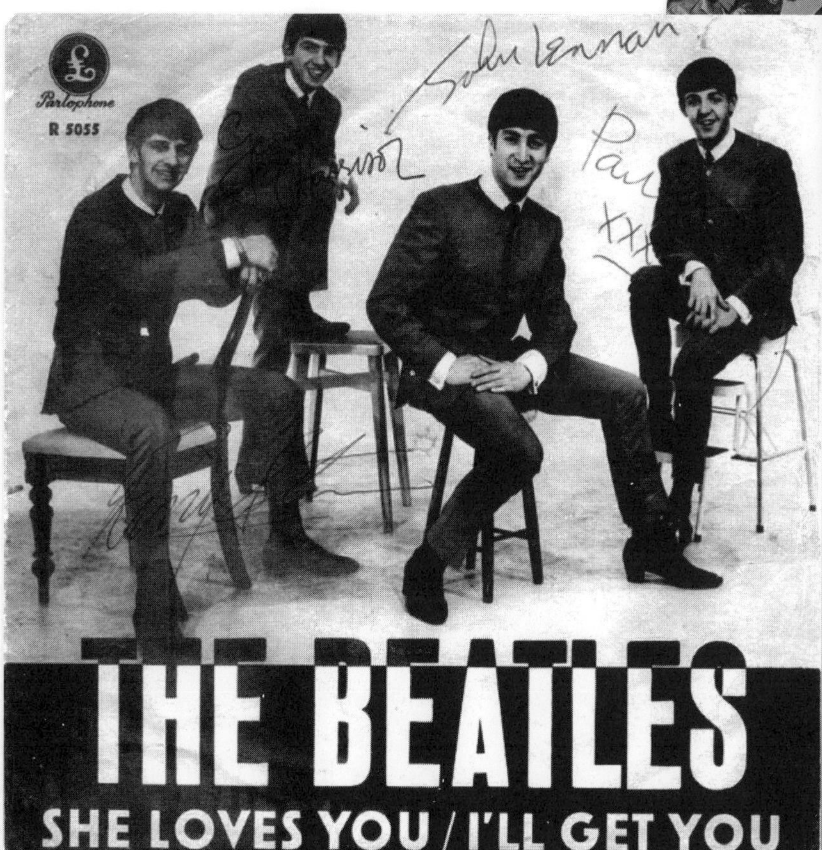

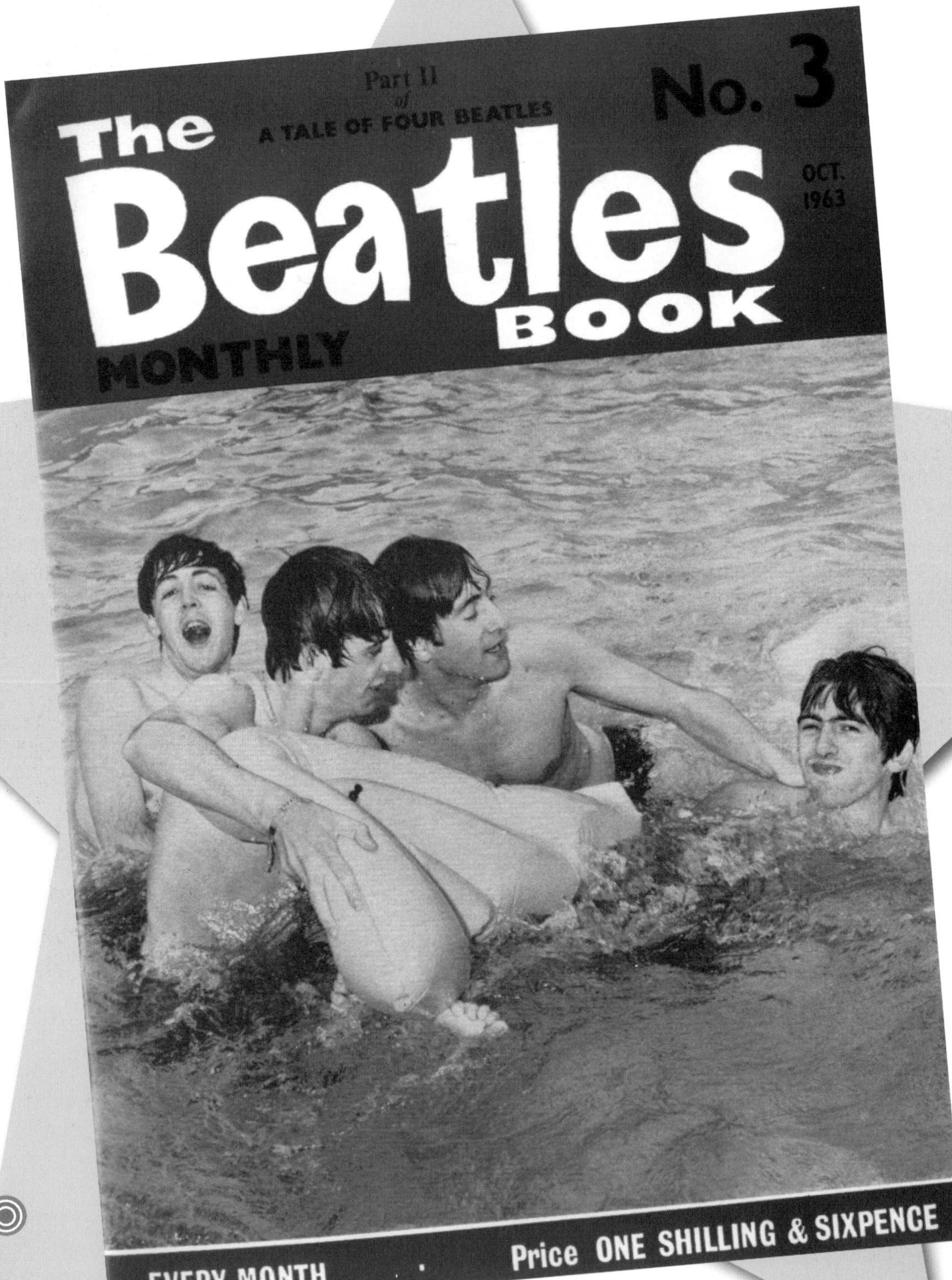
Part II
of
A TALE OF FOUR BEATLES
No. 3
The
Beatles
BOOK
MONTHLY
OCT.
1963
EVERY MONTH
Price ONE SHILLING & SIXPENCE

ESTÚDIO 2, EMI STUDIOS, ABBEY ROAD, LONDRES

Dia 17 de outubro. Inesquecível! Nesse dia é gravado o quinto compacto do grupo – que iria disseminar seu som pelos quatro cantos do planeta –, com as músicas "I Want to Hold Your Hand" e "This Boy", além de mais uma para o LP. A EMI tinha acabado de receber uma nova mesa de gravação com quatro canais, um fenômeno para a época.

PRESENTE DE NATAL PARA OS FÃS

No mesmo dia o grupo grava a mensagem de Natal que seria distribuída a todos os membros de seu fã-clube, por meio de compactos exclusivos.

DEPOIS DA ALEMANHA, SUÉCIA

Os Beatles chegam na Suécia para sete dias de turnê pelo país. Programas de rádio e TV também são agendados. A Beatlemania começava a ser disseminada no continente europeu. A chegada no aeroporto de Londres foi digna de manchetes: milhares de fãs gritavam sem parar aguardando o grupo.

DO TUMULTO À AMÉRICA

Ed Sullivan e sua esposa estavam no aeroporto de Londres na hora da chegada dos Beatles e presenciaram toda a histeria digna de Elvis em seus grandes dias. Essa imagem ficou em sua cabeça e seria decisiva para a entrada do grupo nos Estados Unidos.

OS BEATLES SERÃO ASTROS DO CINEMA!

Brian assina em outubro um contrato com a United Artists para o grupo estrelar um filme em março. O roteiro já estava sendo escolhido.

A QUARTA TURNÊ NACIONAL, CHAMADA "THE BEATLES AUTUMN TOUR"

No dia 1º de novembro, os Beatles saem em nova turnê pela Inglaterra, espalhando a Beatlemania com uma velocidade impressionante. E com um detalhe importantíssimo: os gritos abafavam qualquer tentativa de ouvir o grupo. Um novo equipamento de palco seria providenciado.

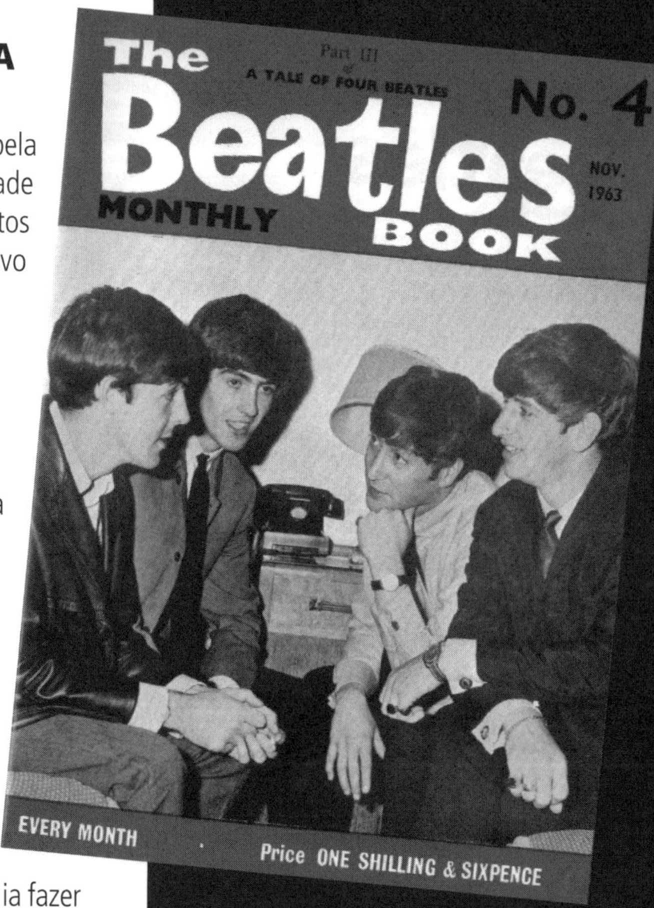

A BEATLEMANIA VAI CORRER O MUNDO

Brian fecha contratos para shows na Austrália e Nova Zelândia para junho de 1964.

SELO REAL PARA OS BEATLES!

O grupo apresenta-se no Prince of Wales Theatre, de Londres, no famoso e exclusivo espetáculo *Royal Variety Performance*, em 4 de novembro. Eles haviam recebido o convite no final de agosto e iam recusar, pois eram da classe operária e não queriam ser vistos como "enquadrados no sistema". Acabaram aceitando, mas John ia fazer uma das suas. Na platéia estavam a rainha-mãe e a princesa Margaret com lorde Snowdown. Antes do último número, "Twist and Shout", ele solta o famoso comentário que fez o grupo cair na graça de todos:

"Os dos lugares baratos batam palmas. O resto de vocês, basta sacudir as jóias".

BRIAN VAI À AMÉRICA

Brian e Billy J. Kramer (outro contratado da NEMS com discos lançados pela Liberty americana) vão a Nova York para tratar dos Beatles na América. Brian estava decidido a impressionar e hospedou-se no melhor hotel da cidade. Objetivos da viagem: tornar Billy um astro como crooner em Las Vegas e Nova Iorque. E principalmente, descobrir por que os Beatles não "aconteciam" nos Estados Unidos.

A REUNIÃO COM ED SULLIVAN

O maior apresentador da TV americana tinha ficado impressionado com o que viu no aeroporto de Heathrow, quando 1.500 fãs gritavam debaixo de um temporal pela volta dos Beatles da Suécia. Um encontro foi agendado com Brian no hotel onde Sullivan morava.

CONCESSÕES DE AMBAS AS PARTES

Sullivan aceita colocar o grupo no programa quando seus observadores na Inglaterra informam que os Beatles eram "o primeiro grupo de cabeludos a se apresentar para a rainha" (que na verdade não compareceu, devido à avançada gravidez de Andrew). Sullivan pagava normalmente 10 mil dólares para uma atração em seu programa. Ofereceu 7 mil por duas apresentações ao vivo dos Beatles. Brian aceitaria se o grupo fosse a atração principal. Eles ficaram como a segunda atração no programa de Miami e receberam mais 3 mil dólares para deixar gravado um terceiro programa. E assim, no dia 11 de novembro, foi acertado com um aperto de mãos que os Beatles se apresentariam nos dias 9 e 16 de fevereiro de 1964 no *Ed Sullivan Show*.

A IMPRENSA AMERICANA COMEÇA A FALAR DOS BEATLES

A edição da *Time* de novembro traz um artigo chamado "The New Madness", enquanto a *Newsweek* estampa Beatlemania em um artigo musical. Ambos com fotos e detalhes da histeria que o grupo causava pela Inglaterra.

WITH THE BEATLES (PARLOPHONE PMC 1206) — MÚSICA E IMAGEM QUE MUDAM A HISTÓRIA DA MÚSICA POPULAR

O segundo LP dos Beatles é lançado no dia 22 de outubro, em meio à histeria da Beatlemania, e vai direto para o primeiro lugar, tirando *Please Please Me* de lá. As vendas antecipadas foram de 270 mil cópias. Para a capa, o grupo queria recriar as fotos que Astrid, sua amiga de Hamburgo, havia feito anos antes: todos de preto, com os rostos sombreados. Pediram isso ao fotógrafo Robert Freeman, que num quarto de hotel, em meio à turnê do grupo, fez a foto ao meio-dia. Esta capa foi copiada por diversos grupos em todo o mundo. Entre as músicas do álbum, clássicos da dupla Lennon-McCartney, como "All My Loving", "All I've Got to Do" e "Not a Second Time", assim como versões de músicas de artistas que os Beatles admiravam, como "Please Mr Postman", "Roll Over Beethoven" e "Money".

TRISTEZA NA AMÉRICA

No mesmo dia em que os fãs ingleses estavam felizes ouvindo o novo disco dos Beatles, em Dallas o presidente Kennedy é assassinado. Os próximos dois meses seriam apenas de notícias sombrias e tristes na mídia americana. Os Beatles acabariam sendo beneficiados pela necessidade de boas notícias. Isso pode explicar o tratamento que receberiam da imprensa americana de fevereiro de 64 em diante.

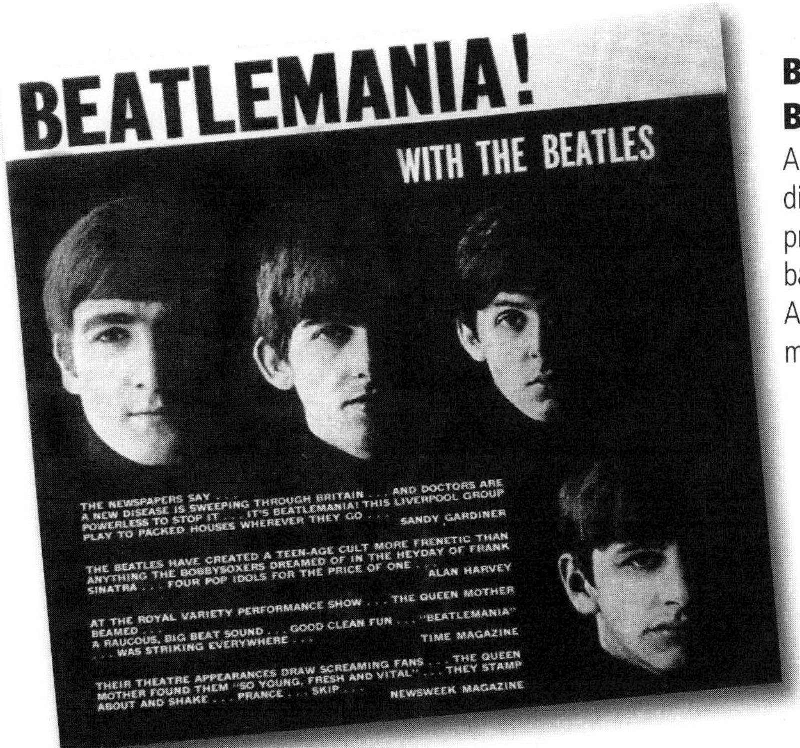

BEATLEMANIA! WITH THE BEATLES (CAPITOL T6051)

A Capitol canadense lança o LP dos Beatles no dia 25, que em um mês e meio chega ao primeiro lugar. Toda a campanha publicitária baseou-se nos artigos das revistas americanas. A capa foi ligeiramente alterada, mas as músicas eram as mesmas do disco inglês.

I WANT TO HOLD YOUR HAND/THIS BOY (PARLOPHONE R 5084)

No dia 29 de novembro é lançado o compacto que levará a bandeira da Beatlemania pelo mundo. Em uma semana já estava no topo das paradas, e ainda abriria as portas da América.

BRIAN LIGA PARA O PRESIDENTE DA CAPITOL

Ao saber que o grupo havia sido rejeitado pela quarta vez por Paul Dexter, Brian fala com Alan Livingstone pelo telefone. O presidente da Capitol não sabia explicar o porquê de quatro recusas, pois ainda não havia escutado o grupo. Atônito, o empresário dos Beatles pede para ele ouvir o novo compacto e ligar de volta. Alan faz as duas coisas, e liga para Brian dizendo que iria lançá-los pela Capitol. Brian responde: "Você só vai lançá-los se gastar 40 mil dólares na promoção do disco". Fecharam acordo.

"Você só vai lançá-los se gastar 40 mil dólares na promoção do disco." Fecharam acordo.

O PAPAI NOEL ESTE ANO CHAMA-SE THE BEATLES

Em mais uma de suas idéias mirabolantes, Brian Epstein bolou uma série de apresentações de fim de ano chamada *The Beatles' Christmas Show*. Com outros artistas abrindo a noite, como Billy J. Kramer & The Dakotas, Cilla Black, The Fourmost e Rolf Harris, o espetáculo era uma mistura de teatro, música e comédia, algo que irritou os Beatles, que tinham várias aparições entre os shows dos outros artistas. O primeiro show foi na véspera de Natal, e os outros entre 4 e 11 de janeiro de 1964.

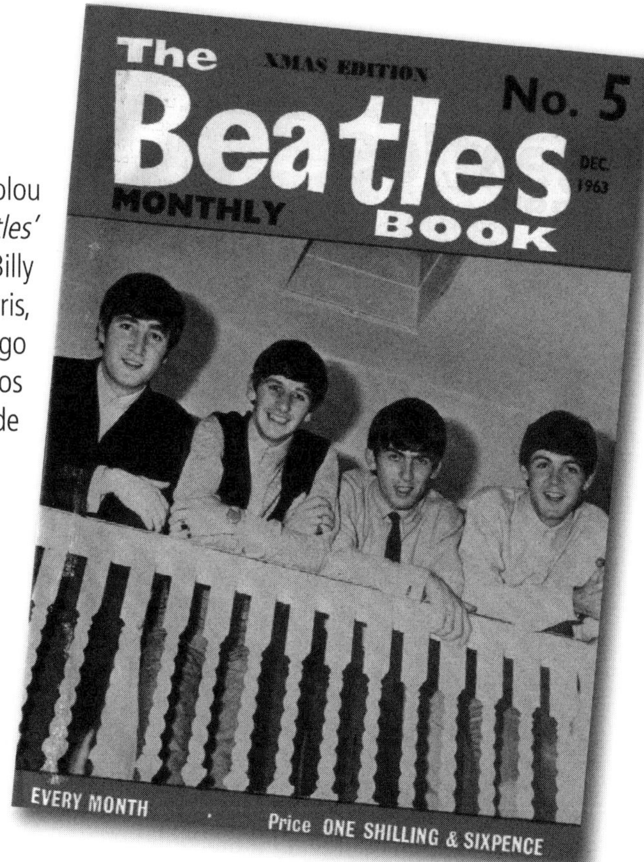

A *LIFE* AMERICANA TAMBÉM SE RENDE AOS BEATLES

Em 13 de dezembro, a revista coloca a foto da princesa Margaret cumprimentando o grupo após o *Royal Variety Performance* e cita que a polícia teve que manter os Beatles por 13 horas no teatro até que as fãs enlouquecidas fossem dormir e o grupo pudesse sair em segurança.

OS BEATLES CHEGAM AO BRASIL

Em dezembro é lançado o primeiro compacto brasileiro dos Beatles: *Please Please Me/From Me To You* (Odeon 7I 3044).

A CAPITOL BRIGA E ACABA LEVANDO OS BEATLES

Após passar meses rejeitando o grupo, a Capitol americana entra na briga para reaver os direitos de lançá-los, uma vez que se mostraram um sucesso indiscutível. No dia 14 de dezembro, a gravadora edita um memorando com toda a complexa e diversificada campanha prevista para divulgar os discos e a banda, que logo chegaria aos Estados Unidos. O acordo com Brian ia ser cumprido.

A VEE-JAY ACORDA

Com mudanças em toda a diretoria, os Beatles eram uma carta fora do baralho na gravadora. Mas ao saberem do memorando da Capitol, que investiria uma fortuna para divulgar o grupo, os executivos da Vee-Jay desenterram o LP cancelado (*Introducing... The Beatles*), para ser lançado no mês seguinte. Seguem-se várias reuniões com os advogados a respeito de ter ou não direito sobre as masters, se o LP seria idêntico ou não ao da Capitol, que tipo de problemas poderiam vir... Mas resolveram apostar, mesmo correndo o risco de um processo da Capitol.

I WANT TO HOLD YOUR HAND/I SAW HER STANDING THERE (CAPITOL 5112)

O compacto estava programado para lançamento em janeiro de 64, mas com três das mais importantes rádios americanas tocando o disco importado, a procura pelo mesmo levou a Capitol a adiantar o lançamento.

OS MAIORES COMPOSITORES DESDE BEETHOVEN!

O crítico musical do renomado jornal londrino *The Sunday Times*, Richard Buckle, escreve no dia 29 de dezembro que John e Paul eram os maiores compositores desde Beethoven. O que mais o grupo podia desejar?

1964

O estouro nos Estados Unidos:
Ed Sullivan,
Washington Coliseum,
Carnegie Hall

Turnê no Olympia de Paris

Filme *A Hard Day's Night*

NO BRASIL

Golpe militar depõe o presidente João Goulart

Marechal Castelo Branco assume a Presidência

Demétrius emplaca o sucesso "Ritmo da Chuva"

Ronnie Cord lança "Rua Augusta"

Jerry Adriani grava seu primeiro disco

Os Golden Boys e o cantor Prini Lorez são os primeiros artistas a gravar uma música dos Beatles, "I Want To Hold Your Hand".

Erasmo Carlos lança "Minha Fama de Mau".

Roberto Carlos explode com "É Proibido Fumar"

A PRIMEIRA TURNÊ MUNDIAL

Turnê americana

O maior cachê já pago a um único artista

A TURNÊ DE NATAL

Os Beatles fazem mais onze apresentações do espetáculo idealizado por Brian, num sucesso absoluto de público e crítica. Mas o grupo detestou a "brincadeira" e começa a mostrar sinais de insatisfação com a crescente popularidade e exploração comercial.

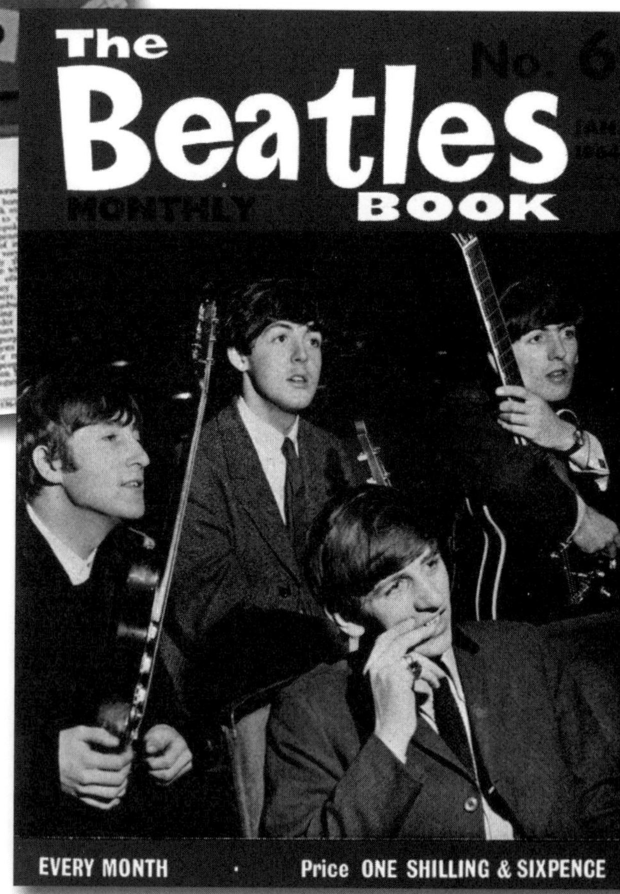

A PRIMEIRA APARIÇÃO NA TV AMERICANA

Para tristeza de Ed Sullivan, o programa *Jack Paar Show* apresenta os Beatles na televisão americana no dia 3 de janeiro, conseguindo com a BBC uma apresentação de "She Loves You" gravada em um show de Bournemouth.

LES BEATLES A PARIS

O grupo desembarca na França em 14 de janeiro, para três semanas no L'Olympia de Paris. A estréia é desastrosa, com falhas no equipamento. George Harrison suspeitou de sabotagem, mas na verdade o cabeamento do teatro não suportava os poderosos amplificadores Vox dos Beatles.

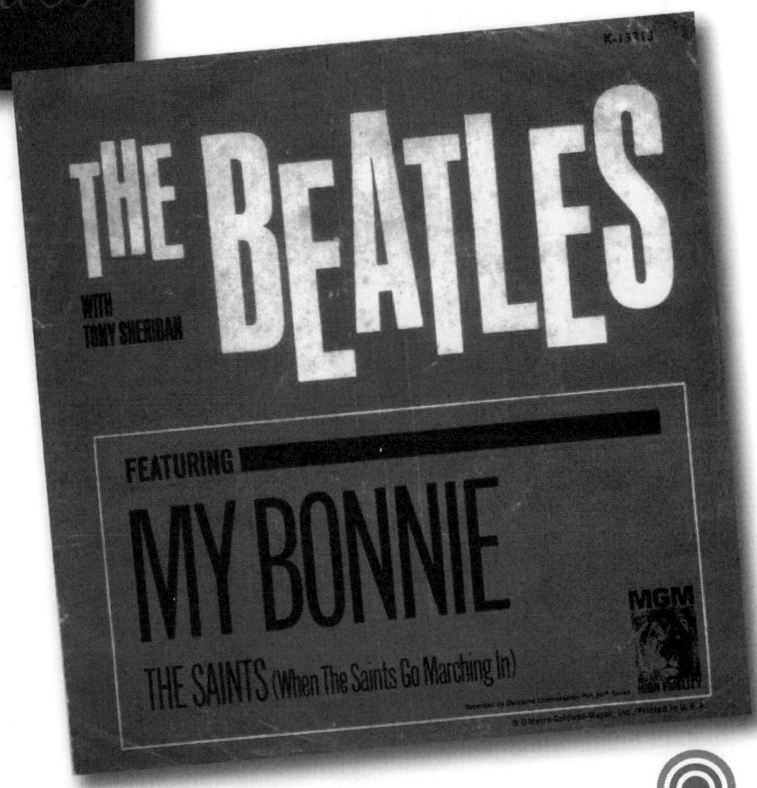

UMA PLATÉIA FRIA

A platéia recebeu friamente os Beatles. Na verdade, nos primeiros dias a platéia era formada predominantemente pela elite parisiense e por rapazes. Poucas meninas gritavam, como era o costume nos shows do grupo. O assédio era tão pequeno que eles podiam caminhar calmamente por Paris e curtir os cafés.

PRIMEIRO LUGAR NA AMÉRICA!

No dia 25 de janeiro, "I Want to Hold Your Hand" pula do 43º lugar no "Top 100" da *CashBox* direto para o primeiro posto. Os Beatles, mais Brian e George Martin, comemoram com um jantar no restaurante Au Mouton de Panurge. Brian posou para uma foto com um penico na cabeça. Ninguém dormiu nesse dia.

UMA HOMENAGEM AOS VELHOS TEMPOS DE HAMBURGO?

Aproveitando a temporada em Paris, os Beatles e George Martin vão aos estúdios Pathé Marconi, da Odeon local, para gravar um disco especialmente para o mercado alemão, com versões de "She Loves You" e "I Want to Hold Your Hand", que se tornaram "Sie Liebt Dich" e "Komm, Gibb Mir Deine Hand".

CARNEGIE HALL

Brian decide aceitar a proposta feita pelo promotor Sid Bernstein, para que o grupo se apresentasse no Carnegie Hall de Nova York, durante a passagem pelos Estados Unidos. A data seria 12 de fevereiro. Brian relutou em fechar esse acordo no ano anterior. O grupo ainda era desconhecido e poderia ser um fracasso.

WASHINGTON COLISEUM

Com o estouro do disco, a General Artists Corporation, de Nova York, envia Norman Weiss para fechar uma turnê com os Beatles, bem como uma apresentação no Washington Coliseum em 11 de fevereiro.

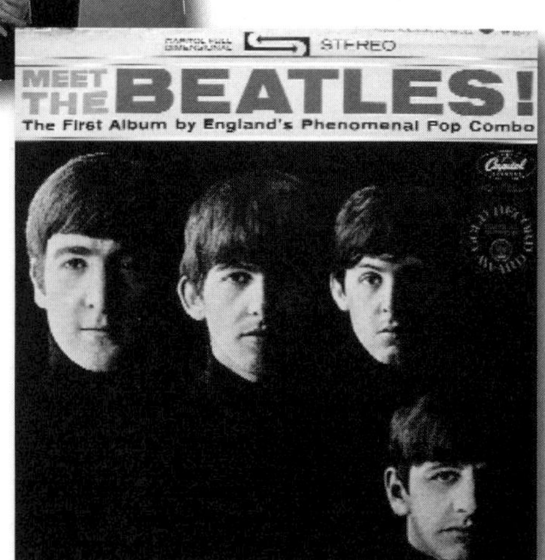

O PRIMEIRO LP AMERICANO

Uma briga judicial e de marketing: quem lançaria o primeiro LP, a Vee-Jay ou a Capitol? A Vee-Jay sai na frente e coloca no mercado *Introducing The Beatles*, disco que estava vetado desde agosto de 63. A Capitol lança dias depois o seu *Meet The Beatles*, com encomendas antecipadas de 240 mil cópias.

EXPLODE A BEATLEMANIA NA AMÉRICA

Ainda em janeiro, quase duas semanas antes de o grupo chegar aos Estados Unidos, já havia produtos à venda: buttons, camisetas e até sorvetes Beatle! Outra febre que começava era a da venda de perucas Beatles. Até nas universidades elas estavam sendo usadas!

One of Beatles Hit by Cold but He'll Make Show

NEW YORK (UPI) — One of the Beatles was almost exterminated yesterday.

George (The Quiet Beatle) Harrison, 21, is bugged by a sore throat, his doctor revealed.

But fear not, teen-age America, the physician said Harrison and his three mop-topped colleagues would be able to appear as scheduled tonight on the Ed Sullivan television show.

"It's just the transition from London weather to New York weather," explained Dr. Jules Gordon, resident physician at the Plaza Hotel, in ordering Harrison to bed for 24 hours.

The other Beatles — Paul (Bouncy Beatle) McCartney, 21, John (Sexy Beatle) Lennon, 23, and Ringo (Just a Beatle-Beatle) Starr, 23—were smuggled out a side door of the Plaza yesterday afternoon, but Beatlemania prevailed. About 200 teen-agers pushed against police barricades outside the hotel.

O PRIMEIRO POOL DE EMPRESAS PARA DIVULGAR UM PRODUTO MUSICAL

Para maximizar os resultados com a divulgação dos Beatles na mídia americana, a Capitol Records (discos), a CBS (TV) e a United Artists (filmes) resolvem juntar esforços para garantir o máximo de publicidade durante a visita do grupo.

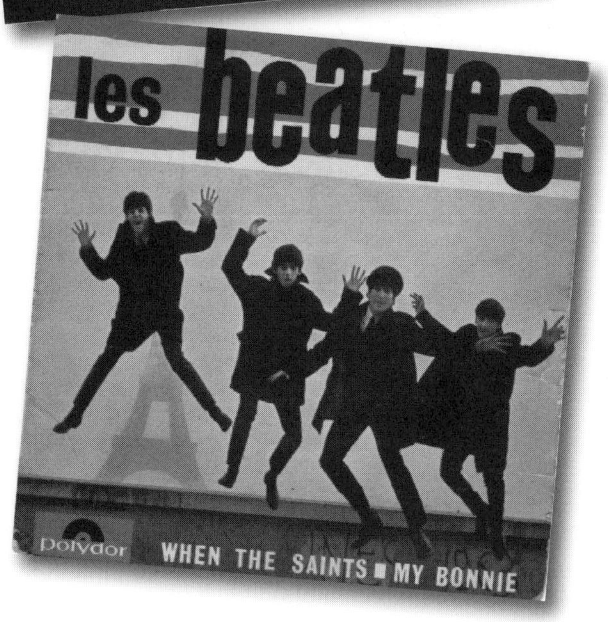

DISCO DE OURO NA AMÉRICA

No dia 3 de fevereiro, o LP *Meet The Beatles* recebe o prêmio pelas vendagens surpreendentes em apenas duas semanas.

O PRIMEIRO DOCUMENTÁRIO ON THE ROAD DO ROCK...

A Granada Television inglesa, em parceria com a NEMS de Brian, contrata os irmãos Albert e David Maysles, de Nova York, para filmar um documentário da passagem dos Beatles pelos Estados Unidos. Os dois fazem um trabalho extraordinário, que virou *The First U.S. Visit*, cobrindo bastidores, entrevistas, passeios, quartos de hotel... tudo! O material inédito que não entrou no documentário original seria conhecido apenas em 2004, no lançamento em DVD.

A CHEGADA APOTEÓTICA EM NOVA YORK

Os Beatles não acreditaram no que viram ao desembarcarem do vôo PA-101, da PanAm, dia 7, no aeroporto J.F. Kennedy: Cinco mil fãs histéricas gritavam sem parar, num frio congelante. Para eles, o sonho começava. E o pesadelo também.

COLETIVA NO AEROPORTO – AS "PÉROLAS" DO HUMOR BEATLE

Para as inusitadas perguntas da imprensa americana, os Beatles tinham pitorescas respostas:

P: O que vocês acham do movimento de Elvis para acabar com os Beatles?
R: Temos um movimento para acabar com Elvis.

P: Vocês vão cantar para nós?
R: Precisamos de dinheiro primeiro.

P: Por que vocês cantam como americanos e falam como ingleses?
R: Porque vende melhor.

P: Como vocês explicam o seu sucesso?
R: Se soubéssemos, formaríamos outro grupo e seríamos os empresários.

P: Vocês têm alguma mensagem para os fãs americanos?
R: Sim, comprem mais discos dos Beatles!

PROBLEMAS PARA ENSAIAR: FALTA UM BEATLE!

George não suporta o terrível frio nova-iorquino e cai de gripe. Nos ensaios para o *Ed Sullivan Show*, na parte da tarde, ele é substituído por Neil Aspinall, *roadie* da banda, que se esforça para fazer as marcações certas e agir como George, para os câmeras enquadrarem melhor o grupo.

ESTRATÉGIA DE GUERRILHA

Como a apresentação no Ed Sullivan era sábado, as fãs estavam livres para organizar suas tentativas de ver o grupo. O número de policiais em volta do hotel foi aumentado. Havia policiais a cavalo e até barricadas. A rotina do sofisticado Plaza Hotel foi virada do avesso.

RECORDE DE CONVITES

A produção do *Ed Sullivan Show* recebeu 50 mil pedidos de convites.
E havia apenas 1.500 lugares!

A GRANDE APARIÇÃO NA TV AMERICANA

O impossível aconteceu: tratados como a principal atração do *Ed Sullivan Show* do dia 9, totalmente desconhecidos do grande público televisivo americano, os Beatles batem o recorde de audiência. Foram 73 milhões de telespectadores para as duas apresentações dentro do show. A América rendeu-se aos quatro cabeludos de Liverpool.

DESTAQUES DO ED SULLIVAN

Antes do espetáculo, o caos na rua. Era impossível tentar organizar a fila. Lá dentro, várias moças desmaiavam, e o programa ainda nem havia começado!

MITOS E VERDADES

Foi dito que, durante a apresentação dos Beatles no *Ed Sullivan Show*, não foi cometido nenhum crime nos Estados Unidos. Na verdade, não houve um roubo sequer de calotas em todo o país. Esse tipo de crime era cometido por adolescentes e estes, sim, estavam colados nas TVs.

DESCRIÇÃO PARA OS BEATLES NO *NEW YORK TIMES*

"Multiplique Elvis Presley por 4, subtraia 6 anos na idade, adicione sotaque britânico e um apurado sendo de humor. O resultado será The Beatles".

NOVA YORK – WASHINGTON: O BEATLE-TREM

O grupo segue de trem para Washington, onde faria uma apresentação no dia 11 de fevereiro. A viagem foi totalmente documentada pelos irmãos Maysles e mostrou a interação do grupo com jornalistas e passageiros. A imprensa americana foi definitivamente conquistada durante a viagem.

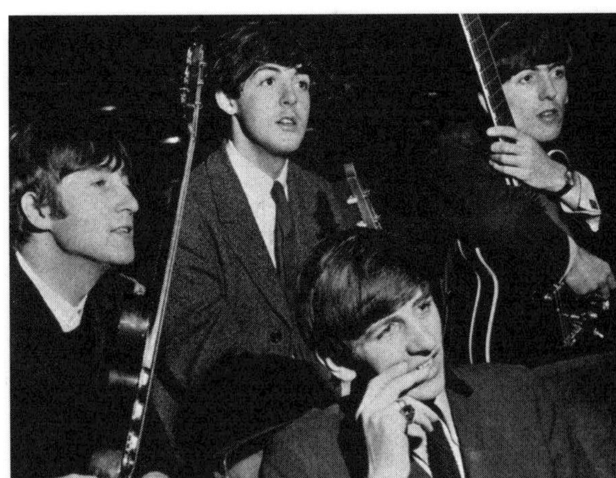

WASHINGTON COLISEUM: OS BEATLES NO RINGUE

O palco do Coliseum era para lutas de boxe, totalmente quadrado. A solução "brilhante" para que toda a platéia visse o grupo foi montar a bateria de Ringo em cima de uma elevação redonda móvel. Assim, a cada três músicas a bateria era virada para um dos lados do palco e cada Beatle trazia o seu microfone. Um total de 8 mil fãs pagaram entre 2 e 4 dólares (o equivalente a 23 e 46 reais nos dias de hoje), para ver a banda em seu primeiro grande concerto na América.

CARNEGIE HALL E A LOUCURA EM NOVA YORK

De volta a Nova York, os Beatles se apresentam no prestigioso Carnegie Hall, em dois shows no dia 12, cada um para 3 mil pessoas, que pagaram entre 4 e 5 dólares. Como a elite nova-iorquina fazia questão de assistir aos "pitorescos ingleses", o promotor Sid Bernstein teve que acomodar os convidados VIPs no palco, em cadeiras colocadas em volta do grupo. Uma cena inacreditável.

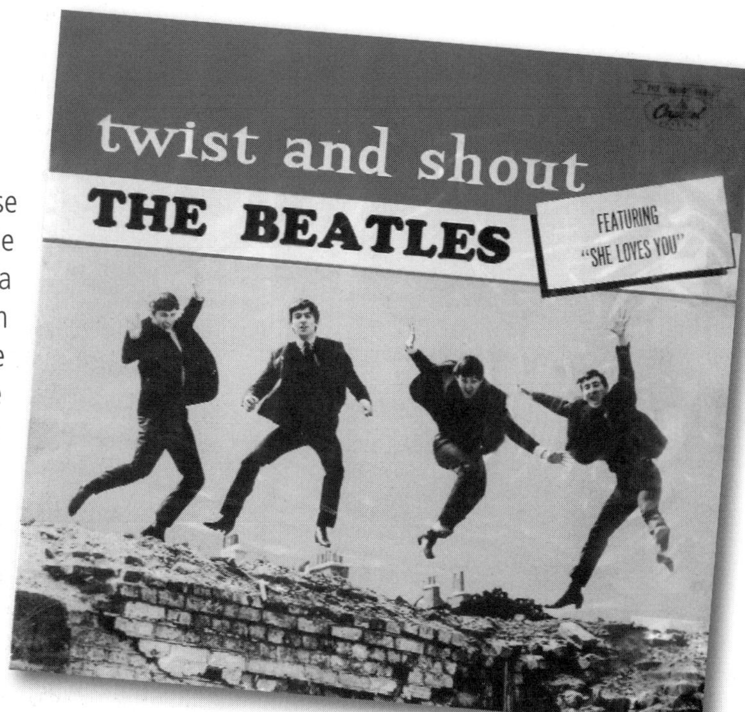

THE BEATLES
(Capitol-Swan-Vee Jay-BMI)
PM: Brian Epstein

NAMES: John Lennon, George Harrison, Paul McCartney, Ringo Starr. **AGES:** Early 20's. **HOME TOWN:** Liverpool, England. **BACKGROUND:** Rewrite an old adage to read: "There's no business like the record business." These four youngsters have created an international stir with "beatlemania," and have hit our shores with unprecedented impact. In less than a month their brand of music—the Liverpool (or Mersey) sound—has put them on the Hot 100 with three single disks, and one album, recreating a pattern established first in England. The irony is that they have been working together since 1958 in various cellar clubs in Liverpool. After an engagement in Germany, they were brought to the attention of their manager, Brian Epstein, who signed them with EMI's Parlophone label, and their success from that point on has continued to break records. They will personally visit the U. S. this month for television appearances on the Ed Sullivan show.

LATEST SINGLES: Positions on Billboard's Hot 100 this week are: "I Want to Hold Your Hand" (Capitol), No. 1; "She Loves You" (Swan), No. 21; "Please Please Me" (Vee Jay), No. 68. Bubbling in position 117 is the flip of their No. 1 record on Capitol, "I Saw Her Standing There."

LATEST ALBUM: "Meet the Beatles" (Capitol) is No. 92 on this weeks

UM DISCO QUE NÃO EXISTIU: THE BEATLES LIVE AT THE CARNEGIE HALL

A Capitol programou gravar os shows do Carnegie Hall para lançamento em abril. Valores foram acertados com Brian e com a direção do teatro, mas aparentemente não houve acordo com a Ordem dos Músicos da América e o projeto foi abortado, sem haver sequer a gravação dos shows.

MIAMI: DESCANSO, ENSAIOS E MAIS UM ED SULLIVAN

Dia 13 o grupo chega a Miami, em meio ao caos no aeroporto causado por quase 5 mil fãs descontroladas. O grupo é a maior febre na América. Muita praia, sol, diversão noturna nas casas de shows e algumas atividades promocionais. Dois ensaios bem informais e o grupo estava pronto para a segunda aparição no *Ed Sullivan Show*, transmitido do Deauville Hotel, em 16 de fevereiro. A audiência foi de 70 milhões de pessoas.

BEATLES + CASSIUS CLAY = PUBLICIDADE

O grupo é levado ao Fifth Street Gym, local onde treinava o boxeador Cassius Clay, que posteriormente viria a adotar o nome Muhammad Ali, no dia 18. A idéia era capitalizar em cima do encontro e promover ambos em fotos bombásticas. A mais famosa mostra Cassius Clay "socando" o queixo de George e os outros Beatles caindo como dominós. Clay comandava o espetáculo. De repente, ele solta sua famosa frase, que usa até hoje: "Ei, vocês não são tão idiotas como parecem". John, que não perdia uma, retrucou: "Mas você sim". Gargalhadas gerais. Assim que saíram, ele perguntou para um de seus assessores: "Afinal, quem são essas bichinhas?". Uma semana após o encontro, Cassius Clay consagrava-se campeão mundial de boxe, derrotando Sonny Liston.

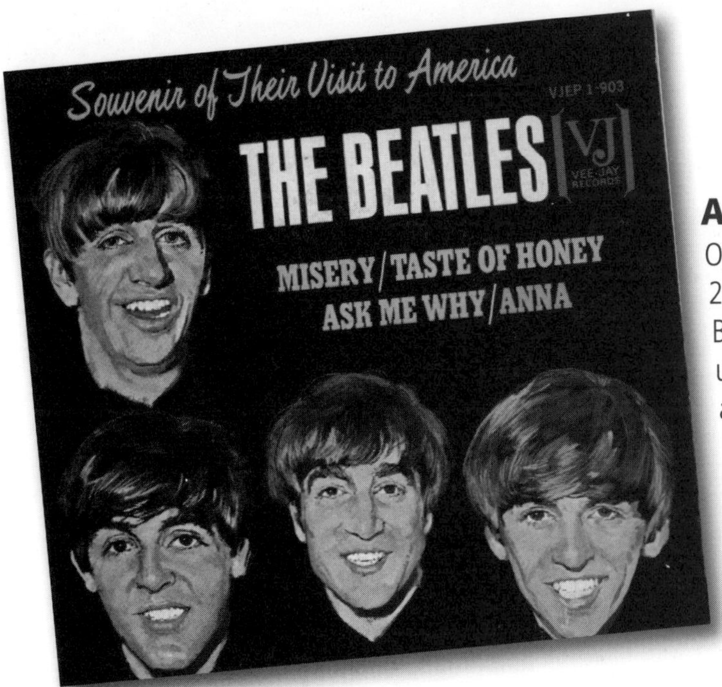

AMÉRICA CONQUISTADA

O grupo retorna para a Inglaterra no dia 21 de fevereiro, deixando para trás a Beatlemania na América, recordes e uma turnê agendada para agosto. O avião da Pan Am foi rebatizado de "Jet Clipper Beatles". E milhares de fãs lotaram o aeroporto, numa gélida noite de inverno.

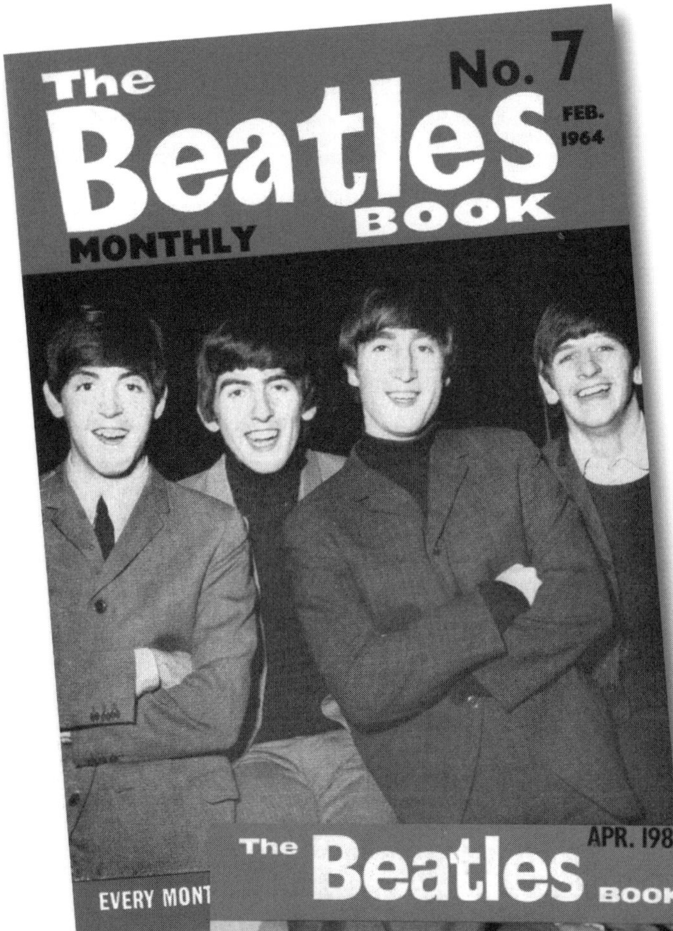

OS 21 ANOS DE GEORGE FORAM CELEBRADOS NO ESTÚDIO

No dia 25 o grupo está em Abbey Road terminando as gravações de "Can't Buy Me Love" para o novo compacto e começando a registrar as músicas para a trilha sonora do filme da United Artists.

MARÇO: COMEÇAM AS FILMAGENS

Com roteiro de Alun Owen, direção de Richard Lester e produção de Walter Shenson, os Beatles debutam diante das lentes do cinema. Era seu primeiro filme, e eles não queriam um qualquer. Queriam boas músicas e boa história, como nos filmes a que assistiam na adolescência. A trama giraria em torno de dois dias e duas noites na vida do grupo, em diálogos e situações tirados de sua realidade, com toques de humor e improviso.

A FAMOSA SEQÜÊNCIA DO TREM

Inspirados na viagem de Nova York a Washington, os Beatles filmam as cenas do trem de seu novo filme entre os dias 2 e 9, usando diversas estações e rotas secundárias para evitar fãs e tumultos.

GEORGE E SEU NOVO AMOR

Durante as filmagens, George conhece a modelo Pattie Boyd e apaixona-se à primeira vista.

VÁRIAS LOCAÇÕES

O filme usaria muitas cenas externas e outras com cenários que iam de delegacias a estúdios de TV. Entre os dias 10 e 20, o grupo dividiu-se entre o Twickenham Film Studios (imenso complexo de estúdios onde os cenários foram montados), alguns clubes e bares de Londres e o aeroporto de Gatwick, para a cena final do helicóptero.

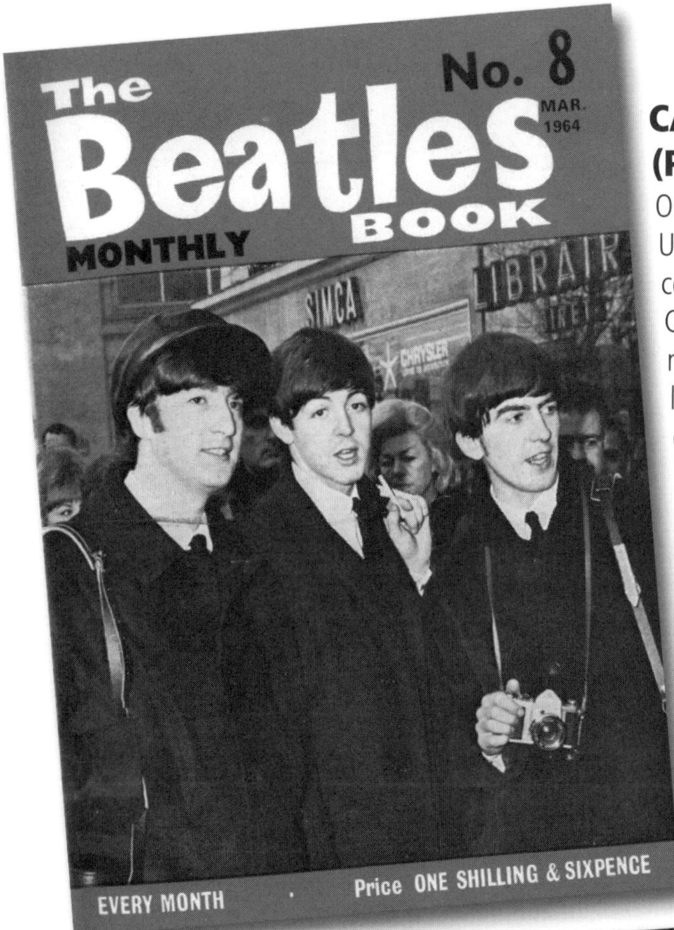

CAN'T BUY ME LOVE/YOU CAN'T DO THAT (PARLOPHONE R 5114)

O novo compacto dos Beatles é lançado primeiro nos Estados Unidos no dia 16, com vendas antecipadas de 2 milhões de cópias. Na Inglaterra, é lançado no dia 20. Os executivos da Capitol mal acreditam que naquele momento não é mais necessária nenhuma campanha publicitária. Apenas precisam lançar os discos e atender à demanda. George estréia sua guitarra de 12 cordas no lado B, e uma nova sonoridade era apresentada na música pop.

RINGO BATIZA O FILME

Após um dia cheio de trabalho, Ringo joga-se em uma cadeira e solta a frase: "It's been a hard day" (foi um dia difícil). Ao perceber que já era noite, emendou: "'s night" (foi a noite de um dia difícil). A frase ficou na cabeça de todos e logo seria usada como o título do filme: *A Hard Day's Night*.

AS FILMAGENS DO SHOW DOS BEATLES TÊM UM ESPECTADOR ESPECIAL

Entre 23 de março e 2 de abril as filmagens são deslocadas para o Scala Theatre, para simular os estúdios da United TV House. No dia 31, os Beatles dublam várias músicas em frente a 350 fãs. Entre os adolescentes estava um ator de 13 anos, de nome Phil Collins.

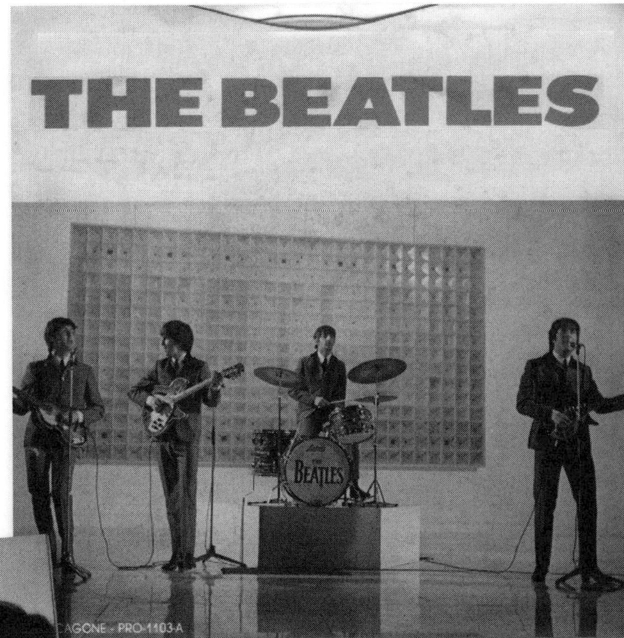

Author John Beatle's got a big proud grin as he shows Paul, George and Ringo his book.

BEATLES BOOK SUBSCRIPTIONS

If you are unable to get your Beatles Book from your local newsagent you can have it sent to you by post every month. One year's subscription costs £1 1 0. Overseas readers can pay by International Money Orders. One year £1 5 0. U.S. and Canada $4.

AND THE THIRD ISSUE OF GERRY AND THE PACEMAKERS OWN MONTHLY MAG with Part 2 of their exclusive LIFE STORY will be in your local newsagents on 7th MAY next.

31

UM BEATLE ESCRITOR

John lança seu primeiro livro no dia 23 de março. *In His Own Write* é uma coletânea de poemas, prosas e desenhos, que ele fazia "para preencher suas horas ociosas". Na verdade, John escrevia textos e sátiras desde o tempo da escola. Aos críticos que tentavam enquadrar o livro, ele era categórico: "Não é sobre nada. Se você gosta, gosta. Não há nada profundo nele. Só é engraçado".

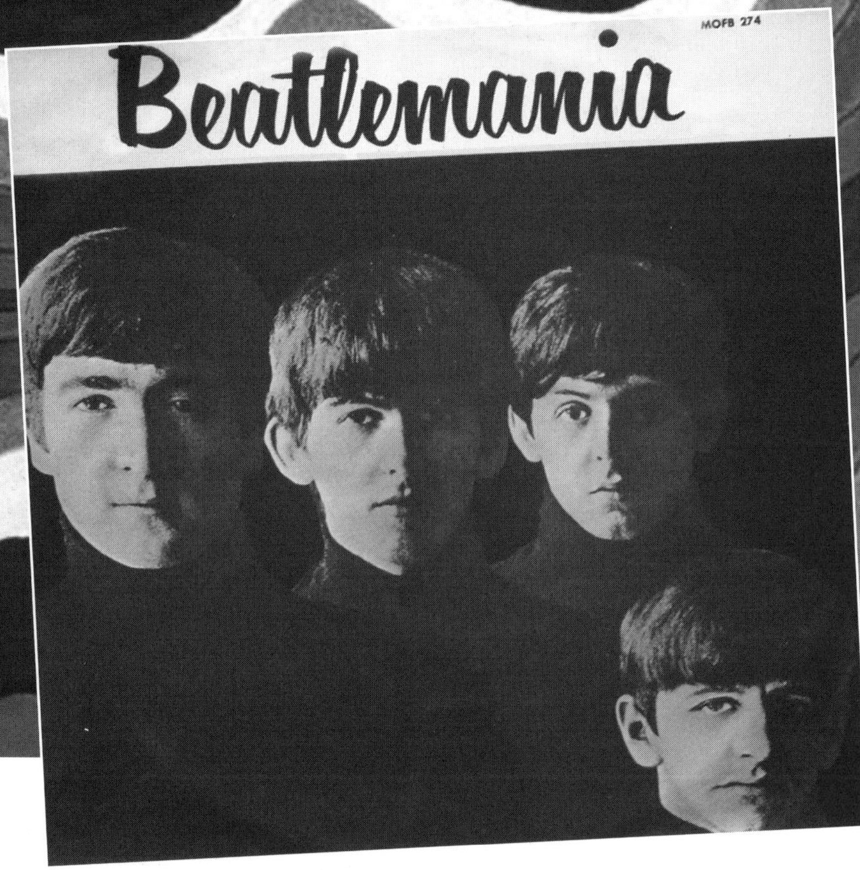

BEATLES DE CERA?

No dia 24 o famoso Museu de Cera de Madame Tussaud expõe as figuras dos quatro Beatles.

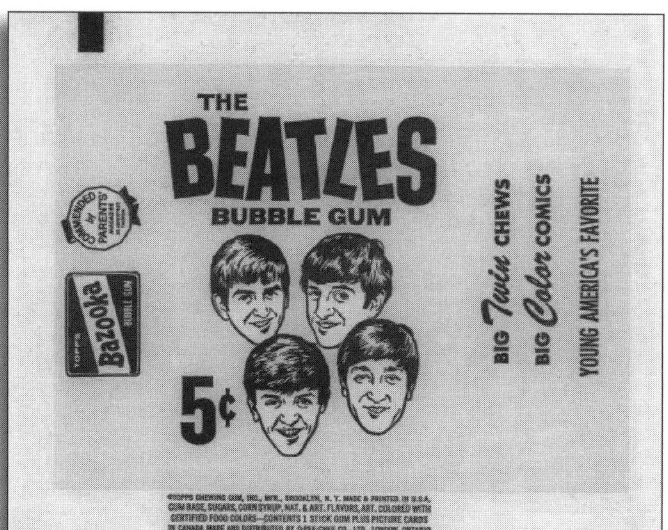

O MELANCÓLICO REENCONTRO ENTRE JOHN E SEU PAI

Depois de 17 anos, John reencontra seu pai, Freddie Lennon, nos escritórios de Brian, em Londres, no primeiro dia do mês de abril. O pai procurou John por causa de seus problemas financeiros e não por algum sentimento paterno ou saudade. Ringo e George estavam junto com John e deram o apoio necessário após o deprimente encontro.

Diversas locações são usadas para encerrar os trabalhos com o filme: estação ferroviária de Marylebone (cenas da correria), Twickenham Studios (vários cenários), Rio Tâmisa (passeio de Ringo) e Notting Hill Gate (perseguição da polícia).

O RETORNO AOS

A AMÉRICA SÓ ESCUTA OS BEATLES! MAIS UM RECORDE IMBATÍVEL

A lista das mais vendidas da *Billboard* sai no dia 4. Nada menos que 12 discos dos Beatles estavam listados. E as cinco primeiras posições eram deles! Um feito que nunca mais se repetiu na história da música popular. E a ciranda das gravadoras americanas era evidente nesta lista.

1 – Can't Buy Me Love (Capitol)
2 – Twist and Shout (Tollie)
3 – She Loves You (Swan)
4 – I Want yo Hold Your Hand (Capitol)
5 – Please Please Me (Vee-Jay)

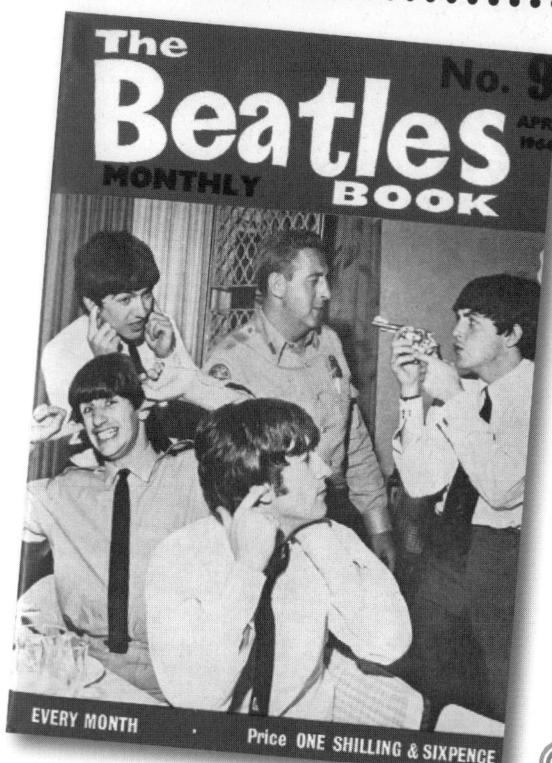

PALCOS INGLESES

Depois de quinze semanas os Beatles voltam a tocar na Inglaterra. E novamente no Empire Pool, de Wembley, em mais uma edição do NME Pool Winners' Concert, no dia 26 de abril. A multidão foi estimada em 10 mil pessoas. O grupo recebeu seu prêmio das mãos do ator Roger Moore, que viria a interpretar o agente secreto 007 entre 1973 e 1985.

AROUND THE BEATLES – UMA PRODUÇÃO SHAKESPEARIANA

Mal o grupo encerrou o filme e já partiu para outra produção, um especial para a Rediffusion TV de Londres. Os Beatles encenaram "Sonho de Uma Noite de Verão", de Shakespeare. Depois, vários artistas – entre eles, Sounds Incorporated e Cilla Black, empresariados por Brian – se apresentaram. O grupo voltou e fez playback de um repertório gravado especialmente para a ocasião, incluindo um *medley* inédito de seus sucessos.

DE VOLTA ÀS GRAVAÇÕES

Antes de sair em turnê mundial, o grupo volta aos estúdios de Abbey Road para gravar o restante do LP com a trilha sonora do filme, bem como canções inéditas para um compacto duplo. Entre os dias 1º e 3 de junho eles gravaram sete músicas e três demos de novas composições.

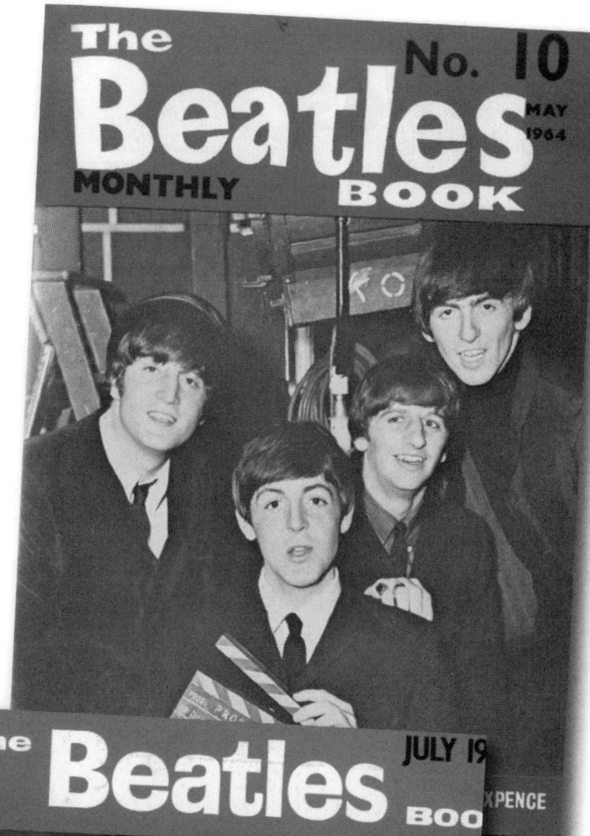

RINGO TEM UMA CRISE DE AMIDALITE E ENTRA UM NOVO BATERISTA

Na manhã do dia 3, véspera do embarque para a turnê, Ringo tem uma crise de amidalite e precisa ser internado às pressas. George Martin telefona para Jimmy Nicol, um desconhecido músico de estúdio que estava tocando com Georgie Fame e seu grupo em uma produção de Martin, além de membro do também desconhecido The Shubdubs. Os Beatles usaram a sessão reservada para gravações e ensaiaram com Jimmy parte do repertório da turnê. Ele tocaria em seis shows até a volta de Ringo, no dia 15, em Melbourne, Austrália.

DISCOS BIZARROS

Entre 1963 e 1965, os discos dos Beatles foram lançados em quase todos os países do mundo. Cada um com um título, capa e repertório diferentes, em nada relacionados com os lançamentos oficiais ingleses. A turnê mundial só reforçaria essa "babel fonográfica".

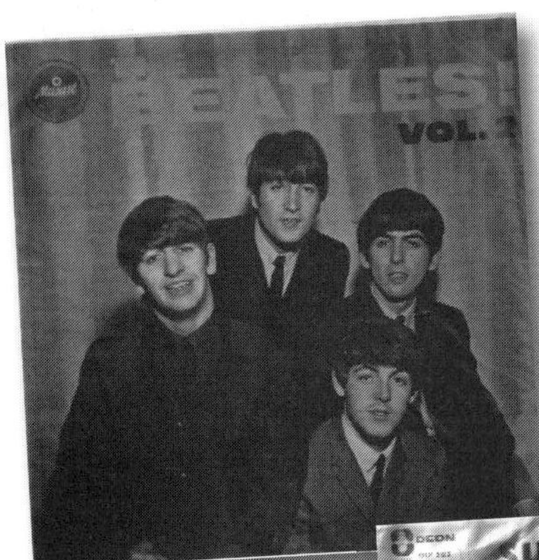

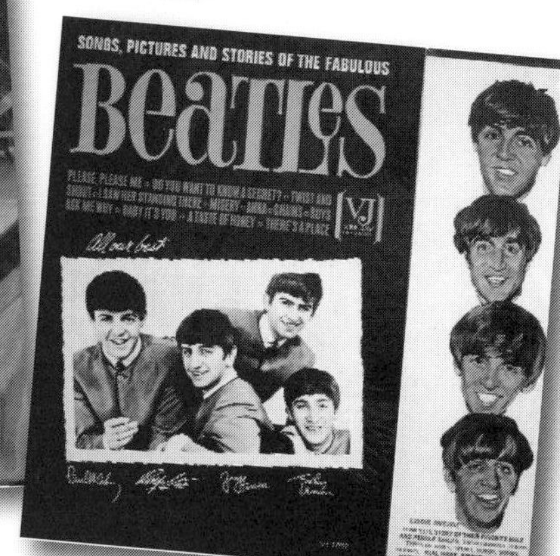

A PRIMEIRA TURNÊ MUNDIAL DE UMA BANDA DE ROCK

Os Beatles inovaram o mundo do rock ao embarcarem numa turnê mundial que os levaria da Dinamarca a Austrália, passando pela Holanda, Hong Kong e Nova Zelândia. Em vinte dias fizeram 38 shows e tocaram para um total de 245 mil pessoas!

A BEATLEMANIA EXPLODE EM TODO O MUNDO

Em todos os países onde foram, os Beatles levaram os fãs à loucura, com milhares de adolescentes nos aeroportos, estádios e teatros lotados e recordes de vendas de discos. Mas nada superou a Austrália. O nível de histeria dos jovens não seria visto nem nos Estados Unidos.

JOHN LENNON E SEUS DEBOCHES COM A FAMA

Em Adelaide, na Austrália, havia 300 mil fãs histéricos na frente do hotel onde os Beatles estavam hospedados. John, ao ver a cena da sacada do quarto, notou semelhanças com as multidões nos discursos de Adolf Hitler. Ironicamente ele colocou um pente embaixo do nariz para lembrar o bigode do ditador e, para surpresa de todos (inclusive fotógrafos), fez a saudação nazista "Zieg Heil".

A VOLTA DE RINGO

O carismático baterista retornou ao grupo no dia 15. Sete dias depois já estava cantando "Boys". Jimmy Nicol voltou para a Inglaterra e nunca mais se ouviu falar dele.

LONG TALL SALLY/I CALL YOUR NAME/SLOW DOWN/MATCHBOX (PARLOPHONE GEP 8913)

No dia 19 de junho, durante a turnê, é lançado um compacto duplo com músicas inéditas, que já eram tocadas nos shows da banda desde os tempos de Hamburgo. A exceção era uma nova composição de John e Paul, "I Call Your Name", que ficou de fora do LP.

A HARD DAY'S NIGHT – A TRILHA SONORA DE UMA GERAÇÃO

Os Estados Unidos recebem em primeira mão, em 26 de junho, a trilha sonora do filme dos Beatles *A Hard Day's Night* (United Artists UAS 6366), que incluia as músicas que apareciam na produção e temas instrumentais da George Martin Orchestra. A capa do álbum, seus timbres de guitarra e seu som influenciariam toda a juventude da década de 60.

A PREMIÈRE MUNDIAL DO FILME

A primeira exibição do filme dos Beatles ocorre em 6 de julho, no London Pavilion. Na platéia, além do grupo, estavam seus familiares, a princesa Margaret, lorde Snowdown, a equipe do filme e muitos amigos.

O CIDADÃO KANE DAS JUKEBOXES

A aventura cinematográfica do grupo foi comparada ao célebre filme *Cidadão Kane* pela crítica especializada. O formato documental, a história sendo quase toda verídica, o fato de ser em preto-e-branco, a condução da direção de Richard Lester, tudo levava a essa comparação.

BEATLES – OS NOVOS IRMÃOS MARX

Já outra parte da crítica via na veia humorística dos Beatles semelhança com os Irmãos Marx. John foi um dos mais irritados com a comparação: "a única similaridade é que nós somos quatro e eles são quatro".

OS HERÓIS DE LIVERPOOL

Os Beatles são recepcionados por mais de 150 mil fãs em sua chegada no aeroporto de Liverpool, em 10 de julho, para a *première* do filme. Foram recebidos como heróis pelo prefeito e 20 mil fãs estavam presentes.

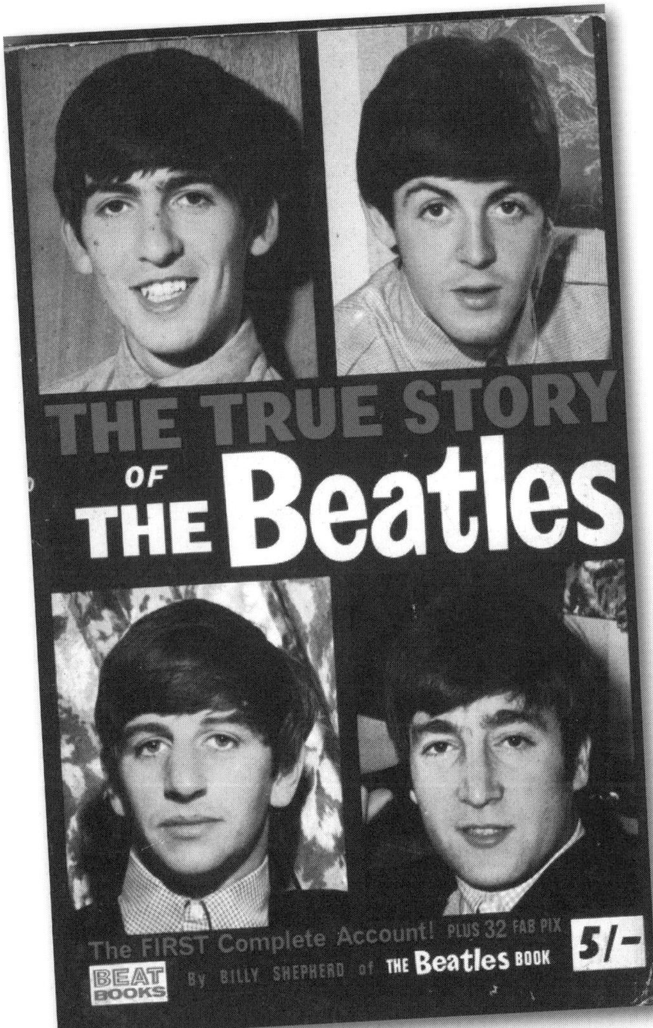

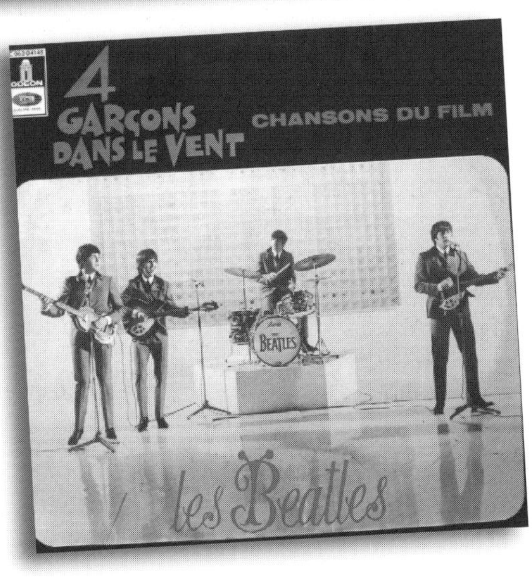

A HARD DAY'S NIGHT/THINGS WE SAID TODAY (PARLOPHONE R5160) A HARD DAY'S NIGHT (PARLOPHONE PMC 1250)

No mesmo dia , são lançados os dois novos discos ingleses dos Beatles. A capa do LP, mais elaborada que a americana, é um ícone da *pop art*. Todas as canções do disco são de autoria de John e Paul, uma inovação em termos de música pop. E a dupla não decepcionou, pois as baladas "And I Love Her" e "If I Fell" são obras-primas. O lado B do LP inglês traz belíssimas canções que não foram usadas na trilha sonora, mostrando maturidade no estúdio e o uso de novos instrumentos, principalmente de percussão.

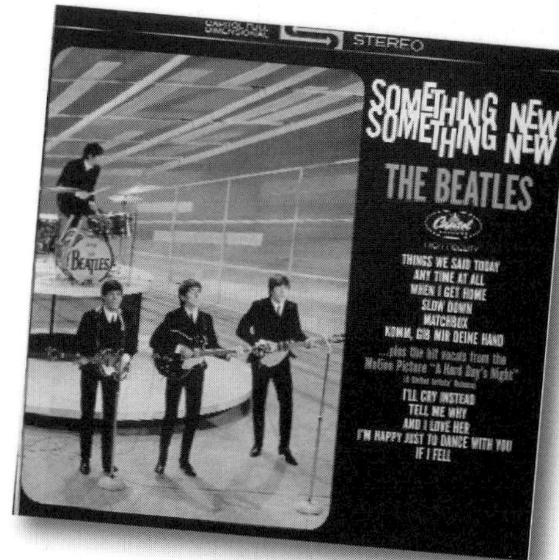

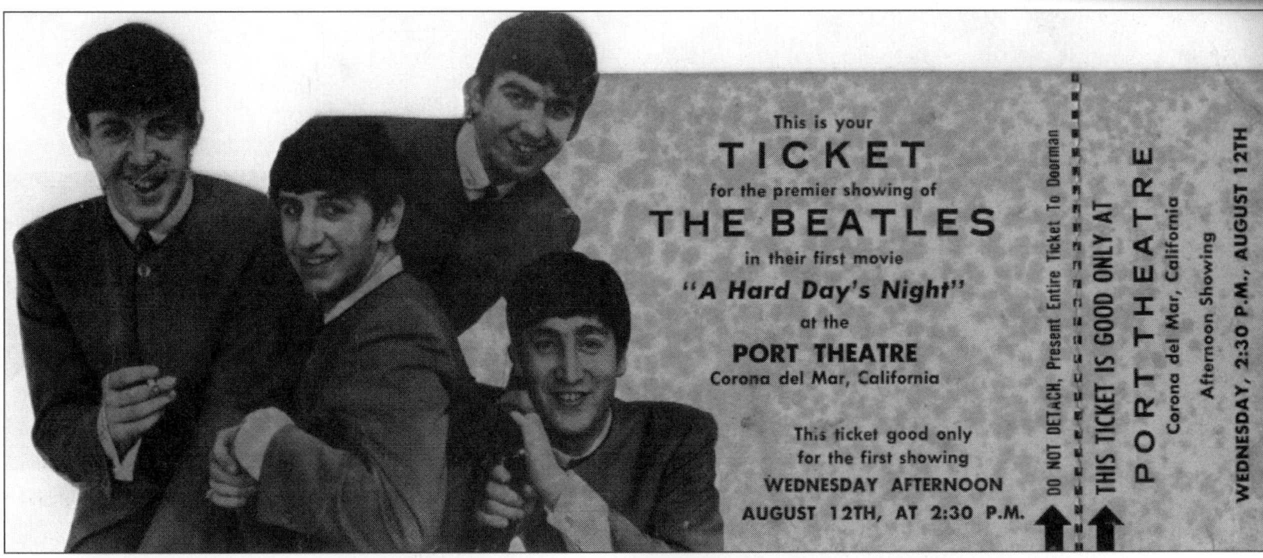

GRAVANDO MAIS UM DISCO – A MÁQUINA NÃO PÁRA

Nos dias 11 e 14 de agosto, às vésperas de saírem em uma gigantesca turnê pelos Estados Unidos, os Beatles seguem para Abbey Road e começam a gravar o novo LP, ainda sem título. O anterior, *A Hard Day's Night*, era primeiro lugar na Inglaterra e nos Estados Unidos.

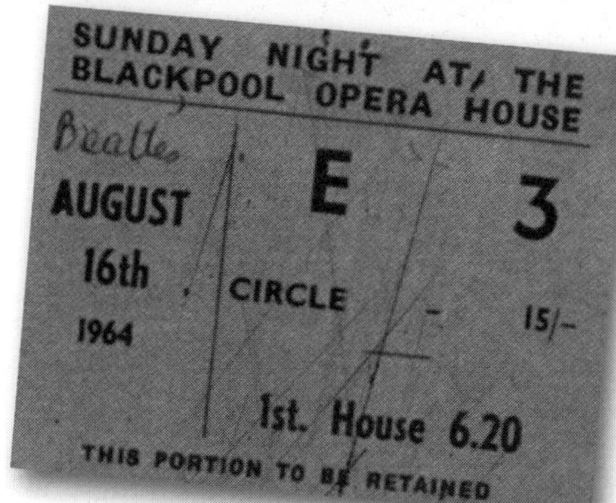

A TURNÊ DOS EXCESSOS
A AMÉRICA ENGOLE OS BEATLES

Aviões, limusines, hotéis, entrevistas, shows, histeria, isolamento. Assim pode ser descrita a inacreditável turnê americana de 1964. De 19 de agosto a 20 de setembro, foram 32 apresentações, em 34 dias, para cerca de 400 mil pessoas.

MAIS UM RECORDE

Brian estava com o grupo no hotel, ainda no primeiro dia da turnê, quando foi procurado por Charles O. Finley, milionário de Kansas City. A cidade não estava no roteiro. Ele fez um cheque de 50 mil dólares (cerca de 575 mil reais em valores atualizados), recusado por Brian por causa da folga do grupo no dia pretendido. Fez outro de 100 mil dólares (1,15 milhão de reais), igualmente recusado. Quatro dias depois, no Hollywood Bowl, em Los Angeles, Califórnia, ele veio com um cheque de 150 mil dólares (1,725 milhão de reias), o maior cachê já pago nos Estados Unidos para um único artista.

O NOME DISSO É MARKETING

Tudo relacionado ao nome Beatle virou um produto para vender: lancheiras, cadernos, chicletes, sapatos, papel de parede, modelos para montar, almofadas, broches, bonecos etc. Até as toalhas que eles usaram após o show do Hollywood Bowl foram recortadas em pedaços de 3 cm e vendidas com certificados de autenticidade!

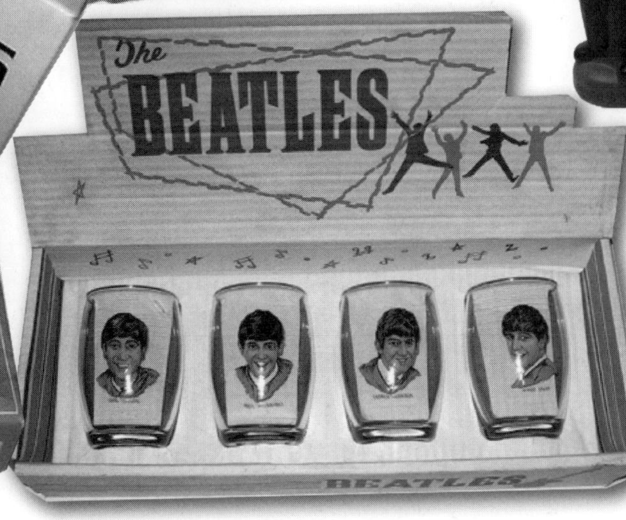

DROGAS NA VIDA DOS BEATLES

No dia 28 de agosto, em Nova York, Bob Dylan apresenta a maconha para o grupo.

BEATLES X ELVIS

Numa ligação telefônica de seu hotel em Atlantic City, feita no dia 31, Paul conversa amigavelmente com Elvis Presley, que estava em Memphis.

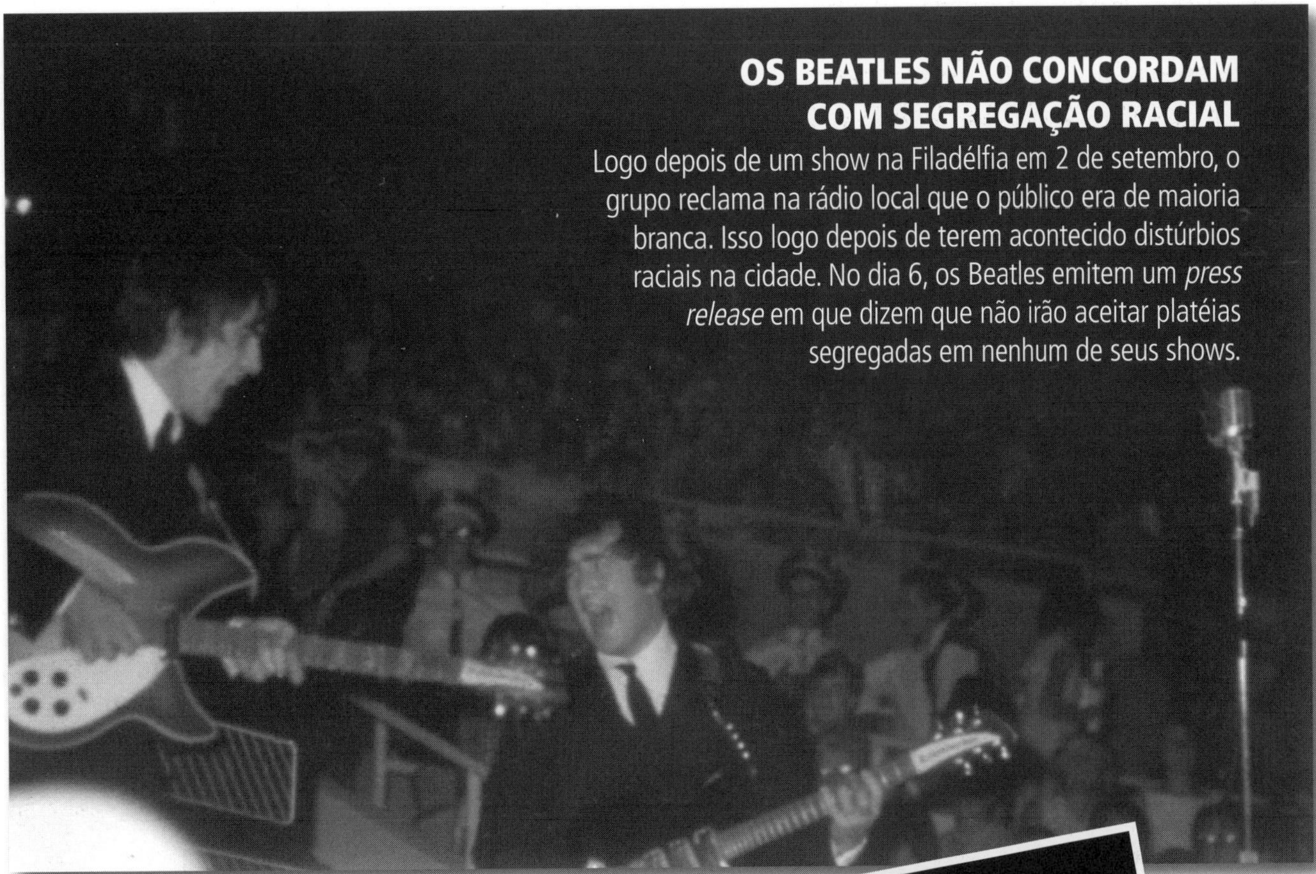

OS BEATLES NÃO CONCORDAM COM SEGREGAÇÃO RACIAL

Logo depois de um show na Filadélfia em 2 de setembro, o grupo reclama na rádio local que o público era de maioria branca. Isso logo depois de terem acontecido distúrbios raciais na cidade. No dia 6, os Beatles emitem um *press release* em que dizem que não irão aceitar platéias segregadas em nenhum de seus shows.

BEATLES BANIDOS NA ÁSIA

O governo da Indonésia proíbe penteados-Beatle entre os jovens.

RACISMO NÃO!

Para o show que fariam em Jacksonville, Flórida, no dia 11 de setembro, os Beatles receberam garantias dos organizadores de que não haveria segregação racial na platéia.

OS BEATLES EXPULSOS DO PALCO

No show de Cleveland, Ohio, o chefe de polícia local, Carl Baeder, manda o grupo sair do palco por 15 minutos, pois as fãs estavam em histeria incontrolável.

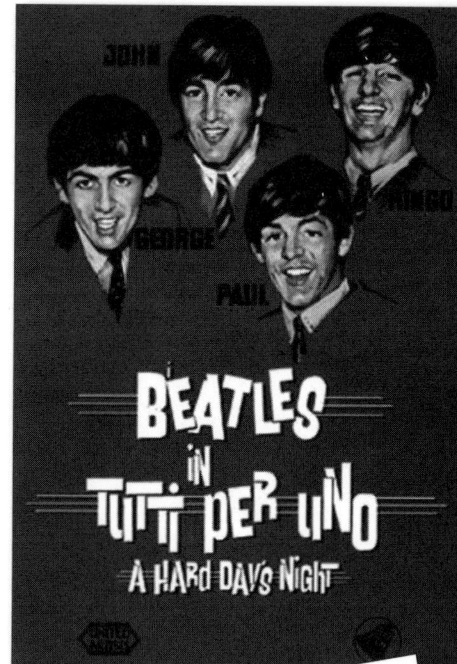

TRÊS MILHÕES E MEIO DE LIBRAS PELOS BEATLES

Este o valor oferecido por um executivo americano pelo passe do grupo, o equivalente a cerca de 150 milhões de reais de hoje. Brian recusou.

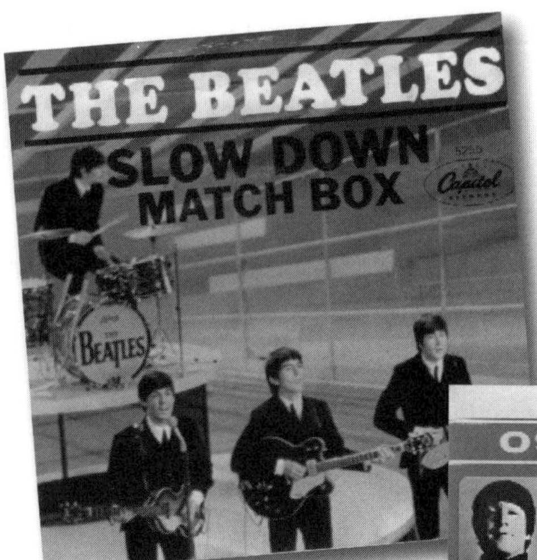

RECORDING Pix

Who's hiding behind that amplifier — yes it's Ringo of course.

John and Ringo are telling *Beatles Book* photographer Leslie Bryce "Quick get this one", while Paul asks Mal to save him a cup of tea.

John is altering the volume of George's guitar while George is playing.

John, George, Peter Asher and George Martin listening to a playback. Looks like everybody is very happy with what they hear.

Paul and John usually sing into the same mike when they are harmonising together.

FIM DA TURNÊ E MAIS GRAVAÇÕES - A MÁQUINA NÃO PODE PARAR

Dia 29 de setembro: lá estavam os Beatles em Abbey Road para as gravações do novo LP, que prosseguiu em outubro, quando finalizam o disco e um novo compacto com músicas inéditas. No dia 26 de outubro, eles ainda acham tempo para gravar o disco de Natal para o fã-clube oficial.

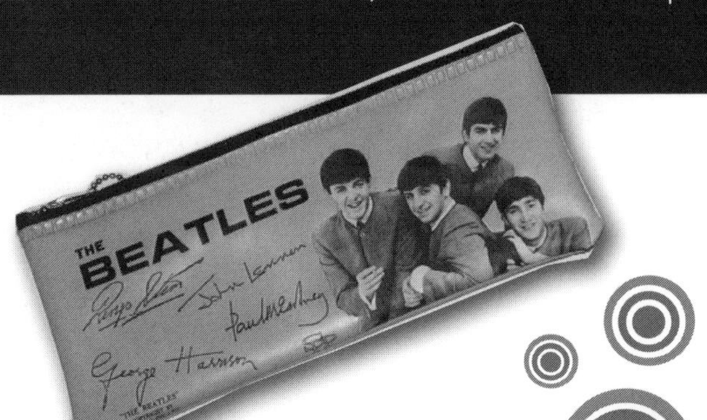

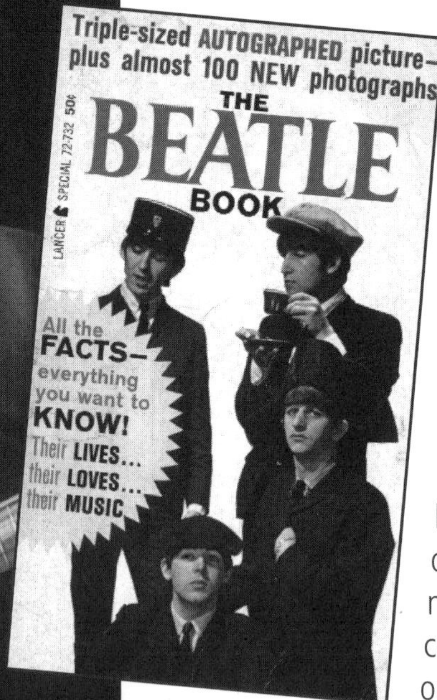

DESCANSO? NÃO! A INGLATERRA QUER VER OS BEATLES

Mais uma turnê nacional foi agendada para os meses de outubro e novembro. Eles viajaram de norte a sul, passando pela Escócia e Irlanda do Norte. Nos intervalos dessa turnê o disco foi gravado.

DE ACIDENTE A INOVAÇÃO MUSICAL

Numa das sessões de gravação de "I Feel Fine", o violão de John produziu acidentalmente microfonia no estúdio, logo no acorde inicial da música. Em vez de começarem a nova tomada sem o "defeito", eles o incorporaram definitivamente na música e em toda a cultura pop. E três anos antes de Jimi Hendrix!

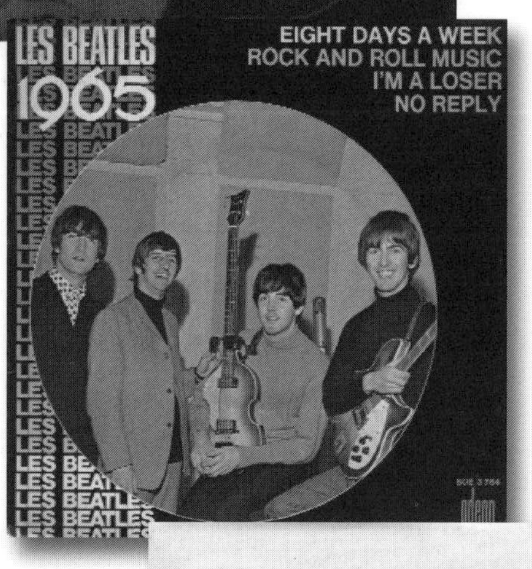

I FEEL FINE/SHE'S A WOMAN (PARLOPHONE R 5200)

As vendas antecipadas do novo compacto dos Beatles bateram em 1 milhão de cópias. Na Inglaterra, o lançamento é em 27 de novembro, e nos Estados Unidos, quatro dias antes. A microfonia no início de "I Feel Fine", um intrincado trabalho de bateria de Ringo – altamente inovador para a época – e os acordes usados na base de "She's ? a Woman" mostraram que o grupo, mesmo envolto em turnês e programas de rádio e TV, ainda arranjava tempo para revolucionar.

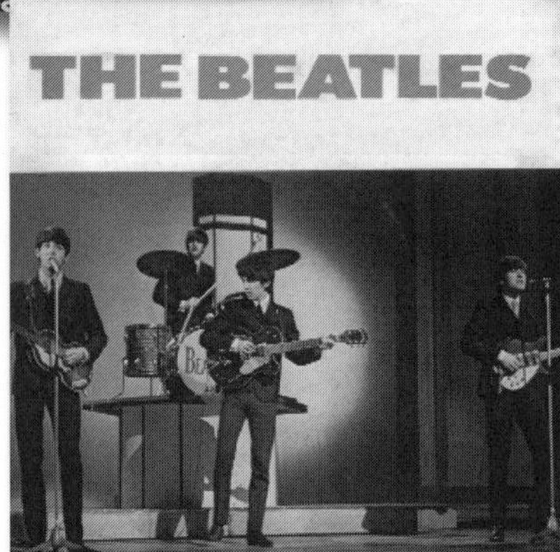

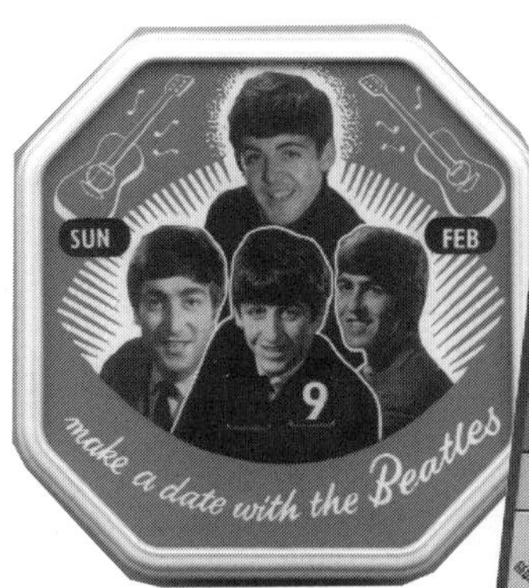

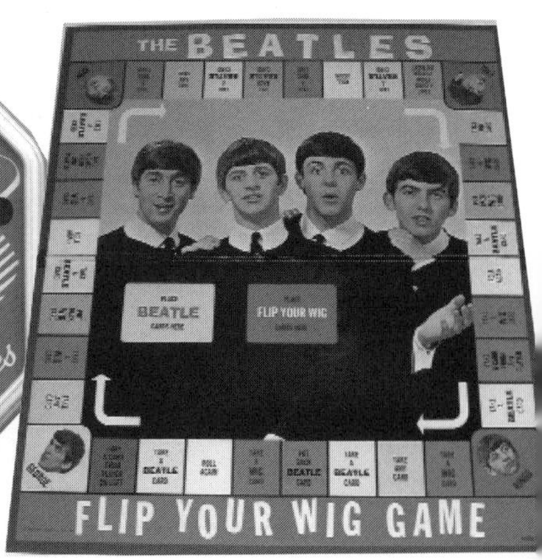

BEATLES FOR SALE (PARLOPHONE PMC 1240)

O novo LP é lançado em 4 de dezembro, para atender à demanda. John detestou o título e os Beatles posaram com semblantes sérios. Havia poucas inovações no disco, que trouxe uma mistura de material próprio e versões. Como diferenciais no som, estavam os tímpanos usados por Ringo em "Every Little Thing", os vocais inspirados de "Eight Days a Week" e as belas e profundas letras de "I'm a Loser" (totalmente influenciada por Bob Dylan) e "No Reply".

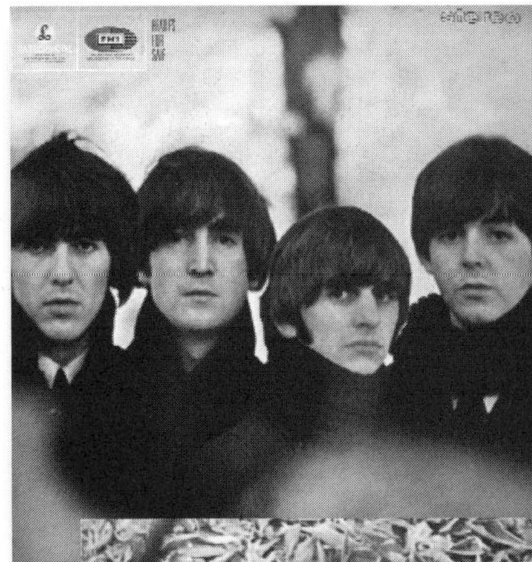

OUTRA TEMPORADA DE NATAL – DINHEIRO VS. SATURAÇÃO

Novamente Brian Epstein bolou sua "loucura natalina", reunindo música, comédia, pantomima e a insatisfação dos Beatles com tudo aquilo. Entre os grupos de suporte estavam os novatos The Yardbirds, que tinha em sua formação Eric Clapton. Foram seis noites, com onze apresentações, entre os dias 24 e 31.

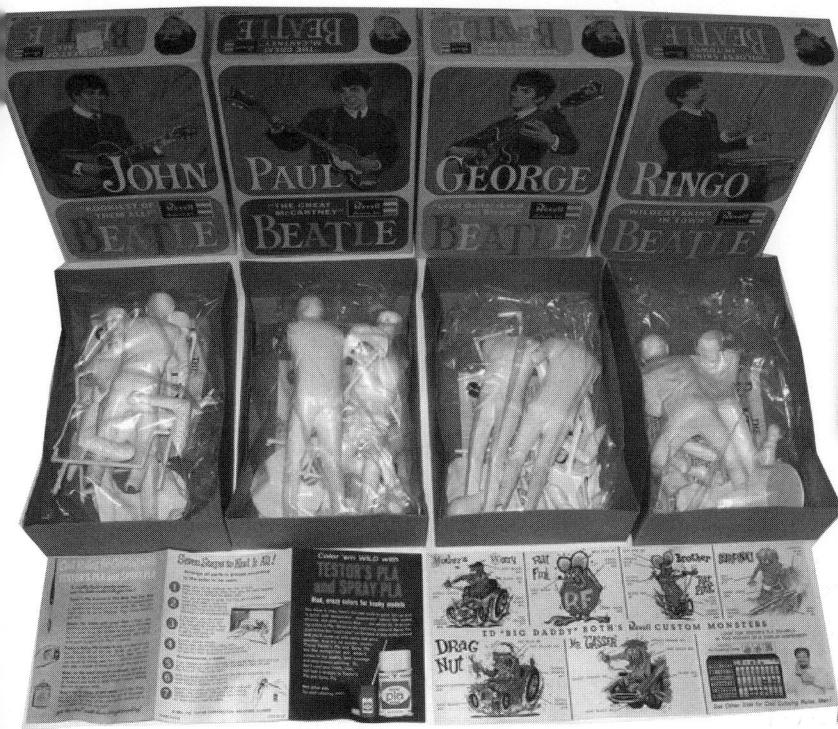

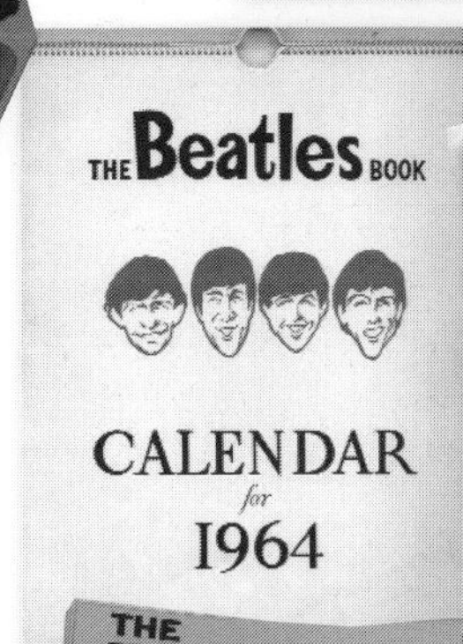

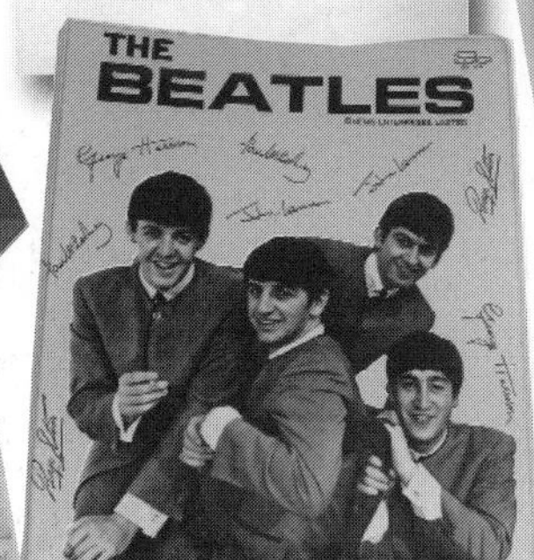

1965

Um novo filme,
colorido e revolucionário

Recorde mundial de público em Nova York

Mais Beatlemania sem controle nos Estados Unidos

Lugares vazios na turnê mundial

Os Beatles são agraciados como "Membros do Império Britânico"

Um disco que apontou novas direções para a música dos Beatles

NO BRASIL

Acontece o I Festival de Música Popular Brasileira, na TV Excelsior

Estréia do programa *O Fino da Bossa*, na TV Record, com Elis Regina e Jair Rodrigues

Roberto Carlos explode com "O Calhambeque"

Renato e seus Blue Caps batem os Beatles em vendas no Brasil, com a versão "Menina Linda"

Os Golden Boys gravam "Alguém na Multidão"

Wanderléa lança a música que vai acompanhá-la por toda a sua carreira: "Ternura"

Erasmo Carlos emplaca com a música que simboliza a Jovem Guarda: "Festa de Arromba"

Estréia do programa *Jovem Guarda*, na TV Record, com Roberto Carlos, Erasmo Carlos e Wanderléa

Decretado o AI-2, extinguindo os partidos políticos e criando o bipartidarismo (Arena e MDB)

É criado o cruzeiro novo, a nova moeda, que valia mil cruzeiros antigos

Os Beatles estão fartos da superexposição das turnês

Vee Jay Wins One Round in Beatles Case

CHICAGO—Vee Jay won a round in its court battles with Capitol over Beatles records. An appellate court "stay" on a Capitol injunction permits Vee Jay to again manufacture and sell its Beatles single, "Please Please Me."

Vee Jay's album, "Introducing the Beatles," is still blocked from the market by Capitol's injunction issued by the New York federal court. Capitol had obtained this order on behalf of its publishing subsidiary, Ardmore-Beechwood, Ltd., of England, which owns the copyright to "Love Me, Do" and "P.S. I Love You," two tracks in the Vee Jay LP. Vee Jay will argue this injunction Wednesday in an effort to have it lifted.

TERMINA A TEMPORADA DE NATAL... PARA SEMPRE

Logo no início de janeiro encerram-se as quatorze apresentações finais da temporada, com dois shows por noite. Os Beatles decidem que nunca mais fariam algo parecido. Mudanças à vista.

MAIS UM BEATLE CASADO

No dia 11 de fevereiro, Ringo casa-se de surpresa com sua namorada Maureen Cox. John e George haviam voltado das férias. Paul estava na África e não compareceu. Soube pela imprensa.

NOVA TRILHA SONORA – OUTRA PRESSÃO SOBRE O GRUPO

O grupo entra no estúdio em 15 de fevereiro para gravar as músicas da trilha sonora do novo filme, já contratado, mas ainda sem título. Onze canções foram produzidas, mas nem todas entrariam na trilha ou mesmo no novo LP.

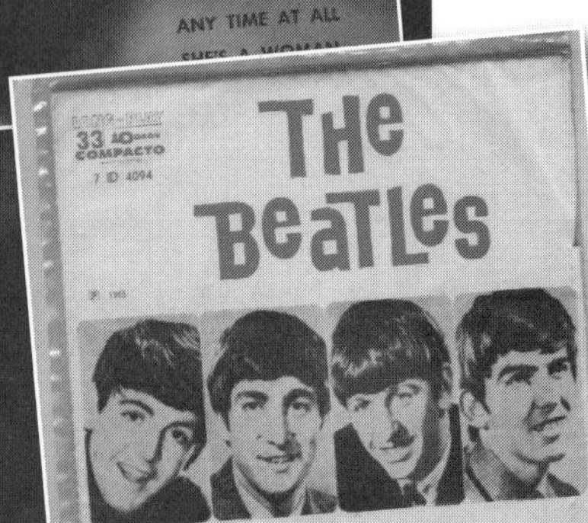

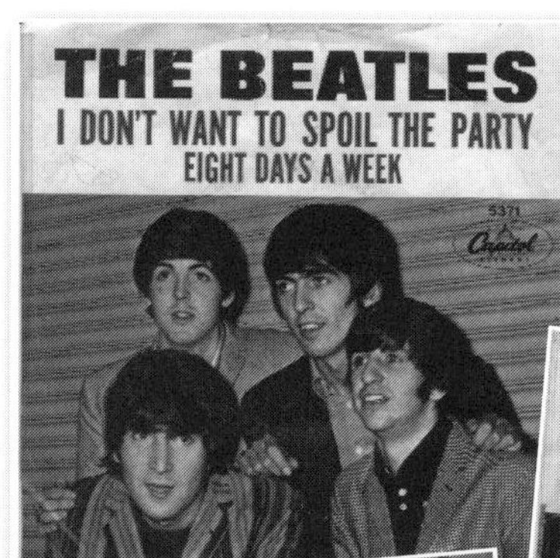

COMEÇAM AS FILMAGENS. PRIMEIRA PARADA: BAHAMAS

Entre 22 de fevereiro e 10 de março, os Beatles ficaram no calor dos trópicos, filmando e se divertindo nas praias.

SEGUNDA PARADA: ALPES SUÍÇOS

O grupo realmente aproveitou a fama e o direito de opinar no roteiro, para incluir cenas e locações de acordo com seus desejos de conhecer lugares exóticos. Em março a banda se distraiu, filmou, esquiou e fumou maconha em meio aos pinheiros.

OITO BRAÇOS PARA TE ABRAÇAR?

Enquanto os Beatles estavam na Suíça, foi divulgado na imprensa que o novo filme teria o título "Eight Arms to Hold You". Foi uma precipitação.

O LSD ENTRA EM CENA!

John, Cynthia, George e Pattie tomam ácido pela primeira vez em 27 de março, oferecido por um famoso dentista londrino. Da casa dele eles foram para uma festa, e os efeitos da droga manifestaram-se já no elevador. John foi o mais afetado e faria de tudo para que todos da banda experimentassem logo o LSD.

BEATLES NO BRASIL

É noticiado na revista *Intervalo* que o grupo poderia vir fazer shows em São Paulo e no Rio de Janeiro, incluindo filmagem para posterior transmissão em outras capitais. Os shows seriam para depois de setembro, mês previsto para nascer o filho de Ringo. As negociações estariam adiantadas junto a uma indústria de refrigerantes.

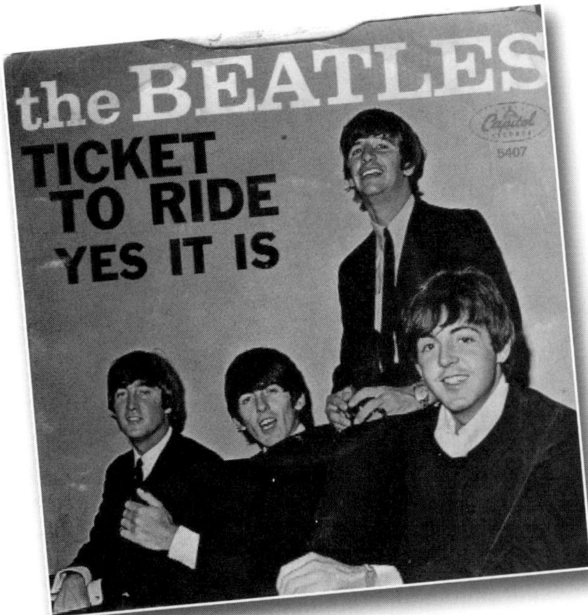

TICKET TO RIDE/YES IT IS (PARLOPHONE R 5265)

Lançado no dia 9 de abril, o novo compacto do grupo já veio quebrando mais recordes de vendas antecipadas. E mais: o trabalho de Ringo na bateria foi elogiadíssimo por suas inovações. Foi uma ruptura com a "inocente" Beatlemania, pois o título da primeira canção, segundo John, era na verdade o certificado que as prostitutas de Hamburgo eram obrigadas a tirar para provar que estavam livres de doenças sexualmente transmissíveis.

O ERRO DA CAPITOL RECORDS

Nos Estados Unidos o lançamento seria apenas no dia 19. A Capitol estampou no selo que a música era da trilha sonora de "Eight Arms to Hold You", sem saber que um novo título já havia sido escolhido. Logo os selos seriam modificados.

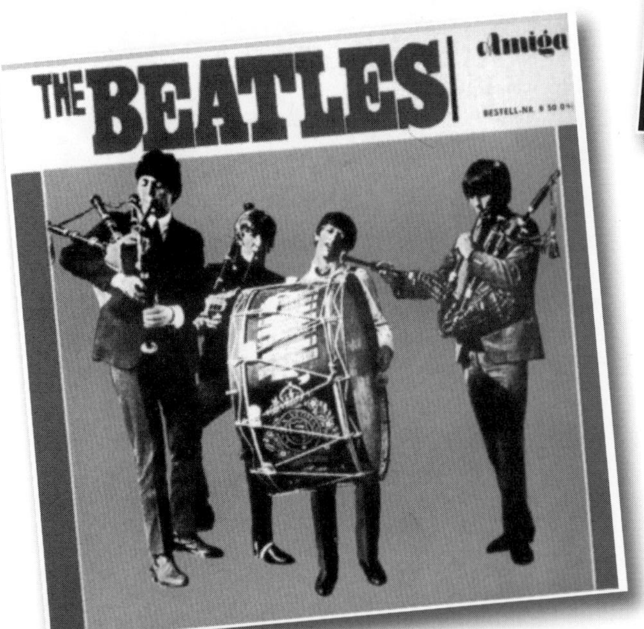

VENHA AQUECER O SEU CAMARADA

Em abril os Beatles têm um disco lançado na República Democrática Alemã, em plena Guerra Fria. Foi um marco que não se repetiu até a década de 80, quando a Rússia começaria a lançar o catálogo do grupo.

NOVO TÍTULO DO FILME: HELP!

Finalmente é escolhido o novo título, em definitivo. Este "grito de socorro" levaria John a escrever a canção-título expressando toda a angústia pela qual ele e o grupo passavam naqueles dias de Beatlemania.

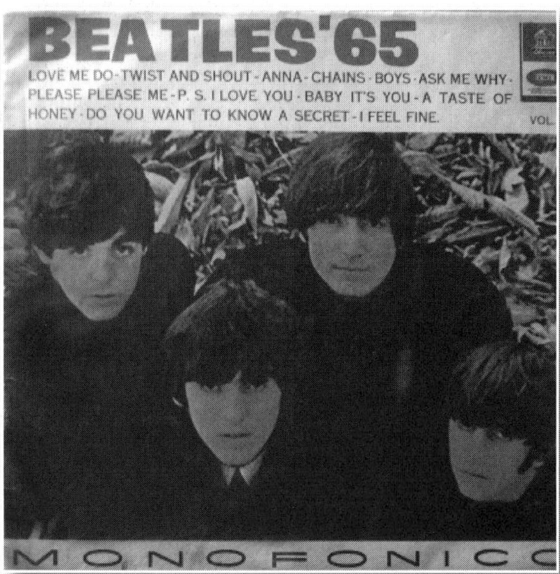

MAIS GRAVAÇÕES

Com título escolhido, era hora de gravar a música-tema. "Help!" é gravada e finalizada em 13 de abril.

NOVAS FILMAGENS: LONDRES E INTERIOR DA INGLATERRA

Em abril e maio o grupo divide-se entre os estúdios Twickenham e várias locações pelos campos ingleses. Eles ficavam em pousadas e se divertiam com festas de aniversário de membros da equipe, rodadas de cartas e exibições de filmes em 16 mm.

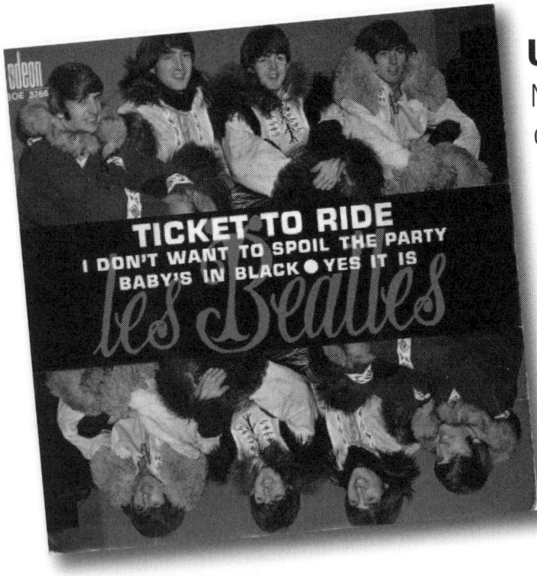

UMA NOVIDADE? GRAVAÇÕES

Numa rápida sessão em 10 de maio gravam mais duas músicas, ambas do americano Larry Williams, ídolo do grupo: "Dizzy Miss Lizzy" e "Bad Boy". Foi um pedido da Capitol, para lançamento nos Estados Unidos. Só uma seria usada na Inglaterra, para completar o LP da trilha sonora de *Help!*.

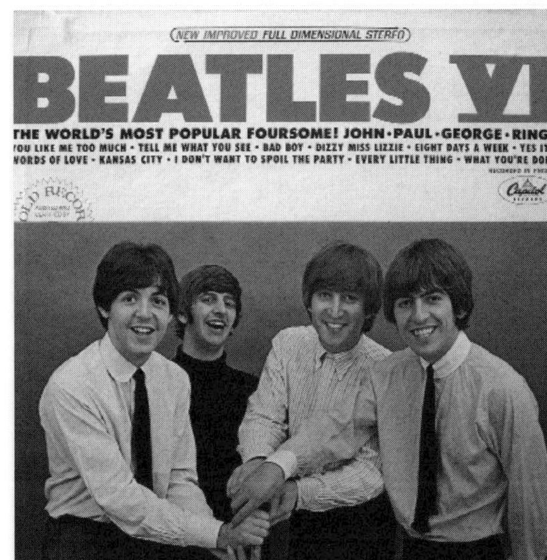

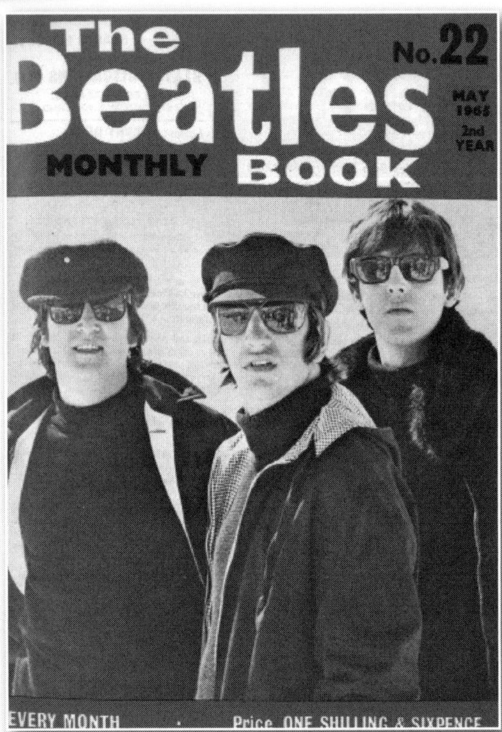

ROCK COM SELO REAL: OS BEATLES SERÃO CONDECORADOS PELA RAINHA

No início de junho, é anunciado que o grupo receberá o prêmio MBE, sendo condecorados como "Membros do Império Britânico" (em inglês "Member Of The British Empire", daí a sigla). John disse que achava que teria que dirigir tanques e vencer batalhas para poder receber a condecoração. Começaram a chover devoluções das MBEs por parte de veteranos da guerra e de outros agraciados.

PAUL: O BEATLE DAS MÚLTIPLAS VOZES

Num único dia, numa sessão iniciada às 14h30 e acabando às 22h, o grupo grava três músicas, todas cantadas por Paul, em estilos completamente diferentes: "I've Just Seen a Face" (country), "I'm Down" (rock) e "Yesterday" (balada).

GRAVAÇÕES FINAIS

Nos dias 15 e 17, acabam as gravações para o LP *Help!*, com três músicas finalizadas: "It's Only Love", "Act Naturally" e "Wait". A última não foi usada no disco.

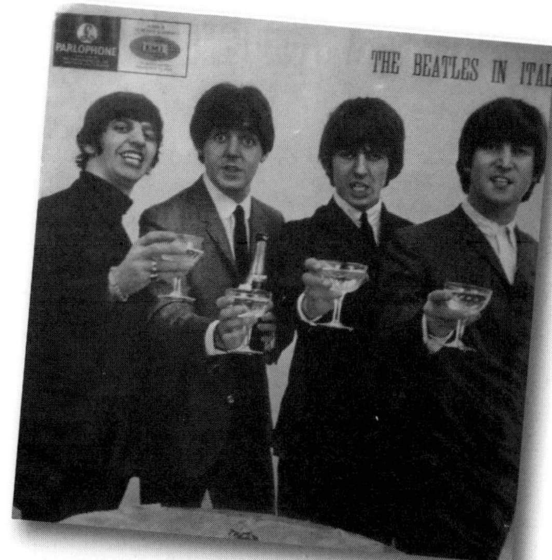

OUTRA NOVIDADE: UMA TURNÊ

O grupo inicia uma turnê pela Europa no dia 20, cobrindo França, Itália e Espanha, encerrando em 3 de julho. Foram 14 dias e 16 shows. Uma turnê mais curta, a pedido do grupo. Cerca de 110 mil pessoas assistiram a todas as apresentações, mas esperava-se muito mais.

ESTÁDIOS VAZIOS

Na Itália, em especial na cidade de Gênova, os shows não lotaram os estádios. Várias justificativas, do alto preço dos ingressos até o calor forte, foram usadas para explicar públicos de cinco mil pessoas em um estádio para 25 mil. Para John, os fãs estavam percebendo a burrice em gastar dinheiro para, literalmente, "ver" 25 minutos de show, já que não era possível se ouvir nada.

JOHN É ESCRITOR NOVAMENTE

O segundo livro de John, *A Spaniard in the Works*, é publicado na Inglaterra no dia 24 de junho. Logo seria um best-seller, apesar da crítica afirmar que isso só acontecia por ele ser dos Beatles.

No Brasil, os dois livros de John foram lançados em um volume único, em 1980, com o hilário título de *Um atrapalho no trabalho*, tentativa de tradução do nome do segundo livro.

UM NOVO FILME NOS PLANOS

Por meses vem sido discutida a possibilidade dos Beatles filmarem "A Talent for Loving" em 1966. A United Artists sonha em juntar os Beatles e Elvis.

ATÉ O SCRIPT DE HELP! É SUCESSO DE VENDAS

O livro de bolso baseado no roteiro do filme é lançado em julho e vende cerca de 500 mil cópias. No Brasil, foi lançado com o subtítulo de "A Maravilhosa Aventura dos Beatles".

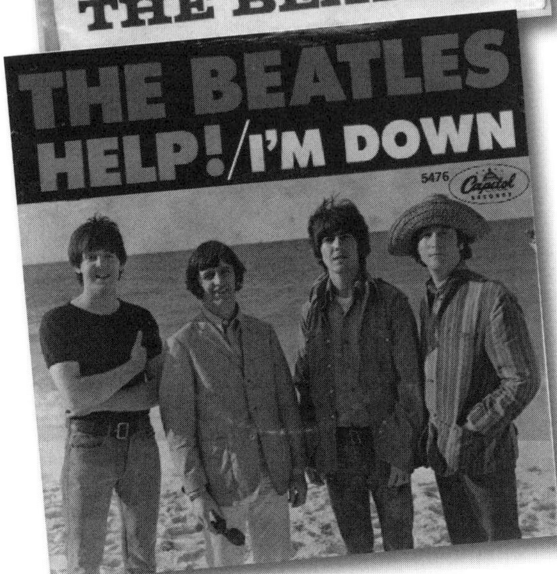

HELP! I'M DOWN (PARLOPHONE R 5305)

Dia 23 de julho marca a data do lançamento de um dos maiores sucessos da carreira do grupo. A música varreu o mundo com sua mensagem de angústia juvenil. Era um grito de socorro de John, já sufocado pela fama.

A PREMIÈRE DE HELP!

Novamente a família real estava presente no lançamento de um filme dos Beatles, representada pela princesa Margaret e lorde Snowdown. O Picadilly Circus ficou lotado com a presença de mais de 10 mil fãs.

HELP! (PARLOPHONE PMC 1255)

O lançamento da trilha sonora do novo filme dos Beatles (lado A), acrescida de sete músicas inéditas (lado B), ocorre em 6 de agosto. A capa trazia os quatro Beatles escrevendo a palavra *help* na linguagem internacional de sinais por bandeiras. Nos Estados Unidos e muitos outros países que seguiram os americanos, a posição da foto foi invertida e o resultado foi "*hpel*". E o disco americano não trazia as músicas inéditas, e sim as instrumentais que tocavam no filme. O álbum trazia belas canções de John e Paul, como "You've Got to Hide Your Love Away", "You're Gonna Lose That Girl" e a maravilhosa "Yesterday". George contribuiu com duas canções, com destaque para "I Need You". Mas o que surpreendeu foram os arranjos, com uso de vários instrumentos que enriqueceram as músicas, como bongôs, órgãos, reco-reco e pianos elétricos.

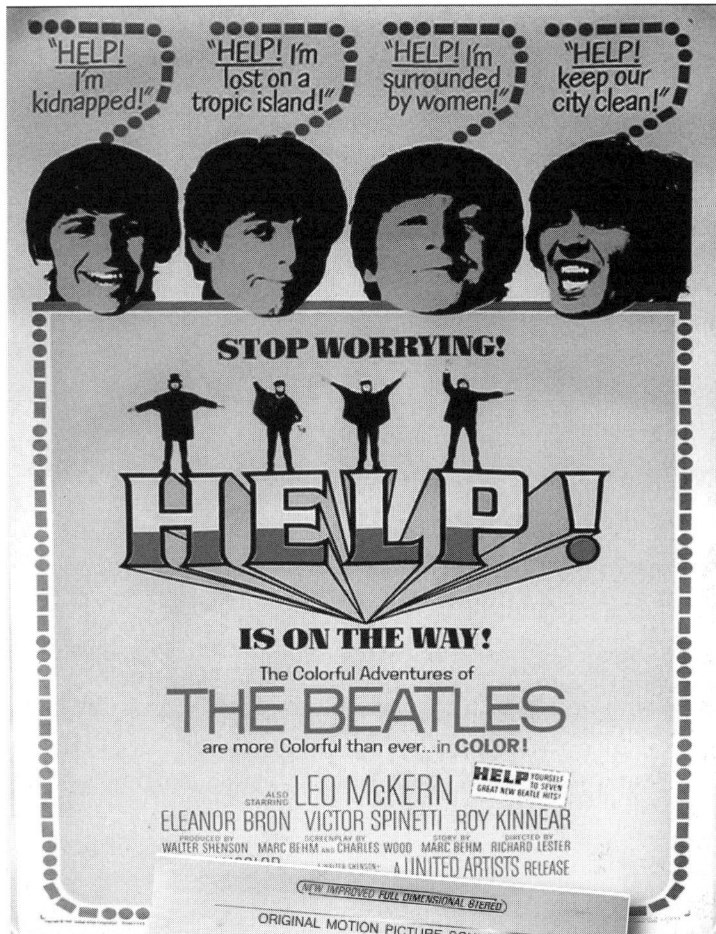

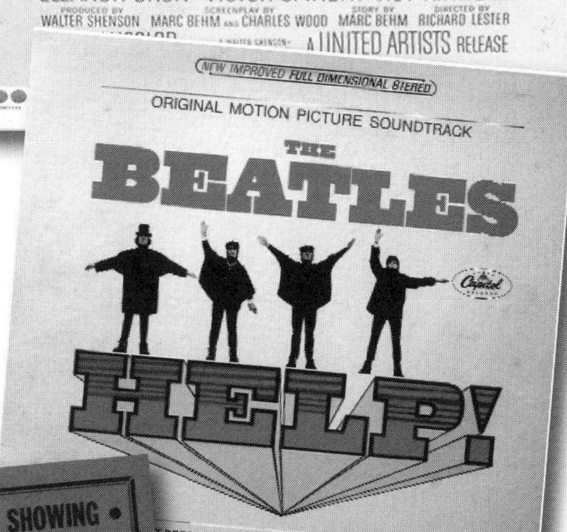

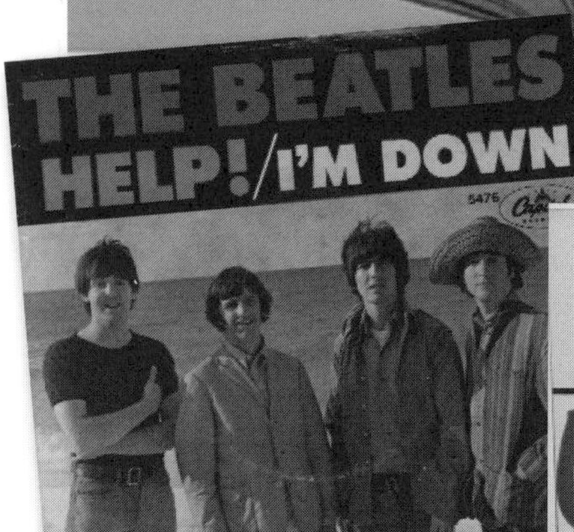

UM FEITO INÉDITO NA HISTÓRIA DA INDÚSTRIA FONOGRÁFICA

Help! foi disco de ouro no dia do lançamento, pois as encomendas eram superiores a 1 milhão de cópias.

SEGURO DE VIDA PARA TOCAR NA AMÉRICA

Brian Epstein fez um seguro de 1 milhão de libras para o grupo, antes do embarque para a nova turnê americana.

AMÉRICA, MAIS UMA VEZ, EM ESCALA REDUZIDA

No dia 13 de agosto os Beatles chegam em Nova York para uma curta turnê pelos Estados Unidos e Canadá: apenas 12 dias de shows e 14 apresentações. Cerca de 320 mil pessoas assistiram aos concertos. Foi uma turnê rápida, mas que ultrapassou a anterior em histeria e loucura.

UM RECORDE DE PÚBLICO

Os Beatles fizeram seu primeiro concerto da turnê americana inaugurando o Shea Stadium, um gigantesco estádio de beisebol. Um público estimado em 55 mil pessoas garantiu mais um recorde para eles. Como charme extra, o grupo usou distintivos de agentes policiais de Wells Fargo, que haviam ganho da equipe que os levou até o estádio dentro de um furgão.

UM QUASE ACIDENTE COM O GRUPO

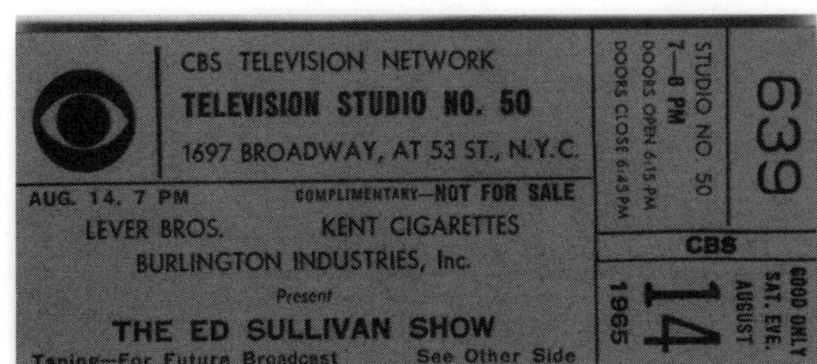

Em Portland, o Elektra que transportava os Beatles teve sérios problemas após a aterrisagem com um dos motores, que pegou fogo e levantou uma nuvem de fumaça. Foi apenas um susto. Durante o tempo que ficaram em frente à saída de emergência, eles fizeram várias piadas. George disse que não precisariam mais especular quanto tempo o grupo duraria. John emendou: "Beatles, mulheres e crianças primeiro!".

JOHN E PETER FONDA: A INSPIRAÇÃO VINDA DO LSD

Numa festa promovida pelo presidente da Capitol Records, John estava com o ator Peter Fonda, que "viajava" com uma dose de LSD. Da louca conversa entre os dois saiu a frase "you know what is like to be dead" (você sabe como é estar morto). John usaria a idéia em uma canção dos Beatles, "She Said, She Said".

RINGO EXPERIMENTA O ÁCIDO LISÉRGICO

Durante a estada em Los Angeles, Ringo resolve provar o LSD, para poder entender o que George e John sentiram meses atrás e não paravam de falar. Os três e Neil, *roadie* e assistente da banda, tomaram juntos.

O ENCONTRO ENTRE OS BEATLES E ELVIS PRESLEY

Dia 27, à noite, acontece um encontro memorável . Os Beatles (que estavam em Beverly Hills) vão a Bel Air, na casa de Elvis. São recebidos na porta pelo próprio e logo estavam tocando animadamente, conversando sobre fãs e fama. Eles ficaram por cerca de três horas com o "Rei".

MÁQUINA DE FAZER DINHEIRO

Os Beatles estavam fartos da Beatlemania. O conforto de camarins e transporte do ano passado já não existia. Tudo tinha que ser rápido e ao menor custo. Eles estavam tão exaustos que chegavam a se apresentar completamente roucos. Voltaram 1 milhão de libras (algo como 40 milhões de reais de hoje) mais ricos para casa, mas com uma idéia na cabeça: acabar com as turnês.

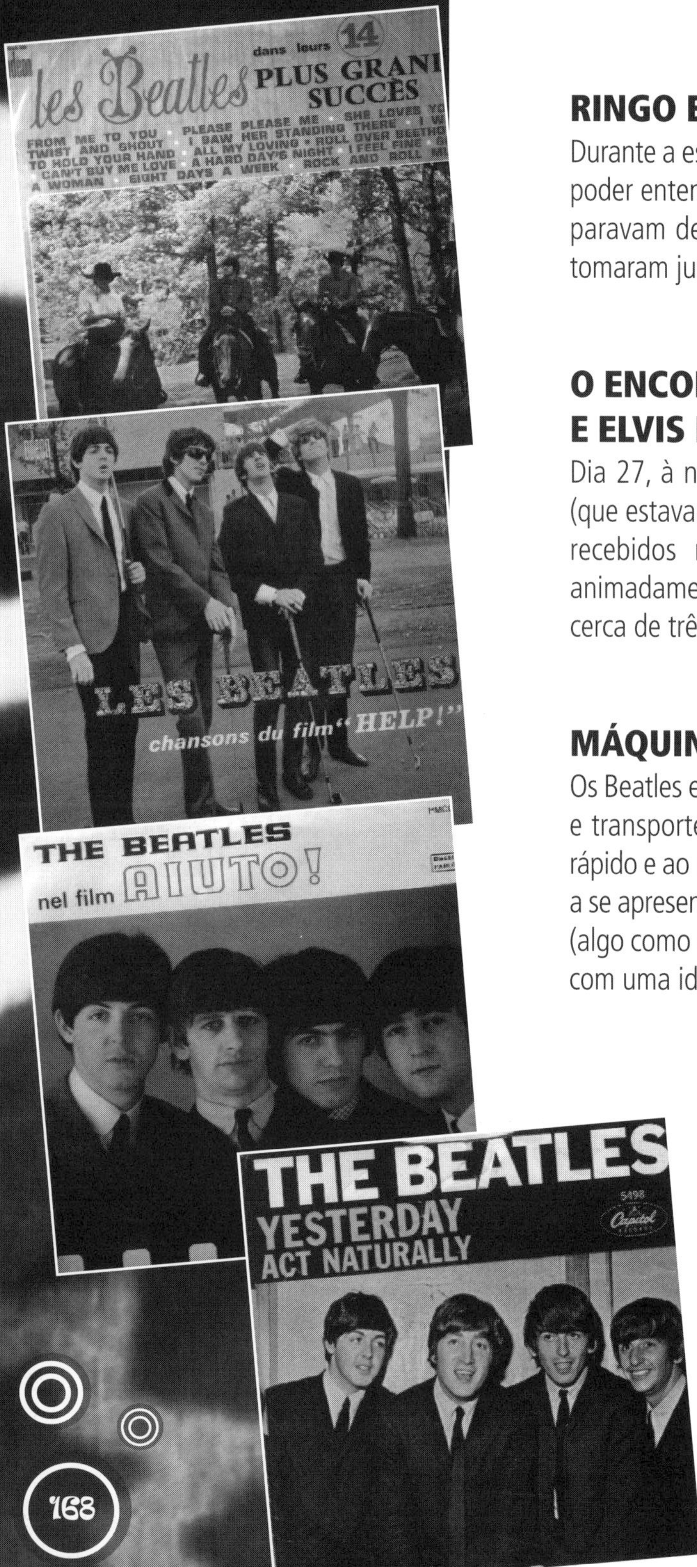

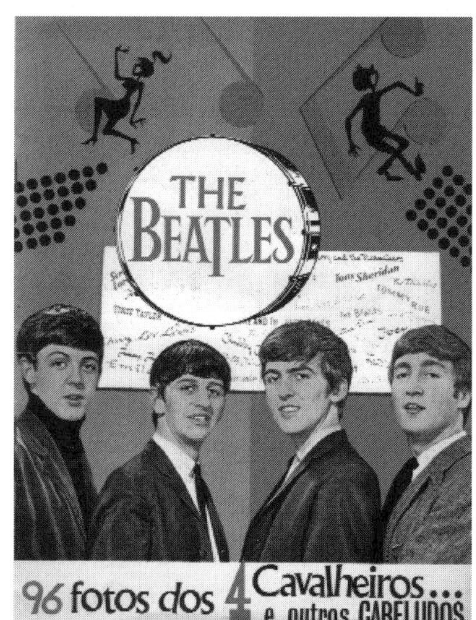

ENCERRADA A TURNÊ, DESCANSO E BUSCA POR INSPIRAÇÃO

Os Beatles voltam à Inglaterra no primeiro dia de setembro e iniciam o processo de composição do disco seguinte. Eles ainda seguiam a meta de Brian e George Martin de lançar dois LPs e quatro compactos por ano, mas estavam muito esgotados. Tiraram férias e tentaram criar novas canções.

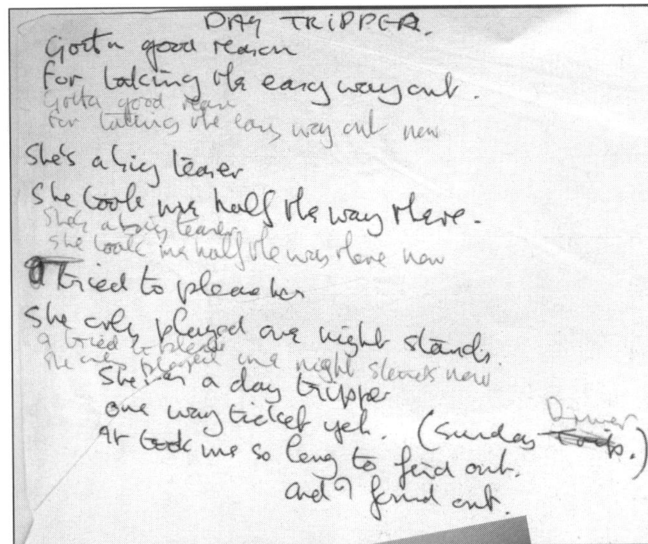
DAY TRIPPER.
Got a good reason
for taking the easy way out.
Got a good reason
for taking the easy way out now
She's a big teaser
She took me half the way there.
She's a big teaser
she took me half the way there now
I tried to please her
She only played one night stands.
I tried to please her
She only played one night stands now
She was a day tripper
one way ticket yeh. (Sunday ~~Girls~~ Driver.)
It took me so long to find out.
and I found out.

MAIS UM BEATLE-PAPAI

No dia 15 de setembro, nasce Zak Starkey, filho de Ringo e Maureen.

BEATLES ANIMADOS

A série de desenhos animados dos Beatles estréia na TV americana. As vozes eram dubladas por dois atores e os episódios eram recheados de músicas do grupo. O enredo não fazia relação com a carreira deles ou fatos reais, apenas histórias leves para as crianças americanas.

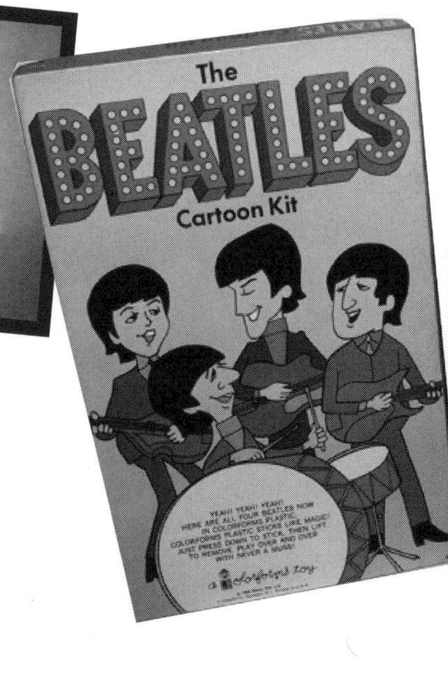

DEPOIS DAS FÉRIAS, GRAVAÇÕES

Em outubro o grupo volta à Abbey Road para gravar as músicas do novo LP. Eles gravaram nove músicas, sendo que duas seriam lançadas exclusivamente em compacto.

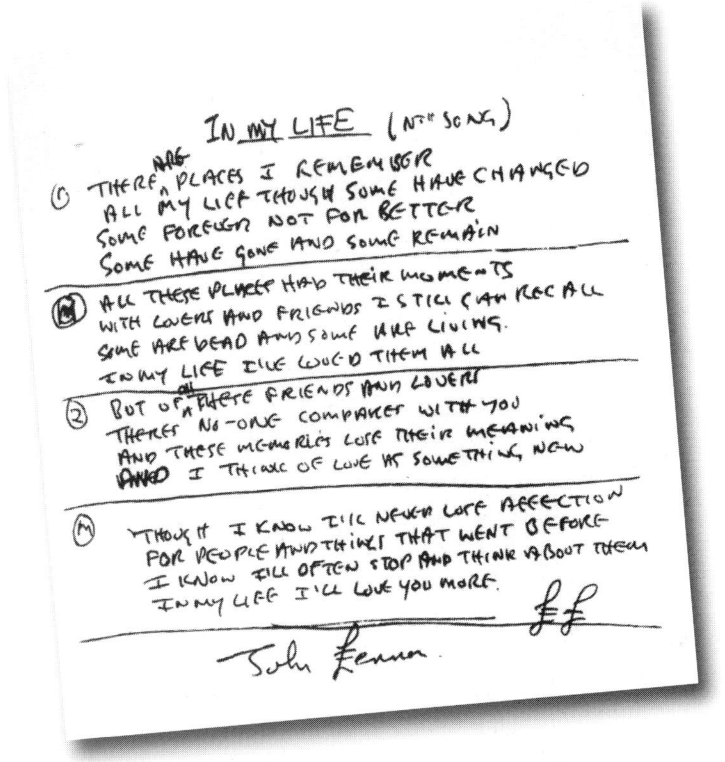

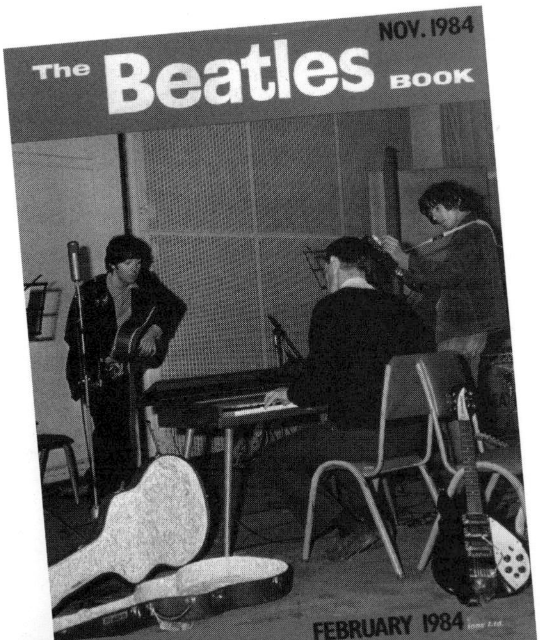

O PESO DA OBRIGAÇÃO

Compor sob pressão para lançar um disco em dezembro estava se mostrando uma tarefa árdua para a dupla Lennon-McCartney. Durante as férias eles compuseram boas músicas, mas também algumas fracas, como "Run for Your Life", que John odiou. Estavam faltando músicas para o novo álbum e o grupo começava a ficar preocupado. George trouxe uma canção no primeiro mês de gravações.

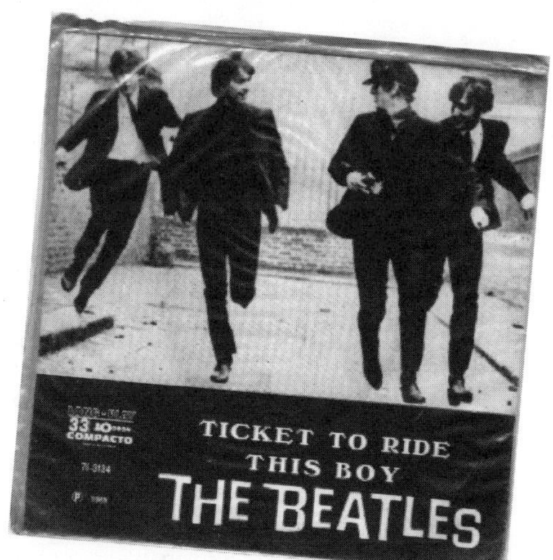

The New York Times.

WEDNESDAY, OCTOBER 27,

Four Young Singers Pay a Call on the Queen and Look What Happens

London policemen struggling to control Beatle fans outside Buckingham Palace yesterday while, inside, the cause of all this, the Beatles, were being made Members of the Order of the British Empire for services to their country.

JOHN, PAUL, RINGO AND GEORGE, M.B.E.

Beatles Honored by Queen at Her 'Keen Pad' as Band Plays 'Humoresque'

By DANA ADAMS SCHMIDT

And here they are, M.B.E.'s and all, from left: Paul McCartney, George Harrison, John Lennon and Ringo Starr. Beatles were among 180 persons who were awarded by Queen.

Quotation of the Day

"She was just like a mum to us."—Paul McCartney after Queen Elizabeth II had pinned the Most Excellent Order of the British Empire on the Beatles at Buckingham Palace. [This Page, Column ...]

CONDECORAÇÃO REAL

No dia 26 de outubro os Beatles foram ao Palácio de Buckingham receber a comenda MBE das mãos da rainha Elizabeth. Do lado de fora dos portões, as fãs tentavam pular os muros. Em seguida, houve uma concorrida coletiva de imprensa no Saville Theatre, de Brian.

GRAVAÇÕES CANCELADAS

Dois dias de gravações foram cancelados, pois o grupo estava sem novas músicas. Isso nunca havia acontecido e a dupla achava que a inspiração havia acabado.

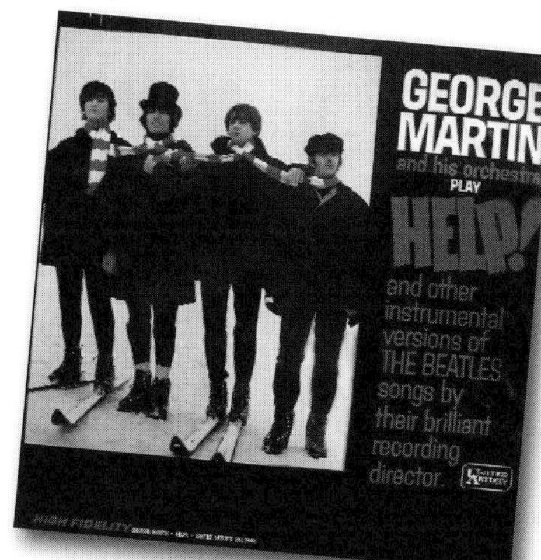

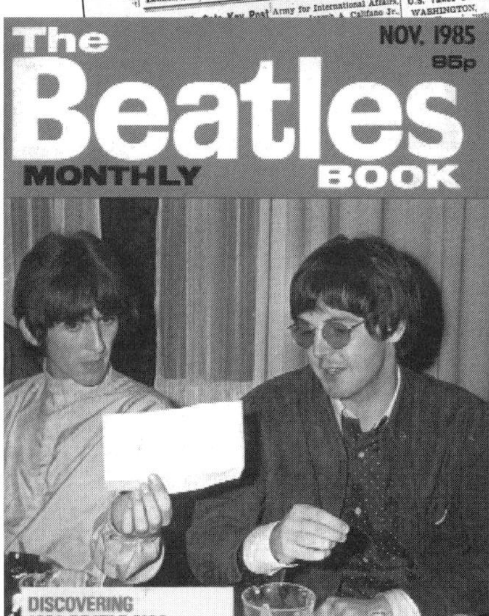

NOVAS MÚSICAS COMPOSTAS SOB PRESSÃO

Paul lembrou-se de um antigo verso em francês que sempre cantava para John e compôs "Michelle" em cima dele, bem como mais uma, "You Won't See Me". John conseguiu compor "The Word" e "Girl" e George trouxe "Think for Yourself". Ringo precisava cantar uma música no disco e teve ajuda de John e Paul para finalizar a inacabada "What Goes On", que ele vinha tentando gravar desde 1963.

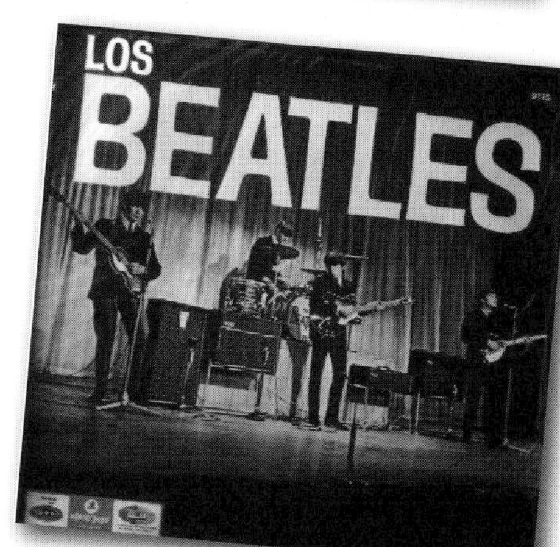

O SARCASMO DE JOHN

"Girl" descreve uma garota que está ouvindo a canção e o coral de fundo, feito por George e Paul, repete "tit, tit, tit", que numa tradução mais literal seria "peitinhos, peitinhos, peitinhos".

AS ÚLTIMAS GRAVAÇÕES DE 1965

Entre 3 e 11 de novembro o grupo finaliza o disco, gravando as seis novas composições. Eles resgataram a fita de "Wait" (das gravações de *Help*!), pois a instrumental "12-Bar Original" foi rejeitada para o disco. E ainda conseguiram gravar o terceiro disco de Natal para o fã-clube.

OS PRIMEIROS VIDEOCLIPES DA HISTÓRIA

Cansado da correria, gravações, programas de rádio, televisão, turnês, entrevistas, o grupo percebeu que poderia enviar filmes produzidos por eles para divulgar suas músicas e lucrar com isso. Dessa forma, montam uma equipe altamente profissional e gravam um total de dez clipes (pelo menos duas versões de cada), para as músicas "We Can Work it Out", "Day Tripper", "Help!", Ticket To Ride" e "I Feel Fine". O custo total foi de 750 libras e cada clipe era vendido a 1.750 libras. Um tremendo lucro.

PAUL EXPERIMENTA O LSD

Depois de muito relutar e ouvir as histórias dos outros três, Paul resolve aceitar o convite de Tara Browne (amigo de John e membro de tradicional família inglesa) e "viaja" junto com ele em uma festa na casa de Tara.

BEATLE Pen Pals

(Addresses are in England unless otherwise stated)

Christine Reed (15), 308 Anglesey Road, Burton-on-Trent, Staffs., wants p.p. America.
Suzanne Wilson (15), 15 Simmons Street, North Lismore, New South Wales, Australia, wants p.p. England, Liverpool.
Lynda Taylor (14), 5961 Highfield Drive, Burnaby 2, B.C., Canada, wants p.p. England, Liverpool.
Patrice Mulard, 1 Avenue Gambetta, Ris-Orangis (Seine et Oise), France, wants p.p. anywhere.
Carmen O'Brien (15), 25 Finlayson Street, Doncaster, Melbourne, Victoria, Australia, wants p.p. America, Ireland.
Melinda Carmichael (17), 79 Linden Avenue, Darien, Connecticut, U.S.A., wants p.p. England.
Veronica Smith (15), 80 St. John's Road, Kirkdale, Liverpool 20, wants p.p. America, Sweden.
Marilyn Gladwin, 4 St. Stephens Crescent, Brentwood, Essex, wants p.p. anywhere.
Romy Barooah (14), Upper Maxwelton, Kench's Trace, Shillong - 4, Assam, India, wants p.p. anywhere.
Pam Meyer (14), 2212 Reedie Drive, Silverspring, Maryland, U.S.A., wants p.p. England.
Denise Abel (18), 2 Meldon Hall, Greenhill Road, Emmarentia, Johannesburg, South Africa, wants p.p. Britain, America, South Africa, Australia.
Linda Holian, 106 Sedgemoor Road, Norris Green, Liverpool 11, Lancashire, wants p.p. Australia.
Cathy Campbell (12), 111 Maplewood Drive, Beaver, 15009, U.S.A., wants p.p. England.
Denise Tennant, 16 Tower Street, Revesby, Sydney, New South Wales, Australia, wants p.p. England.
Priscilla Parkes (14), 69 Rodd Street, Birrong, New South Wales, Australia, wants p.p. anywhere.
Keith Fleming (17), 9 Cadell Street, Seaview Downs, Adelaide, South Australia, wants p.p. America.
Wendy Miller, 3757 Waynoka, Memphis, Ten. 3811, U.S.A., wants p.p. anywhere.
Carol Salmon, 17 Chester Street, Epping, New South Wales, Australia, wants p.p. anywhere.
Christine Huggett (15), 5 Allenbury Close, Greenford, Middlesex, wants p.p. America.
Christine Weaire (13), 74 Lodore Gardens, Kingsbury, London, N.W.9, wants p.p. anywhere.
Mary Kunis, R.D.4, Geneva, Ohio, 44041, U.S.A., wants p.p. Canada.
Sophia Kao (16), 27-35 Waterloo Road, 8th Floor, Flat 12, Kowloon, Hong Kong wants p.p. anywhere.
Susanne Pederson (14), Skyttestien 29, Soborg, Kobenhavn (Copenhagen), Denmark, wants p.p. anywhere.
Susan Church, 369 Blurton Road, Blurton, Stoke-on-Trent, Staffs., wants p.p. anywhere.
Liyakat M. Kasmani, P.O. Box 159, Mombasa, Kenya, wants p.p. anywhere.
Cecilia Mitchell (13), 123 St. Brides Way, Bothwell, Lanarkshire, Scotland, wants p.p. anywhere.

A shot taken during the Beatles December performance at the Gaumont, Sheffield. Paul is laughing at George who literally jumped round to adjust the volume on his amplifier.

14

A ÚLTIMA TURNÊ NA INGLATERRA

No dia 3 de dezembro, sem avisar nada a ninguém, os quatro Beatles decidiram que seria a última turnê em seu país. E ainda recusaram outra aparição no *Royal Variety Command* e a produção de mais um *The Beatles' Christmas Show*. Foram nove cidades com duas apresentações por noite. Em Liverpool, 40 mil pedidos de ingressos foram recebidos, mas o teatro só comportava 2.500 pessoas.

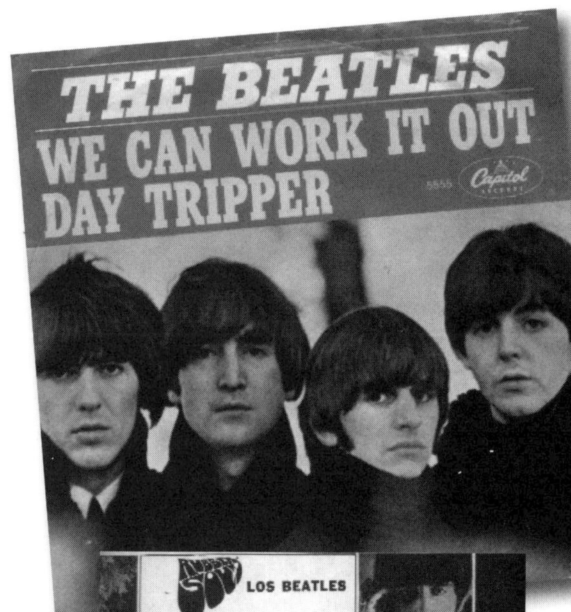

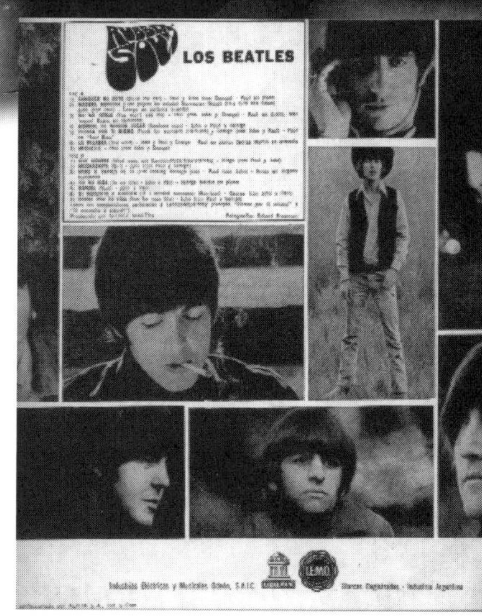

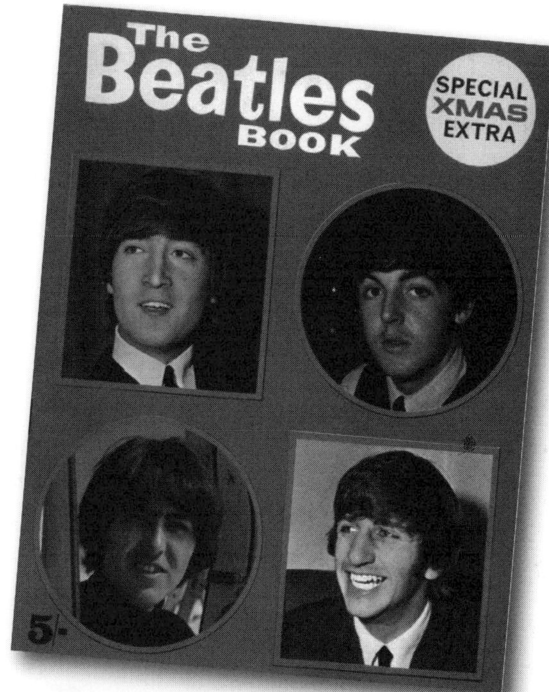

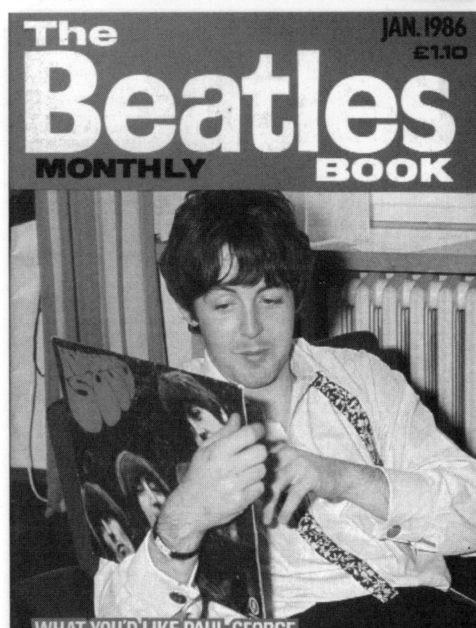

WE CAN WORK IT OUT/DAY TRIPPER (PARLOPHONE R 5389)
RUBBER SOUL (PARLOPHONE PMC 1267)

Lançados no mesmo dia, 3 de dezembro, o compacto e o novo LP foram os divisores na carreira dos Beatles. Acabavam a Beatlemania, as letras juvenis e os arranjos simples. *Rubber* Soul era um álbum de transição, com o uso da maconha trazendo novas idéias para a banda. As letras passaram a falar de amores furtivos, mensagens sobre paz e amor, temas adultos. O compacto, que foi considerado como tendo "dois lados A", trazia canções sobre otimismo e esperança, mas também mensagens subliminares sobre as drogas. O Natal foi dos Beatles. A EMI teve que encomendar às pressas mais LPs, pois 500 mil cópias foram embora já na semana de lançamento. O compacto vendeu 750 mil cópias também na primeira semana.

1966

NENHUM FILME PROGRAMADO

As últimas excursões dos Beatles

Problemas no Japão por causa de tradição

Problemas nas Filipinas por causa de política

Problemas nos Estados Unidos por causa de religião

Turnê no Brasil? Em plena ditadura militar? Nem pensar!

Começa a revolução musical do Beatles

As drogas ficam evidentes nas novas músicas

NO BRASIL

Roberto Carlos desfila inúmeros sucessos: "Namoradinha de um Amigo Meu", "Negro Gato", "É Papo Firme", "Eu te Darei o Céu", e entrega "A Volta" para estourar com a dupla Os Vips

Erasmo Carlos vem com os sucessos "Você me Acende" e "Gatinha Manhosa"

Wanderléa causa polêmica com "Pare o Casamento"

O programa *Jovem Guarda* faz um ano de sucesso absoluto. No aniversário de Roberto Carlos, mais de 2 mil fãs ficam gritando do lado de fora do cinema Universo

Jerry Adriani vem com "Ninguém Poderá Julgar-me" e Wanderley Cardoso com "Promessa"

Leno e Lílian estouram com "Pobre Menina" e "Devolva-me"

Deny e Dino colocam "Coruja" nas paradas de sucesso por quase todo o ano!

Ronnie Von emplaca "Meu Bem" (Girl), Eduardo Araújo veio com "O Bom", Bobby Di Carlo com "Tijolinho", George Freedman com "Coisinha Estúpida", e Ed Wilson com "Sandra"

Os Brazilian Bitles emplacam duas versões de sucesso, "Cabelos Longos, Idéias Curtas" (Day Tripper) e "Não Tem Jeito" (Satisfaction). Os Canibais estouram com "Gina". Já o The Pop's emplaca várias músicas do primeiro LP

"A Banda" é o grande sucesso de Chico Buarque, que também emplaca "Olê Olá"

Elis Regina estoura com "Upa Neguinho"

"Mamãe Passou Açúcar em Mim" é sucesso na voz de Wilson Simonal

Estudantes sofrem violenta repressão da polícia nas passeatas

O Marechal Castelo Branco fecha o Congresso Nacional

Eleições indiretas para governador

Novo general na Presidência: Costa e Silva

MAIS UM BEATLE CASADO

No dia 21 de janeiro, George casa-se com Patricia "Pattie" Ann Boyd. Apenas Paul compareceu, pois John e Ringo estavam de férias em Trinidad.

CAPITALIZANDO EM CIMA DOS BEATLES

A gravadora Capitol prepara o lançamento de um compacto com duas músicas que não entraram na edição americana de *Rubber Soul*, "Nowhere Man" e "What Goes On", em mais um exemplo de como os Beatles eram sugados e sua obra era retalhada em todo o mundo. Eles já enxergavam os discos como uma unidade, uma idéia conjunta, e não um amontoado de canções soltas.

NOVA EXCURSÃO AGENDADA – VÁRIOS PAÍSES DE FORA

Brian anuncia em fevereiro que fechou as datas da turnê de verão dos Beatles. Promotores do mundo todo solicitavam shows, mas seus países eram recusados por itens que iam desde segurança a instabilidade política, passando pelo racismo. Ele anunciou Alemanha, Japão, Estados Unidos e Inglaterra. Mas a lista mudaria.

JOHN CONCEDE UMA ENTREVISTA BOMBÁSTICA

No dia 3 de março, numa entrevista para Maureen Cleave, do jornal *Evening Standard*, entre outros assuntos, ele falou sobre a mudança de valores no mundo atual. Uma frase em especial será usada contra os Beatles: "O Cristianismo vai acabar. Não preciso nem discutir. Estou certo e o tempo vai provar. Somos mais populares que Jesus agora. Nem sei o que vem primeiro, o rock and roll ou o Cristianismo". Ninguém deu atenção à declaração na Inglaterra.

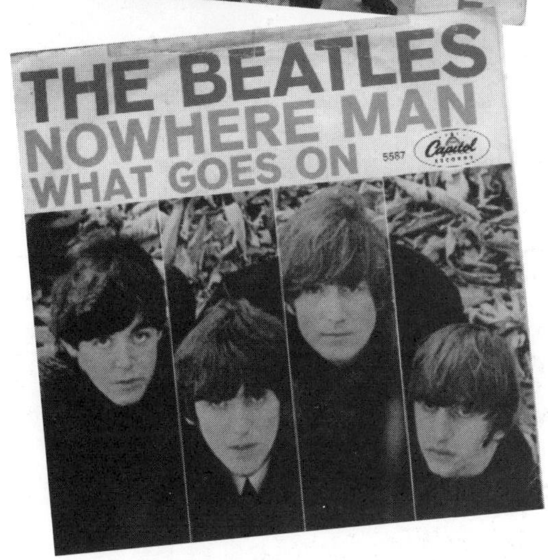

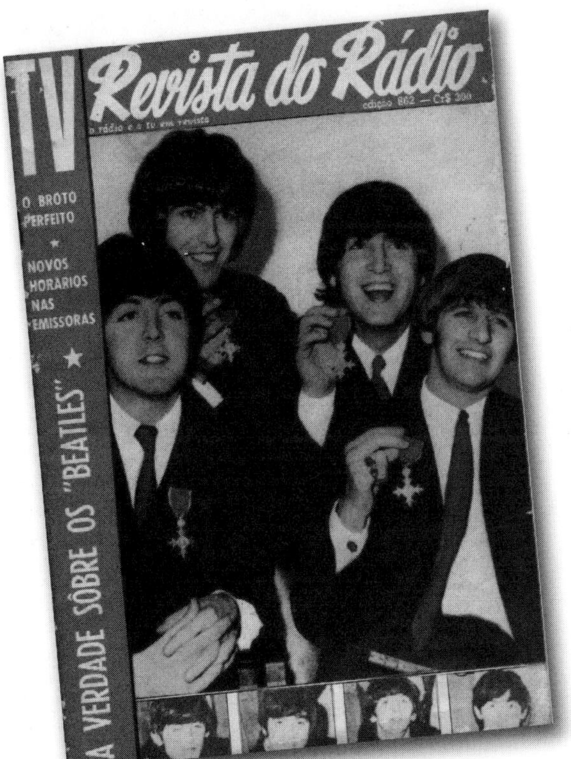

O GRAMMY NÃO PREMIA OS BEATLES

Na premiação de 16 de março, eles perdem nas dez categorias em que concorriam com os discos *Help*, *Rubber Soul*, *We Can Work It Out/Day Tripper* e a música "Yesterday".

AS FAMOSAS FOTOS DO "AÇOUGUE"

O fotógrafo Robert Whitaker faz uma longa sessão de fotos com o grupo em 25 de março. Uma série trazia os Beatles com aventais de açougueiros, bonecas em pedaços e peças de carne. Era uma forma de protestar sobre várias coisas, desde as guerras até a dilaceração de seus discos pelo mundo.

A PRIMEIRA ENTREVISTA EXCLUSIVA PARA O BRASIL

Em abril, numa sessão de fotos e entrevistas com jornalistas ingleses, indianos, canadenses, havia um brasileiro: coube a Janos Lengyel (na verdade, húngaro naturalizado brasileiro) a honra de fazer a primeira entrevista exclusiva com os Beatles, para a revista *Fatos e Fotos.*

ABBEY ROAD NOVAMENTE: COMEÇA A MAIS OUSADA EXPERIÊNCIA DOS BEATLES

De volta ao estúdio, em 6 de abril, o grupo começa a gravar sem o compromisso de uma data-limite ou de ter que lançar vários discos. As idéias fluíam e naquele momento eles tinham todas as horas de estúdio de que precisassem para criar suas "obras-primas".

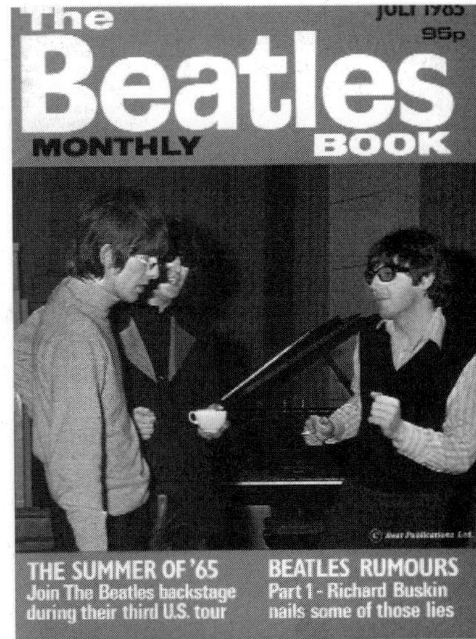

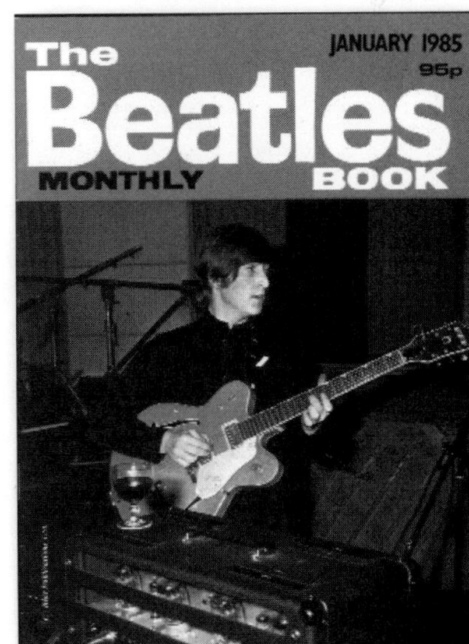

OUSADIAS NAS GRAVAÇÕES

Até o dia 28, eles gravaram nove músicas, sendo duas escolhidas para o novo compacto. As ousadias eram evidentes no disco. George tocou novamente cítara e foi acompanhado por um músico indiano, em "Love You To". John criou uma colagem sonora em "Tomorrow Never Knows", usando fitas tocando ao contrário e sua voz sofrendo pesados efeitos. Guitarras distorcidas foram usadas em várias músicas, e um quarteto de cordas aparecia em "Eleanor Rigby".

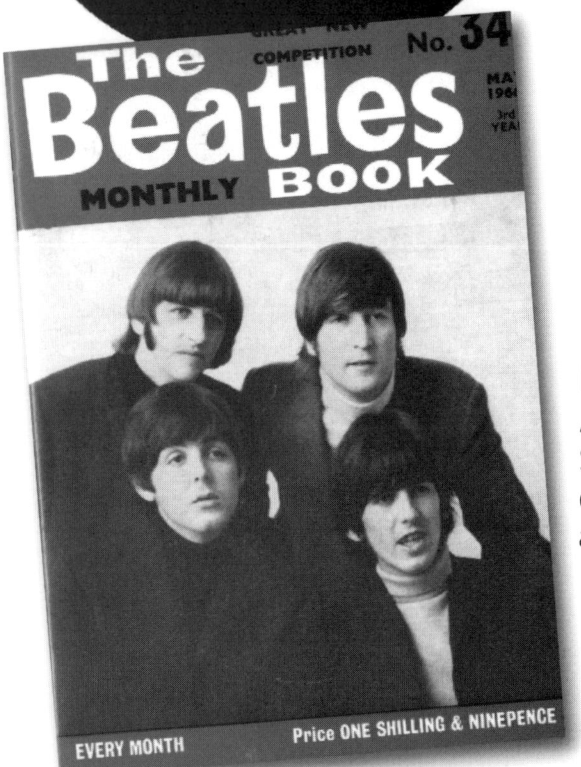

A ÚLTIMA APRESENTAÇÃO NA INGLATERRA

No dia 1º de maio, os Beatles se apresentam novamente no NME Pool Winners' Concert, no Empire Pool de Wembley. Pela primeira vez sua participação não foi filmada, por desavenças entre Brian, Andrew Loog Oldham (empresário dos Rolling Stones) e a ABC. Eles tocaram cinco músicas.

MAIS GRAVAÇÕES

Entre os dias 5 e 27 de maio, os Beatles gravam duas novas músicas e finalizam três das anteriormente gravadas. E novas surpresas: naipes de metais em "Got to Get You Into My Life" e guitarras invertidas em "I'm Only Sleeping".

MAIS UM PAÍS NA TURNÊ MUNDIAL

É anunciado que os Beatles incluíram as Filipinas na turnê mundial. Mas eles iriam se arrepender da escolha...

E MENOS DOIS

Ao mesmo tempo afirmam que não irão se apresentar na África do Sul, devido ao regime racista do apartheid, nem no Brasil, em razão do regime militar e dos conflitos entre o exército e os opositores à ditadura. Brian não iria expor o grupo a nenhum risco evidente. E o custo de um show dos Beatles era proibitivo a qualquer empresário brasileiro.

AS GRAVAÇÕES FINAIS DO NOVO DISCO

Junho. Com a nova turnê a caminho, o grupo foca na finalização do novo LP, entre os dias 1º e 21. Eles gravam mais quatro músicas novas e retocam outras já gravadas, criando as últimas ousadias como colagens de sons em "Yellow Submarine" (retirados da biblioteca de sons da Abbey Road) e um belo trabalho vocal em "Here, There and Everywhere".

PAPERBACK WRITER/RAIN (PARLOPHONE R 5452)

O novo compacto, lançado em 10 de junho, traz duas músicas gravadas nas primeiras sessões do novo LP. Ambas já mostravam o novo caminho dos Beatles: domínio do estúdio, uma mixagem do baixo de Paul nunca antes usada em nenhuma gravação inglesa, trabalho vocal impecável, efeitos de voz, trilhas tocadas ao contrário, timbres e distorções. Isso sem falar nas letras que criavam uma nova linguagem pop.

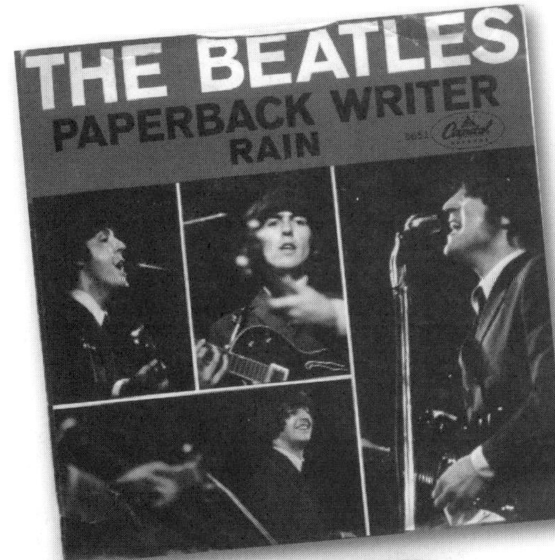

COMEÇA A CONTROVÉRSIA NOS ESTADOS UNIDOS: AS FOTOS DO AÇOUGUE

A primeira foto da série do "açougue" foi usada como anúncio do novo compacto, na Inglaterra, causando enorme controvérsia. Mas a maior polêmica foi quando uma das fotos apareceu na capa do LP americano *Yesterday and Today* (Capitol T 2553). A reação do público e dos lojistas ao ver os Beatles com sorrisos sarcásticos, cobertos de sangue, pedaços de carne e bonecas decapitadas, foi a pior possível. Devido aos protestos, em três dias todos os discos foram recolhidos e tiveram uma nova foto colada em cima.

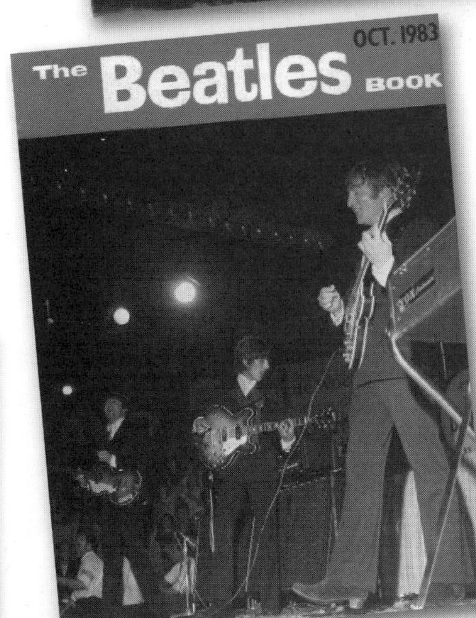

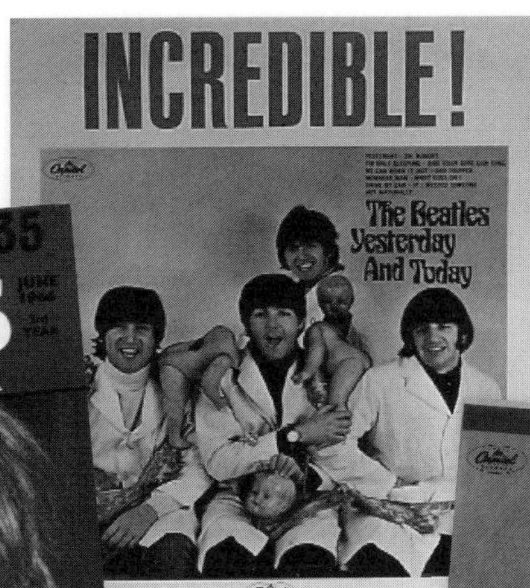

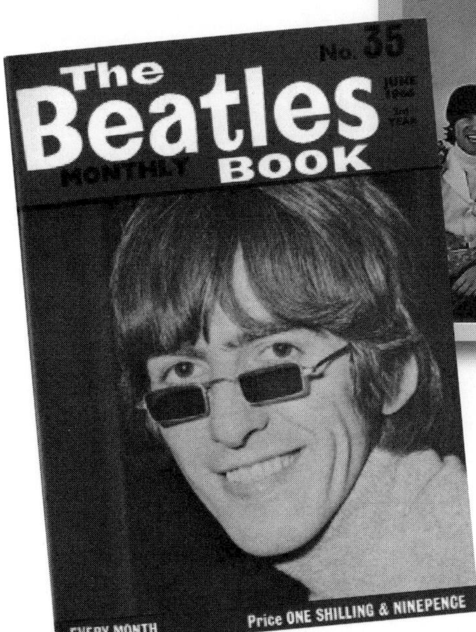

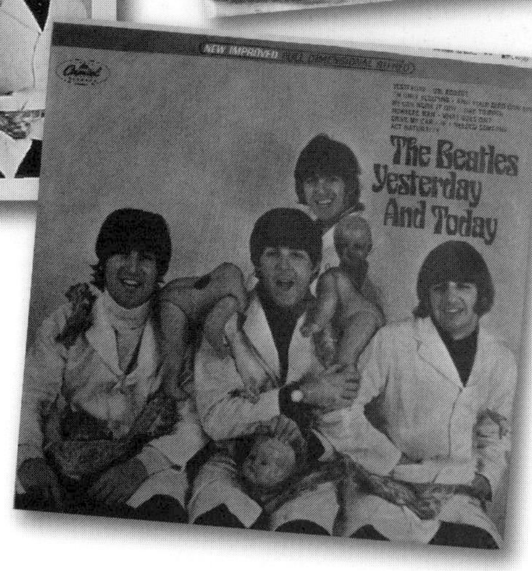

UM DISCO RARO

Sem contar a capa polêmica, *Yesterday and Today* era um LP raro no mundo inteiro, pois, além de trazer músicas dos discos *Help* e *Rubber Soul* que ficaram de fora das edições americanas, ele continha três músicas do novo álbum que ainda não havia sido lançado. George Martin fez mixagens especiais para a Capitol e despachou as fitas para Los Angeles.

TROFÉU PARA COLECIONADORES

Os discos originais com a capa do "açougue", ainda lacrados (muitas caixas foram guardadas pelos executivos da Capitol), chegam a valer 20 mil dólares (cerca de 34 mil reais) no mercado de colecionadores nos dias de hoje. Discos que tiveram a foto colada em cima removida usando-se vapor valem 5 mil dólares (8,5 mil reais).

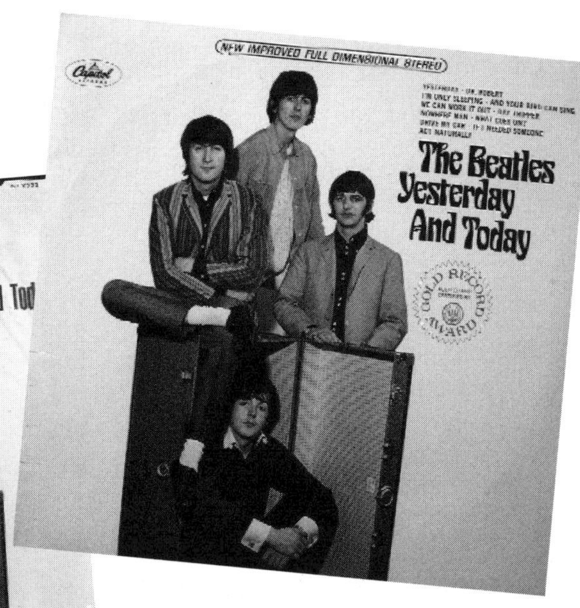

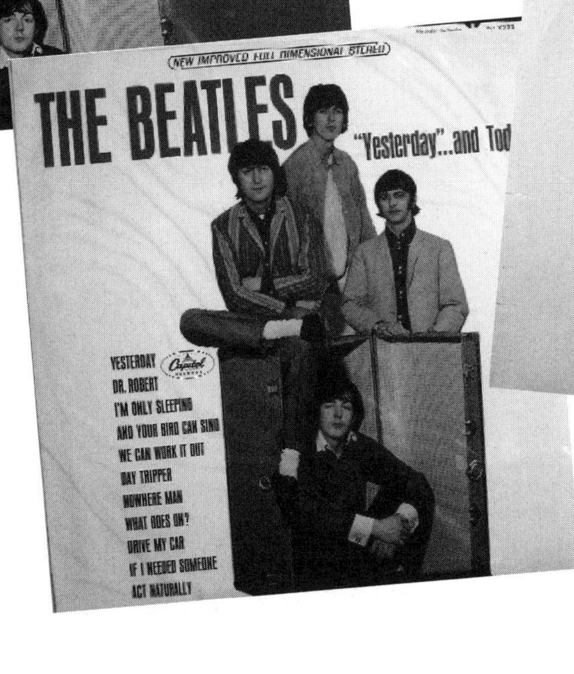

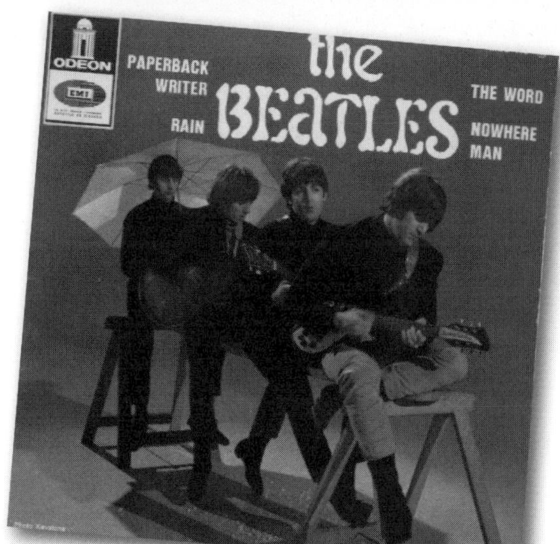

MAIS CLIPES PROMOCIONAIS

O grupo grava diversos filmes promocionais, em cores e preto-e-branco, para o novo compacto, no estúdio 1, da Abbey Road. No dia seguinte filmam clipes nos jardins da Chiswick Lane, em Londres.

COMEÇAM A TURNÊ MUNDIAL E A MUDANÇA DE POSTURA DOS BEATLES

Terminada a gravação do novo disco, o grupo sai para a turnê mundial. Mas já era consenso que nenhuma música do LP seria tocada ao vivo. O som dos estádios era precário e a evolução musical do grupo não permitia que tudo fosse reproduzido ao vivo. Não havia como tocar as fitas de efeitos, os quartetos de cordas, os naipes de metal. O grupo havia entrado em uma nova era. A tecnologia de shows teria que evoluir junto com eles. Apenas o lado A do novo compacto seria apresentado, mas fora das condições ideais, pois não era possível reproduzir ao vivo os vocais em *overdubs* (técnica de multiplicação em estúdio de vocais ou instrumentos).

DE VOLTA À ALEMANHA

A primeira parte da turnê foi na Alemanha. Entre os dias 24 e 26 o grupo apresentou-se em Munique, Essen e Hamburgo, onde reencontraram vários amigos nos camarins, como Astrid (que não viam há dois anos) e Bert Kaempfert (este depois de quatro anos). Em todos os shows tocaram sem a mínima vontade, apenas cumprindo uma obrigação. O repertório não exprimia o que queriam passar naqueles dias.

JAPÃO: OFENSAS À TRADIÇÃO

Próxima parada: Tóquio. Em três dias, entre 30 de junho e 2 de julho, os Beatles se apresentam cinco vezes no Nippon Budokan Hall, para um total de 50 mil pessoas. O local era sagrado e destinado às lutas marciais. Os shows dos Beatles foram encarados como uma blasfêmia e grupos de manifestantes eram reprimidos pela polícia japonesa. O sistema de segurança era rígido e obrigava o grupo a ficar recluso no hotel. Eles detestaram a falta de liberdade, e os shows refletiram isso. Foram sofríveis.

FILIPINAS: OFENSAS À PRIMEIRA-DAMA

A última parada da turnê mundial foi nas Filipinas. No dia 4, fizeram duas apresentações no estádio de futebol de Manila para um total de 80 mil pessoas. Imelda Marcos, esposa do presidente, convidou o grupo para um almoço em sua residência, no dia seguinte aos shows. Havia crianças e diversos amigos. Os Beatles, que odiavam esse tipo de evento, alegaram não ter recebido o convite e ficaram no hotel. Então, eles começaram a ser destratados pelos funcionários. Ao seguirem para o aeroporto não havia tanta segurança ao redor e uma multidão enfurecida queria pegá-los. A polícia agiu com brutalidade com o grupo e eles acharam que não sairiam com vida do país. Brian teve o dinheiro do cachê confiscado. Esta foi a gota d'água para encerrar de vez as turnês.

Imelda stood up

They were terrific

First Family waits in vain for mopheads

WAITING IN VAIN

OS BEATLES SÃO BARRADOS NA CONCENTRAÇÃO DA SELEÇÃO BRASILEIRA

A 8ª Copa do Mundo de Futebol, cuja sede era na Inglaterra, ocorria entre 11 e 30 de julho. Anos mais tarde, Pelé gravou um vídeo explicando o lamentável incidente:

Eu tive uma oportunidade, em 1966, quando a seleção estava em Liverpool, de encontrar com os Beatles. Eu estava lá, conversando com muitas pessoas jovens sobre música, porque, vocês sabem, minha performance no violão não é tão boa. E aí eles disseram que tinha um grupo lá muito bom, chamado The Beatles. Eles eram os melhores no momento. Aí eu disse: Ok, vamos ver se a gente consegue encontrar os Beatles. Então, naquela ocasião, a pessoa que estava em contato com os Beatles disse que iria ajeitar para trazê-los à concentração para falar com os jogadores brasileiros em Liverpool. Eu estava na concentração, e conversei com o chefe da delegação, Sr. Nascimento. Ele me disse: "Você está louco, Pelé! Aqueles caras de cabelos compridos, aqueles caras não vão tocar aqui, porque os brasileiros precisam de paz. Nós queremos ficar longe de todas aquelas pessoas malucas". E os Beatles não entraram.

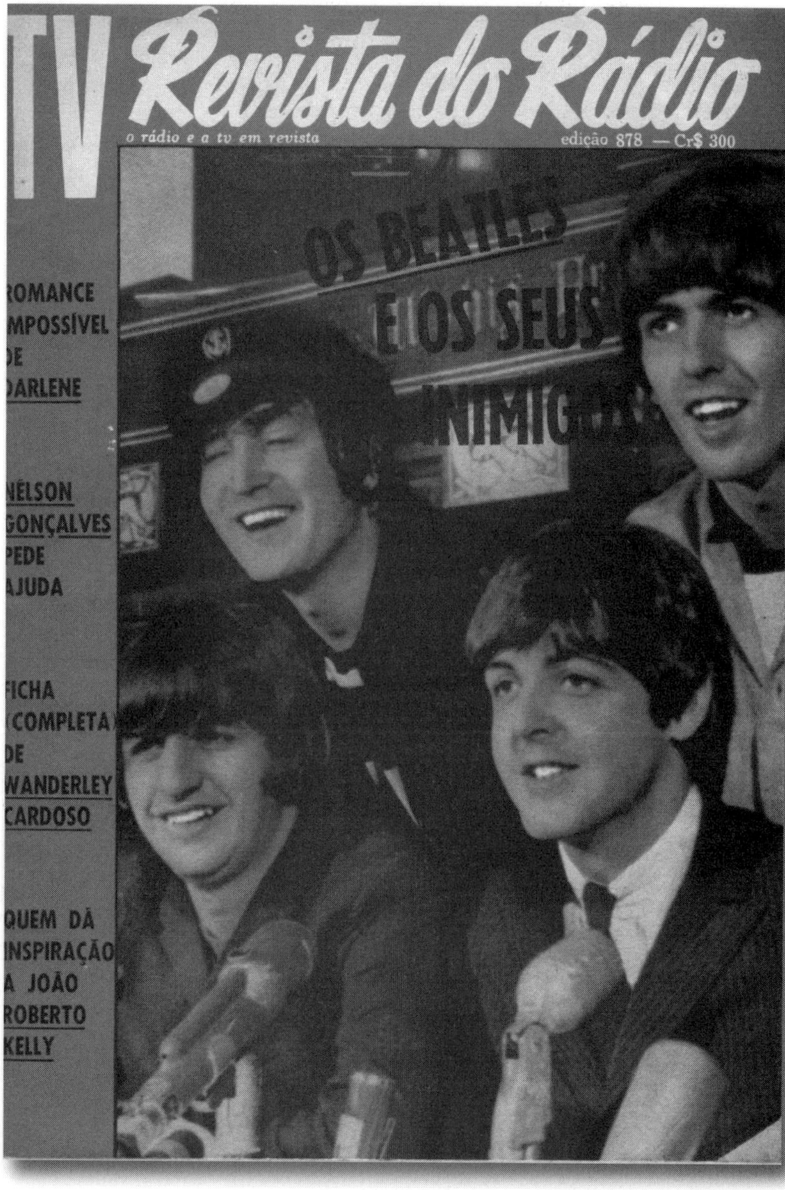

POLÊMICA RELIGIOSA A CAMINHO NOS EUA

A revista americana *Datebook* publicou, no dia 29 de julho, parte da entrevista que John deu a Maureen Cleave em março, colocando fora de contexto a frase "Somos mais populares que Jesus Cristo". Imediatamente começaram a chover protestos.

A KU KLUX KLAN AMEAÇA OS BEATLES

Membros da seita radical avisam que os shows no sul dos Estados Unidos guardam surpresas desagradáveis para os Beatles. A posição anti-segregacionista de 1964 mais a polêmica frase de John foram as desculpas para as ameaças.

FOGUEIRAS-BEATLE

As rádios sulistas começam a convocar os jovens a trazer todo o seu "lixo-Beatle" para queimar em grandes fogueiras. Isso incluía discos, revistas e fotos. Em várias cidades, esse espetáculo era exibido nas TVs e jornais.

BANIDOS DAS RÁDIOS

Rádios americanas retiram de sua programação músicas dos Beatles, por causa da frase de John. Na África do Sul, eles são banidos por terem se recusado a tocar no país.

REVOLVER (PARLOPHONE PMC 7009)

Lançado em 5 de agosto, o disco é o mais revolucionário dos Beatles até então. Da capa à música, passando pelo título, é uma surpresa total para os fãs. Com liberdade completa no estúdio, eles puderam fazer um disco do jeito que programaram, com novas composições que traziam letras maduras, relatando idéias e sonhos (muitos sob efeitos de drogas), cenas do cotidiano e fantasias. Um disco que mudou a história, a música jovem e abriu uma nova página na carreira do grupo. Quartetos de cordas, naipes de metais, músicos e instrumentos indianos, efeitos de gravação, sons invertidos, ousadias tecnológicas, tudo estava refletido em canções como "Eleanor Rigby", "Tomorrow Never Knows", "Got to Get You Into My Life" e "Yellow Submarine".

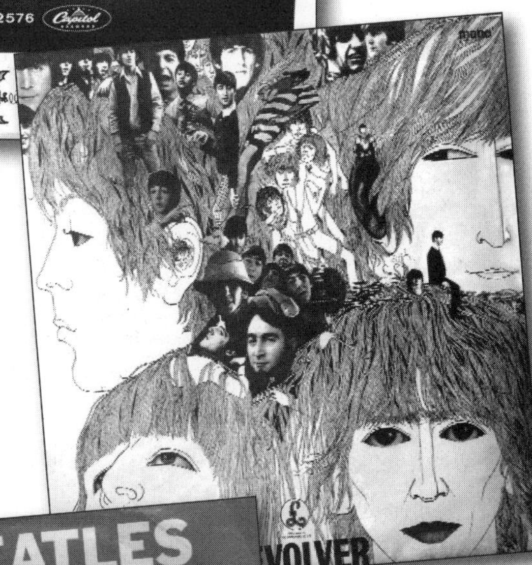

AS DROGAS SÃO CANTADAS NO NOVO DISCO

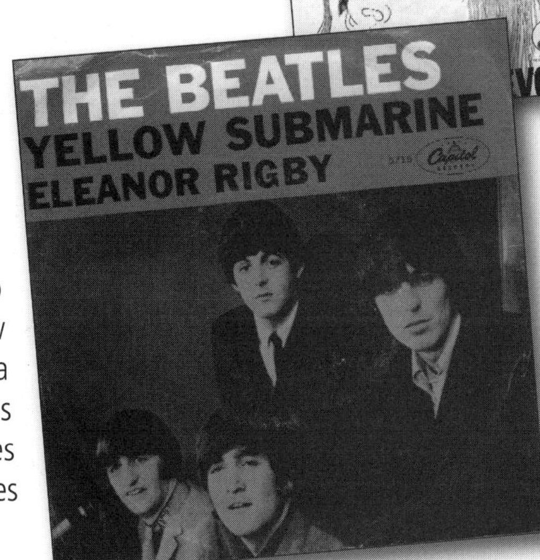

Canções como "Got to Get You Into My Life" cantam a alegria pela maconha. "She Said, She Said" relata os efeitos de uma viajem de LSD (no caso, do ator Peter Fonda, em 1965). "Tomorrow Never Knows" é a materialização sonora de uma "viagem" de John, e "Doctor Robert" canta as aventuras do dentista nova-iorquino Charles Roberts, que dava LSD a seus pacientes. Os Beatles não eram mais os mesmos. O "iê-iê-iê" acabou.

A CAPA RECUSADA

O título *Revolver* trazia a idéia de revolver algo. No caso, a música do grupo e sua. Daí, a capa inicial seriam fotos dos quatro Beatles girando como um LP no toca-discos, mostrando o quanto eles estavam ligados em todas as coisas relacionadas à sua música e carreira. Tudo então passava pelo controle e aprovação dos quatro. Nem Brian nem a EMI ditariam mais as regras. Mas esta capa acabou sendo recusada e a escolhida trazia desenhos de Klaus Voorman (o velho amigo de Hamburgo, sempre em contato com os Beatles) e colagens de fotos igualmente boladas pelo artista alemão.

OS FÃS SE ASSUSTAM COM *REVOLVER*

A maioria dos fãs adolescentes do grupo levou um susto ao ouvir o novo LP. As músicas evocavam experiências que nenhum deles havia tido. Muitos reclamaram que teriam que tomar drogas para continuar curtindo os Beatles e que não haviam acompanhado o amadurecimento do grupo. Mas isso não foi preciso, pois a juventude evoluiu rapidamente e os Beatles continuaram sendo ídolos.

OS FÃS INGLESES TENTAM IMPEDIR A TURNÊ AMERICANA

Temendo pela segurança de "seus Beatles", os fãs entregam uma petição quase que implorando para que o grupo não fosse para os Estados Unidos, por causa das ameaças e todos os problemas mostrados nos jornais. Mas não adiantou.

COMEÇA A ÚLTIMA TURNÊ

No dia 11 de agosto, começa a derradeira excursão do grupo. Entre os dias 12 e 29, eles tocam em catorze cidades. Mesmo com ameaças de morte da Ku Klux Klan, eles fazem os dois marcados shows em Memphis.

JOHN PEDE DESCULPAS PUBLICAMENTE

Em Chicago, no dia 12, John desculpa-se pelas declarações feitas em março e por tudo que pudesse ter causado. Disse não ter pretendido ofender Deus ou a crença de ninguém e afirmou ter sido mal interpretado.

O ÚLTIMO SHOW

No Candlestick Park de São Francisco, em 29 de agosto, os Beatles fizeram sua última apresentação ao vivo. John e Paul entraram com câmeras fotográficas e fizeram fotos uns dos outros no palco, durante o show. Eles estavam incrivelmente afinados, como comprovam as gravações que foram feitas por Tony Barrow, a pedido de Paul. A última música, "Long Tall Sally", ficou de fora, pois a fita só comportava 30 minutos e o show teve 33. Brian Epstein não assistiu.

"NÃO SOU MAIS UM BEATLE"

Esta foi a frase que George disse para Tony Barrow, então assessor de imprensa da banda, no vôo de São Francisco para Los Angeles. Ele jogou-se na poltrona e sorriu relaxado.

JOHN LENNON, UM RECRUTA NO CINEMA

O diretor Richard Lester (que dirigiu os dois filmes dos Beatles) inicia as filmagens de sua nova produção, *How I Won the War* (Como eu venci a guerra), que satiriza a 2ª Guerra Mundial. As primeiras locações foram em Celle, na Alemanha Ocidental, em um campo da ONU. John cortou seu cabelo em estilo militar para fazer o soldado Gripweed. O *roadie* e assistente da banda Neil Aspinall estava com ele. Em seguida, as filmagens mudam para a Espanha, em Carboneras. A rotina de filmagens deixa John entediado e ele mata o tempo compondo. Uma das canções que nasceram na Espanha foi "Strawberry Fields Forever".

OS FAMOSOS ÓCULOS REDONDOS

Fora das filmagens John começa a usar os famosos óculos redondos, de aro de metal, que ele imortalizará durante os anos seguintes.

PAUL ESCREVE UMA TRILHA SONORA

Paul, que não havia saído de Londres, curtindo a vida noturna e o movimento underground, decide aceitar o convite-desafio de George Martin e escreve a trilha sonora para o filme *The Family Way*.

GEORGE VAI PARA A ÍNDIA — NASCE O BEATLE-MÍSTICO

No dia 20 de setembro, durante as "Beatle-férias", com John na Espanha filmando, Paul em Londres compondo e Ringo viajando com a família, George decide ir com Pattie para Bombaim, na Índia, estudar cítara, ioga, filosofia e cultura locais.

O FIM DOS BEATLES

Com as férias do grupo, cada um desenvolvendo atividades individuais e turnês adiadas indefinidamente, começam os boatos na imprensa sobre a separação da banda.

JOHN CONHECE YOKO ONO

Ao visitar a Indica Art Gallery, em Londres, no dia 9 de novembro, John conhece a artista plástica japonesa Yoko Ono e fica impressionado.

O NOVO VISUAL DOS BEATLES

O grupo envia suas novas fotos para a imprensa, onde todos aparecem de bigodes. George também está de barba. Uma mudança radical na imagem dos "jovens Beatles". Ao mesmo tempo Brian vai a público desmentir que o grupo esteja se separando.

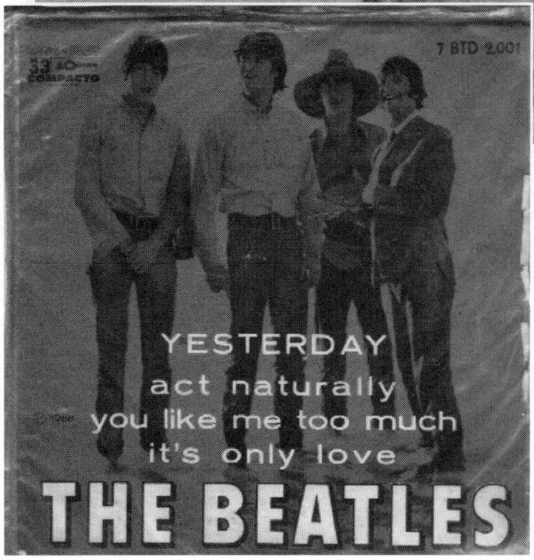

NOVAS GRAVAÇÕES

A banda reúne-se em Abbey Road em 24 de novembro para começar a gravação de um novo disco, sem pressa. A imagem do grupo é outra: bigodes, roupas coloridas, John de óculos, semblantes sérios. Um novo grupo para um novo som. A primeira gravação foi "Strawberry Fields Forever", que apresentava novos instrumentos e novas técnicas no "mundo Beatle", como o teclado eletromecânico polifônico mellotron e a técnica *slide guitar*. A música ainda teria diversas adições e efeitos.

MAIS UM DISCO DE NATAL

Sempre fiéis com os fãs, os Beatles gravam no estúdio do produtor musical Dick James o quarto disco anual, *Pantomine: Everywhere is Christmas*, novamente entregue exclusivamente aos membros do fã-clube. Tudo foi feito na noite de 25 de novembro.

ABBEY ROAD

Em 6 de dezembro o grupo volta ao estúdio e grava mais uma música, "When I'm Sixty-Four", composição dos tempos pré-Cavern Club, e no dia 8 o vocal de Paul é acrescentado. Entre os dias 9 e 15 a gravação é dada como terminada, recebendo vários instrumentos de corda, sopro, bumbos e vocais de John gravados em velocidade alterada. Mas somente por alguns dias...

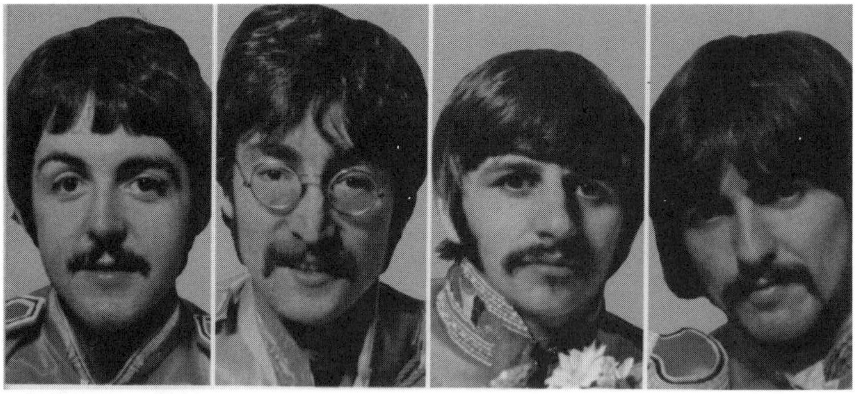

A COLLECTION OF BEATLES OLDIES... BUT GOLDIES! (PARLOPHONE PMC 7016)

A coletânea de sucessos é lançada pela EMI em 9 de dezembro para aproveitar as vendas de Natal. Pela primeira vez desde 1963, não havia um "produto Beatle" para o fim do ano. Como incentivo para a compra do disco, várias músicas foram apresentadas em estéreo pela primeira vez, como a inédita "Bad Boy", que só havia sido lançada no LP americano *Beatles VI*, de 1965.

MORRE TARA BROWNE, AMIGO DE JOHN. O ACIDENTE SERÁ CANTADO PELOS BEATLES

O amigo de John, Tara Browne, morre num acidente de carro no dia 18. Foi com ele que Paul fez sua primeira "viagem de ácido". Ao ler a notícia nos jornais, John teve a inspiração de escrever parte da letra de "A Day in the Life", onde o acidente é cantado do verso "I read the news today, oh boy" até "If he was from the House of Lords".

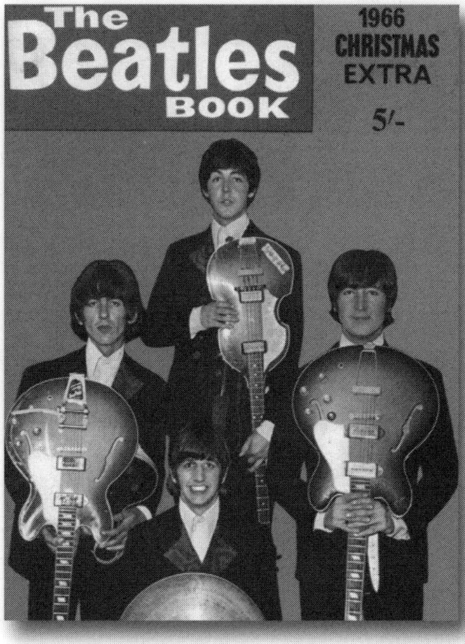

MAIS GRAVAÇÕES

Entre os dias 20 e 30 os Beatles dão mais retoques em "When I'm Sixty-Four" e "Strawberry Fields Forever" (agora uma colagem das primeiras gravações de novembro com as de dezembro, num trabalho de artesão de George Martin, que uniu fitas gravadas em tempos diferentes). E ainda iniciam as gravações de uma nova canção de Paul, "Penny Lane".

1967

Pela primeira vez um compacto dos Beatles não é 1º lugar das paradas

Surge a "Banda do Clube dos Corações Solitários do Sargento Pimenta"

Roupas psicodélicas, música revolucionária, letras maduras, drogas

UMA VIAGEM MÁGICA E MISTERIOSA

A filosofia e a música indiana presentes em disco dos Beatles

PAUL ADMITE USAR DROGAS

Morre o empresário dos Beatles

A PRIMEIRA TRANSMISSÃO VIA SATÉLITE DO MUNDO É COM OS BEATLES

NO BRASIL

Roberto Carlos inicia o ano com "Namoradinha de Um Amigo Meu" no topo das paradas. Depois veio o disco "Roberto Carlos em Ritmo de Aventura" (com destaque para "Eu Sou Terrível" e "Quando")

Erasmo Carlos veio com os sucessos "O Caderninho" e "Vem Quente Que Eu Estou Fervendo"

Wanderléa apresenta sua "Prova de Fogo"

Wanderley Cardoso lança "O Bom Rapaz" e "Doce de Coco"

Ronnie Von invade as rádios com "A Praça", Sérgio Reis emplaca "Coração de Papel", Demétrius vem com "Eu não Presto mas eu te Amo" e Waldirene está nas paradas com "A Garota do Roberto"

Os Incríveis estouram com "Era um Garoto que Como Eu...", os Golden Boys com "Pensando Nela" (Bus Stop), The Sunshines com "O Último Trem" (Last Train to Clarksville), os Brazilian Bitles cantam "A Gata" (Wild Thing)

No III Festival de MPB da TV Record, Caetano Veloso explode com a música "Alegria, Alegria" e Gilberto Gil foi 2º lugar com "Domingo no Parque", acompanhado pelos Mutantes. Chico Buarque vem com "Roda Viva" e "Quem te Viu, Quem te Vê". O novato Milton Nascimento surge com "Travessia"

Censura na imprensa

Lei de Segurança Nacional

Nova Constituição brasileira

VISITING GEORGE

Long before the others got down to searching for that very special permanent pad, George bought himself a house near Esher in Surrey. Not so much a house, as a long rambling, white-walled bungalow and an exclusive way of life.

From it George regularly commutes along the A3, to recording sessions, London Airport, and all the other favourite Harrison haunts. Let's go visiting George.

You drive to Esher, turn off at the cross-roads and after a few lefts and rights end up in a private road. Half a mile along is George's house. Immediately you enter through the massive wooden gate in one corner, you find yourself enclosed by a gigantic square, made up on three sides by a 12-ft. high brick wall and on the fourth one by a massive hedge of fir trees. You turn right once you're inside, drive along the gravel path, passing the flower bed on the right until you reach the opposite corner, where George and Patti park their cars in front of the double garage.

The house stands in the centre of the plot and is mostly surrounded by cool green grass. I imagine that the high brick wall originally surrounded the kitchen garden of the big old house near by, where Queen Victoria is reputed to have lived. It really is massive and seems to be a couple of feet thick in places. It's got alcoves, odd doors and lots of other mysterious ins and outs. The surface is pitted with nail holes, where many gardeners have tied up climbing plants over the centuries.

If ever there was a war, I'm sure George could hold out for at least three weeks inside his fortress. That is as long as nobody comes in from the South, because, as I said before, that fence just consists of a very thick row of fir trees.

SWIMMING POOL

Behind the house is George's swimming pool (we showed you a picture of George sitting on the diving board in this year's Christmas Extra) which George told me he designed himself. It's got everything, including changing rooms just in front of the fir tree hedge, and a reproduction of one of John's drawings in marble mosaic. (We'll be showing you a picture of that in the next issue). George likes popping in and out of the water whenever he feels hot and told me that if the weather's nice, he'll go in several times a day. There are stone pathways completely surrounding the pool and it's George's favourite place for eating tea and sandwiches.

In one corner is a massive weeping willow. You will remember that one of the photographs taken of George and Patti together and reproduced in a national magazine, showed them under a willow tree. Well, that's where it was taken. Next to it is an old apple tree, which actually produces some apples, and near the apple tree are several spiky, sisal plants. George very kindly gave

10

ANO NOVO, GRAVAÇÕES NOVAS

Renovados com as novas condições de trabalho, os Beatles entram em Abbey Road com idéias e canções inéditas. No dia 4 de janeiro começam a trabalhar em "Penny Lane" (flautas, trompetes e outros instrumentos), que só fica pronta no dia 17. Nos dias 19 e 20, trabalham intensamente na nova "A Day in the Life".

NOVO FILME DE DIVULGAÇÃO

Nos dias 30 e 31 é gravado o filme promocional para "Strawberry Fields Forever", em Knole Park Kent, Londres.

UMA NOVA BANDA, DO SARGENTO PIMENTA?

No dia 1º de fevereiro é iniciada a gravação da música que será o titulo do novo álbum, "Sargeant Pepper's Lonely Hearts Club Band". A idéia é que o disco conte a história da banda, como numa ópera rock.

OUTRO FILME PROMOCIONAL COMEÇA A SER FILMADO

Os Beatles filmam parte do material de divulgação de "Penny Lane", em Angel Lane, Londres, e no dia 7 eles encerram o trabalho no Knole Park.

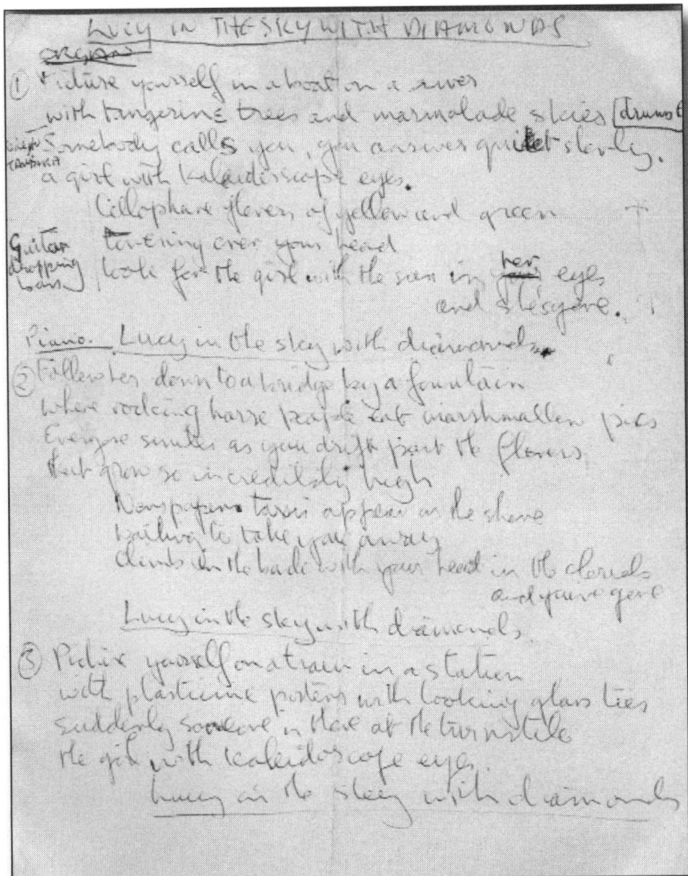

GRAVAÇÕES... ALGUMAS FORA DA ABBEY ROAD

Entre os dias 8 e 24 o grupo grava "Good Morning Good Morning","Fixing a Hole" (gravada no Regent Sound Studio), "Only Northern Song", "Being for the Benefit of Mr Kite!" "e "Lovely Rita", e retoca algumas músicas já gravadas.

UMA BRASILEIRA EM LONDRES

Como presente de 15 anos, a jovem Elizabete Bravo, carinhosamente apelidada "Lizzie", pediu aos pais uma viagem a Londres, para ver os Beatles. Qualquer menina de sua idade ia preferir uma festa de debutante. Mas o amor pelo grupo falou mais alto. E lá foi ela, junto com uma amiga, para a mais louca aventura de sua vida. Ela chegou no dia 14 e foi direto para a porta da Abbey Road. Naquela noite, quando o grupo havia acabado de trabalhar em "Only a Northern Song", ela não só viu os quatro saindo do estúdio, como fez fotos deles. Sua estada em Londres duraria quase três anos, acumulando belas e exclusivas fotos. Ainda vamos ouvir falar dela.

STRAWBERRY FIELDS FOREVER/PENNY LANE (PARLOPHONE R 5570)

O compacto com "dois lados A" sai no dia 17. Foi por pressão de Brian que essas duas músicas, gravadas nas sessões para o novo LP, foram selecionadas para o lançamento. Pela primeira vez um compacto dos Beatles trazia uma foto na capa (e na contracapa), de quando eram crianças. A música não era mais a mesma. O mundo não estava preparado para o novo som do grupo. Os clipes promocionais também surpreenderam. Não era o grupo fazendo *playback* das músicas, mas uma colagem de imagens, cores e luzes que casou perfeitamente com o passo à frente dos Beatles, rumo ao "Verão do Amor", que ainda estava por vir.

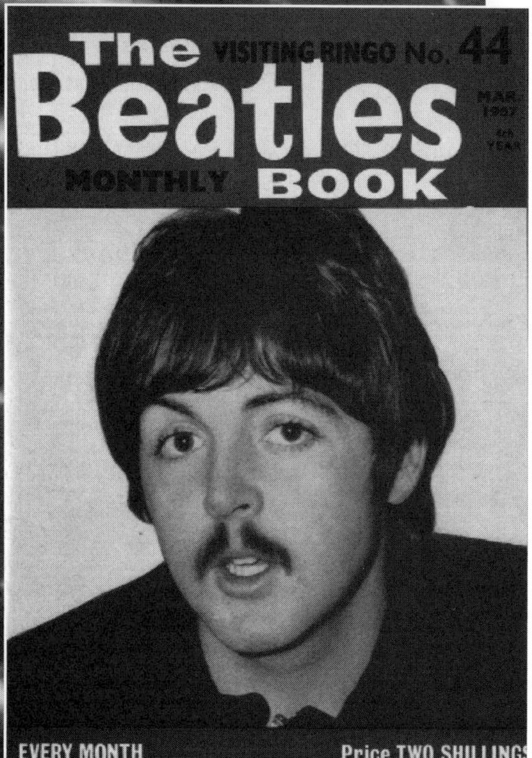

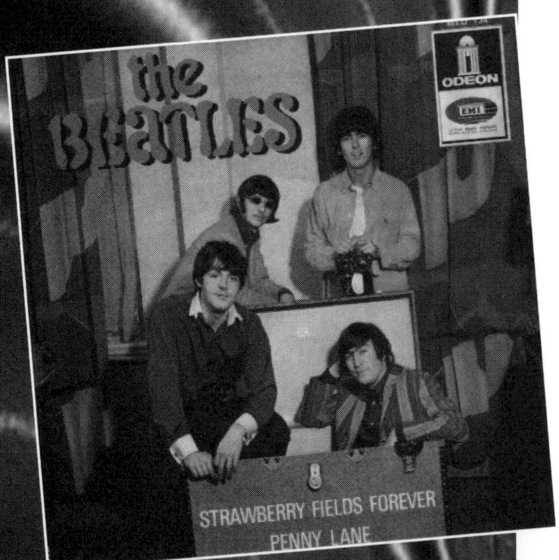

BEATLES: DE ÍDOLOS A FÃS

No dia 19, Chuck Berry se apresenta no Saville Theatre. Na platéia estão John e Ringo.

PRÊMIOS GRAMMY PARA OS BEATLES

No dia 2 de março, é anunciado que o grupo foi premiado pelas músicas "Michelle" e "Eleanor Rigby", bem como Klaus Voorman pela arte da capa do disco *Revolver.*

MAIS TRABALHO NO ESTÚDIO

Durante o mês de março, os Beatles gravam "Lucy in the Sky With Diamonds", "Within You, Without You" (com George usando vários músicos indianos para gravar a base instrumental), "She's Leaving Home", "Getting Better", "With a Little Help from My Friends" e fazem mais *overdubs* nas outras músicas.

SUCESSO SÓ NOS ESTADOS UNIDOS

O novo compacto chega ao 1º lugar da parada americana e fica apenas uma semana. Na Inglaterra foi "apenas" 2º lugar, o que desapontou muito o grupo. Sua "nova" música não agradou aos fãs.

JOHN TEM UMA BAD ACID TRIP

Durante a gravação de "Getting Better", no dia 21, John tem problemas por causa do LSD na hora de colocar sua voz. A banda, mais George Martin, o leva para o terraço da Abbey Road para tomar ar. Paul e George correm atrás de John, pois ele poderia resolver "voar do terraço". Nesse dia George Martin soube que eles estavam gravando sob o efeito das drogas.

MAIS BEATLES NAS PLATÉIAS

Dia 27, é a vez de Fats Domino fazer sua apresentação no Saville Theatre e Paul estar na platéia.

A SESSÃO DE FOTOS PARA A CAPA MAIS FAMOSA DA HISTÓRIA

O grupo chega ao estúdio de Michael Cooper no dia 30 para fazer as fotos para a capa, contracapa, encarte e parte interna de seu mais ousado trabalho até então. O artista Peter Blake, que projetou a capa, insiste para que o grupo fotografe vestido com roupas militares coloridas, para personificar a "banda do Sargento Pimenta". John estava relutante e num cenário repleto de celebridades e mensagens subliminares faz dezenas de fotos. Uma boneca traz a frase "Welcome the Rolling Stones" (que estavam tendo vários problemas com a polícia por causa de drogras, sendo até presos).

PAUL NOS ESTADOS UNIDOS — LAZER...

Depois de deixar gravada a última música para o disco, "Sgt. Pepper's Lonely Hearts Club Band (Reprise)", Paul viaja para a América. Primeiro ele passa quatro dias em Denver, Colorado, comemorando o aniversário de sua namorada, a atriz Jane Asher. Foi quando ele teve a idéia de criar um filme para TV a bordo de um ônibus, projeto que eventualmente chamaria de "Magical Mystery Tour".

PAUL NOS ESTADOS UNIDOS — ... E TRABALHO

No dia 10, em Los Angeles, ele encontra-se com os organizadores do Festival Monterey Pop e sugere o nome de Jimi Hendrix para um dos shows. No dia seguinte, grava uma participação na música "Vegetables", dos Beach Boys. No vôo de volta a Londres, começa a rascunhar a idéia e algumas letras de músicas para o filme. Ele apresenta ao grupo um círculo representando 60 minutos divididos em músicas e cenas. A idéia do filme é aceita por todos.

OS BEATLES VIRAM EMPRESA

O grupo torna-se oficialmente The Beatles & Co no dia 19.

ESTÚDIO DE NOVO! A CRIATIVIDADE FLUI

Os Beatles começam a gravar músicas para o filme bolado por Paul. Gravam a música-título, "Magical Mystery Tour".

MAIS SHOWS ASSISTIDOS PELOS BEATLES

Ringo assiste a Jimi Hendrix Experience, no Saville Theatre, e os quatro Beatles vêem Procol Harum no clube Speakasy.

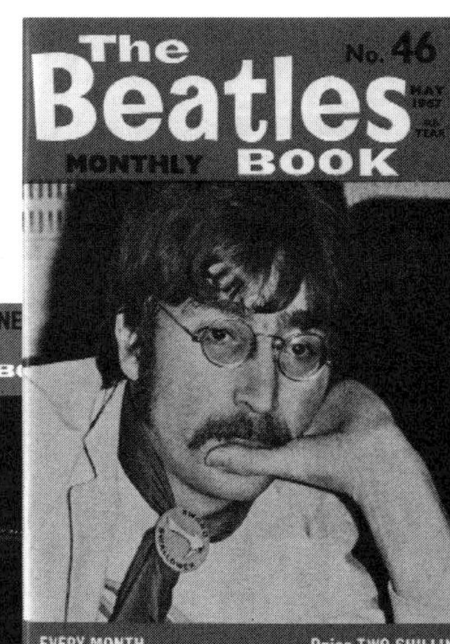

BRINCANDO NA ABBEY ROAD

O grupo grava uma música instrumental com 16 minutos! Na verdade, uma grande *jam session*, já que nada foi aproveitado.

MAIS UMA MÚSICA GRAVADA, MAS EM OUTRO ESTÚDIO

Os Beatles decidem gravar uma nova música composta por John, "Baby You're a Rich Man". Novamente Abbey Road não tinha data, então eles vão ao Olympic Studio Barnes. Os técnicos ficam impressionados com a voz de John. E anotações na caixa de uma das fitas indicam que Mick Jagger participou dos *backing vocals*. A música foi gravada para o projeto de um desenho animado baseado em "Yellow Submarine", que seria anunciado em breve.

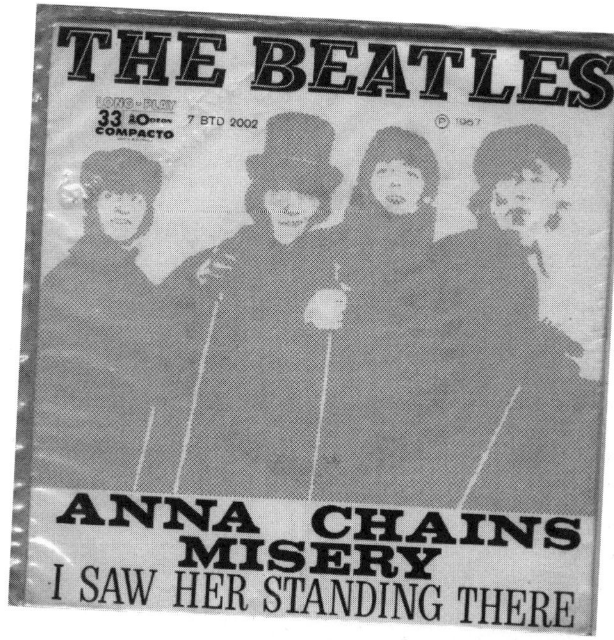

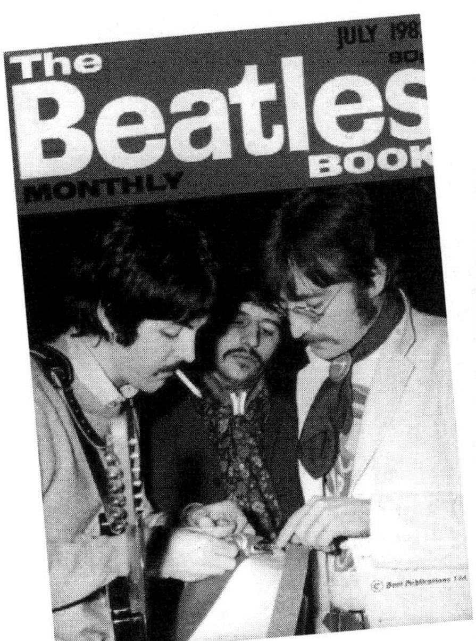

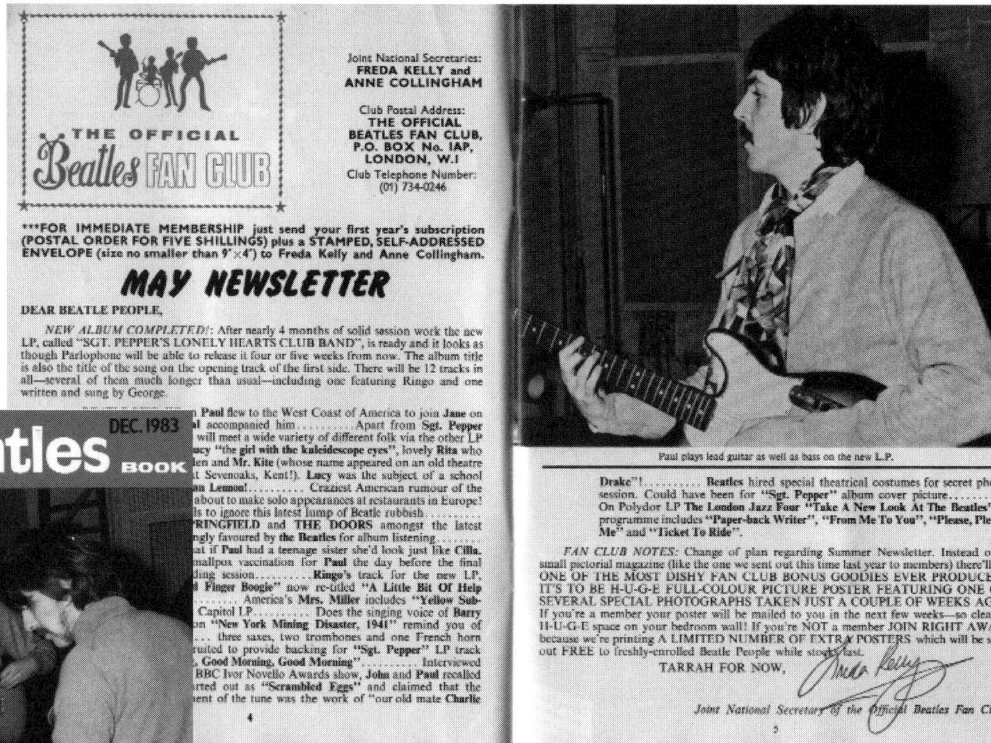

THE OFFICIAL Beatles FAN CLUB

Joint National Secretaries:
FREDA KELLY and ANNE COLLINGHAM

Club Postal Address:
THE OFFICIAL BEATLES FAN CLUB, P.O. BOX No. IAP, LONDON, W.I

Club Telephone Number:
(01) 734-0246

*****FOR IMMEDIATE MEMBERSHIP just send your first year's subscription (POSTAL ORDER FOR FIVE SHILLINGS) plus a STAMPED, SELF-ADDRESSED ENVELOPE (size no smaller than 9"×4") to Freda Kelly and Anne Collingham.**

MAY NEWSLETTER

DEAR BEATLE PEOPLE,

NEW ALBUM COMPLETED!: After nearly 4 months of solid session work the new LP, called "SGT. PEPPER'S LONELY HEARTS CLUB BAND", is ready and it looks as though Parlophone will be able to release it four or five weeks from now. The album title is also the title of the song on the opening track of the first side. There will be 12 tracks in all—several of them much longer than usual—including one featuring Ringo and one written and sung by George.

...n **Paul** flew to the West Coast of America to join **Jane** on ...**l** accompanied him.......... Apart from **Sgt. Pepper** ... will meet a wide variety of different folk via the other LP ...ucy "**the girl with the kaleidescope eyes**", lovely **Rita** who ...len and **Mr. Kite** (whose name appeared on an old theatre ...t Sevenoaks, Kent!). **Lucy** was the subject of a school ...**n Lennon!**.......... Craziest American rumour of the ... about to make solo appearances at restaurants in Europe! ...ls to ignore this latest lump of Beatle rubbish.......... ...**RINGFIELD** and **THE DOORS** amongst the latest ...ngly favoured by **the Beatles** for album listening.......... ...at if **Paul** had a teenage sister she'd look just like **Cilla.** ...mallpox vaccination for **Paul** the day before the final ...ding session..........**Ringo's** track for the new LP, ...**Finger Boogie"** now re-titled "**A Little Bit Of Help** .... America's **Mrs. Miller** includes "**Yellow Sub-** ... Capitol LP.......... Does the singing voice of **Barry** ...on "**New York Mining Disaster, 1941**" remind you of ...... three saxes, two trombones and one French horn ...ruited to provide backing for "**Sgt. Pepper**" LP track ...**, Good Morning, Good Morning**".......... Interviewed ... BBC Ivor Novello Awards show, **John** and **Paul** recalled ...rted out as "**Scrambled Eggs**" and claimed that the ...ment of the tune was the work of "our old mate **Charlie**

4

Paul plays lead guitar as well as bass on the new L.P.

Drake"!.......... **Beatles** hired special theatrical costumes for secret photo session. Could have been for "**Sgt. Pepper**" album cover picture.......... On Polydor LP **The London Jazz Four "Take A New Look At The Beatles"** programme includes "**Paper-back Writer**", "**From Me To You**", "**Please, Please Me**" and "**Ticket To Ride**".

FAN CLUB NOTES: Change of plan regarding Summer Newsletter. Instead of a small pictorial magazine (like the one we sent out this time last year to members) there'll be ONE OF THE MOST DISHY FAN CLUB BONUS GOODIES EVER PRODUCED. IT'S TO BE H-U-G-E FULL-COLOUR PICTURE POSTER FEATURING ONE OF SEVERAL SPECIAL PHOTOGRAPHS TAKEN JUST A COUPLE OF WEEKS AGO. If you're a member your poster will be mailed to you in the next few weeks—so clear a H-U-G-E space on your bedroom wall! If you're NOT a member JOIN RIGHT AWAY because we're printing A LIMITED NUMBER OF EXTRA POSTERS which will be sent out FREE to freshly-enrolled Beatle People while stocks last.

TARRAH FOR NOW,

Joint National Secretary of the Official Beatles Fan Club.

5

GRAVANDO NA ABBEY ROAD

No dia 12, em apenas cinco horas os Beatles gravam e mixam uma nova música, "All Together Now", também para o desenho animado. Cinco dias depois eles iniciam a gravação de uma loucura chamada "You Know My Name (Look Up the Number)".

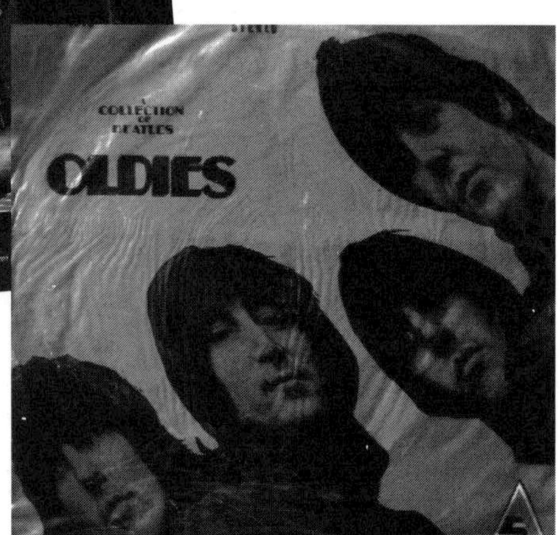

ESTÁ PINTANDO UM NOVO AMOR CLANDESTINO

No dia 15, no London's Bag O'Neils Club, Paul se encontra com a fotógrafa Linda Eastman pela primeira vez, e fica impressionado. Ele a convida para a festa de lançamento do novo disco, na casa de Brian, na Chapel Street. Linda faz várias fotos e fica ao lado de Paul o tempo todo. Enquanto isso, Jane ainda estava nos Estados Unidos.

OS BEATLES GRAVAM COM OS ROLLING STONES

Na sessão de gravação de "We Love You", dos Stones, dia 18 de maio, Paul e John contribuem com *backing vocals*.

OS BEATLES VÃO TOCAR PARA 350 MILHÕES DE PESSOAS

No mesmo dia 18, é anunciado que os Beatles foram convidados para representar a Inglaterra na primeira transmissão via satélite da história, marcada para junho. Eles seriam filmados no estúdio gravando uma música especialmente composta para o evento.

A PSICODELIA SAI DAS ROUPAS E GANHA OS CARROS

John Lennon resolve reformar seu Rolls-Royce com cores psicodélicas.

MAIS UM ESTÚDIO

Novamente sem poder usar os estúdios da Abbey Road, os Beatles vão para o De Lane Recording Studios gravar uma canção de George, "It's All Too Much", também programada para o desenho animado. A música, repleta de guitarras distorcidas, com microfonia e belos riffs, era uma homenagem a Jimi Hendrix.

SEM TURNÊS

Contrariando Brian, John anuncia que os Beatles não fariam mais turnês. O empresário ainda alimentava esperanças de mudar a idéia do grupo.

SGT. PEPPER'S LONELY HEARTS CLUB BAND (PARLOPHONE PMC 7027)

No dia 1º de junho é lançado na Inglaterra o disco que foi um marco na história dos Beatles e do mundo fonográfico. Surpreendendo a todos, foi gravado em quatro meses, em quatro canais, trazendo sonoridades, texturas, mensagens, cores e brilhos nunca antes vistos em discos de música pop. A maior inovação de todas estava na contracapa: as letras. Pela primeira vez elas eram impressas em um disco, mostrando a unidade do trabalho e a importância da mensagem do grupo. As canções falavam de amizade, esperança, amor, adolescentes saindo de casa e caindo na estrada, drogas, sonhos e fantasias. Era um novo disco de uma nova banda.

A CAPA

A capa era um trabalho à parte, sendo influência até os dias de hoje. Peter Drake apresentou a "Banda do Clube dos Corações Solitários do Sargento Pimenta" enterrando os antigos Beatles. Estes são vistos ao lado, em figuras de cera emprestadas pelo Museu de Madame Toussaud, e várias celebridades aparecem atrás do grupo. Algumas foram removidas, como Gandhi e Hitler.

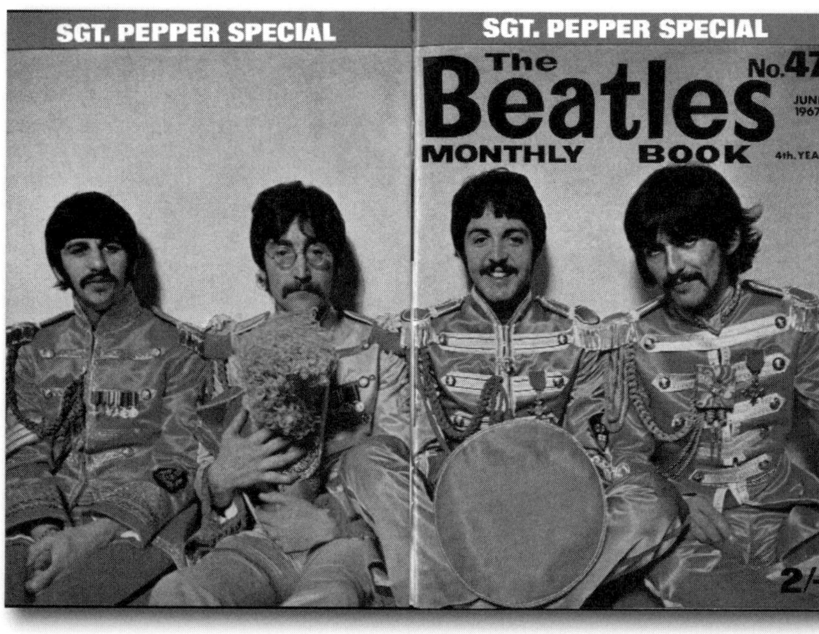

O SARGENTO PIMENTA É CENSURADO EM CINGAPURA

O novo disco tem seu lançamento suspenso em Cingapura, por conta da alusão às drogas das músicas "With a Little Help from My Friends" (no verso "Oh I get high with a little help from my friends", algo como "Oh, eu fico chapado com a ajuda dos meus amigos"), "Lucy in the Sky with Diamonds" (letra e título da canção inspirados no LSD) e "A Day in the Life" (no trecho "I'd love to turn you on", "Eu adoraria deixar você ligado"). O LP só sairia lá em janeiro de 1968 com as músicas "The Fool on the Hill", "Baby You're a Rich Man" e "I Am the Walrus" (tão louca quanto "Lucy in the Sky").

HOMENAGEM DE HENDRIX

Três dias depois do lançamento do disco, Jimi Hendrix se apresenta no Saville Theatre. Paul, Jane, George e Pattie Boyd assistem ao show. Ele os surpreende ao tocar a música-título do novo disco dos Beatles. Logo após o show todos vão para uma festa na casa de Paul.

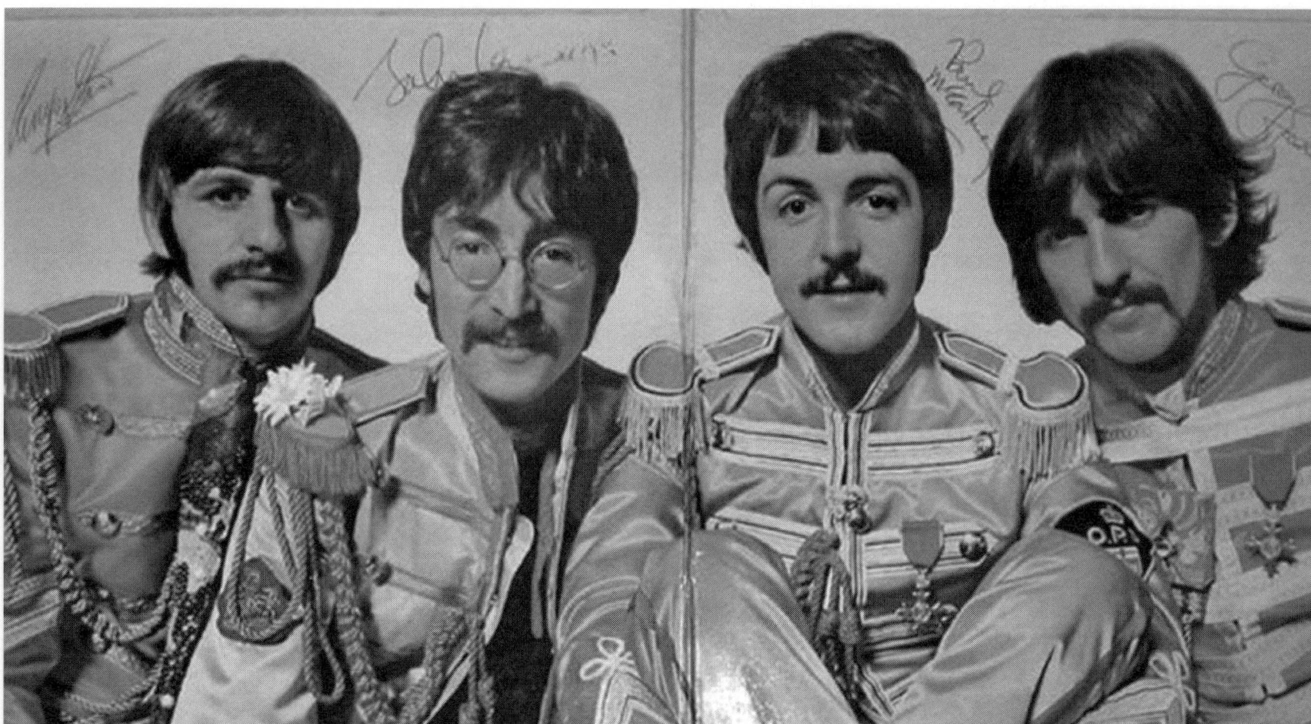

PAUL ADMITE TOMAR DROGAS

No dia 19 de junho, numa entrevista nos jardins de sua casa em St. John's Wood para o noticiário da rede ITN, Paul é perguntado se toma drogas. Entre mentir para os fãs e a sinceridade, ele escolhe a segunda opção e declara que o grupo usou LSD na gravação de todas as músicas do novo álbum, com exceção de "When I'm Sixty-Four". No dia 27, "A Day in the Life" é banida da BBC por fazer referência a drogas.

GRAVAÇÕES E UM NOVO PROJETO

Os Beatles gravam novas partes instrumentais para "You Know My Name". Brian Jones, guitarrista dos Stones, participa tocando sax. É anunciado o projeto do desenho animado *Yellow Submarine*.

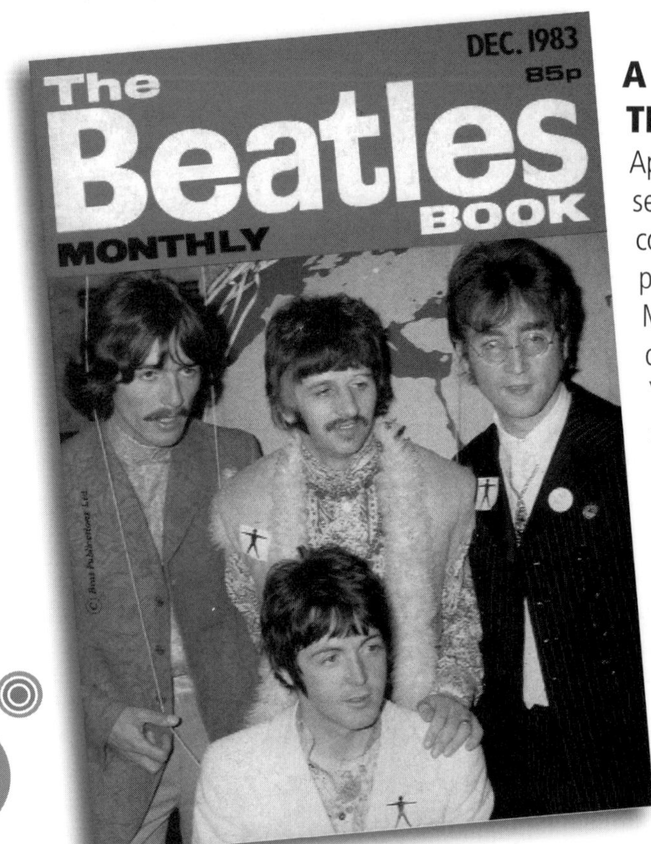

A ESCOLHA PARA A TRANSMISSÃO VIA SATÉLITE

Após o convite para o programa *Our World*, que seria transmitido via satélite, John e Paul compõem cada um uma música para o evento, para escolher a melhor. Paul veio com "Your Mother Should Know", mas John apresentou o hino do "Verão do Amor", a belíssima "All You Need is Love". Era uma mensagem simples e direta, como queria a BBC.

GRAVANDO "ALL YOU NEED IS LOVE"

A gravação da música começa no dia 14 de junho, no Olympic Sound Studios. A introdução do hino da França La Marseillaise (A Marselhesa) foi usada na abertura da música, devido ao aspecto global da transmissão.

OS BEATLES PARA O MUNDO

O programa *Our World* é transmitido no dia 25 para 31 países, sendo assistido por quase meio bilhão de pessoas. O Brasil não participou por não estar conectado à rede mundial de transmissão. Vários amigos e parentes da banda estavam no estúdio também sendo filmados: Mick Jagger, Keith Richard, Marianne Faithfull, Mike McCartney, Keith Moon, Eric Clapton, Pattie Boyd, Jane Asher, Graham Nash, Hunter Davies e Gary Leeds.

GEORGE APRESENTA PATTIE A SEU FUTURO MARIDO

Em 2 de julho, George apresenta sua esposa Pattie a Eric Clapton numa festa na casa de Brian.

OS BEATLES E OS MONKEES

Numa festa na boate Speakeasy, promovida por Vic Lewis, líder de *big bands* de jazz, em homenagem aos Monkees e sua turnê pela Inglaterra, John, Paul e George encontram-se com os americanos da banda inspirada neles. Obviamente, foi uma festa regada a LSD.

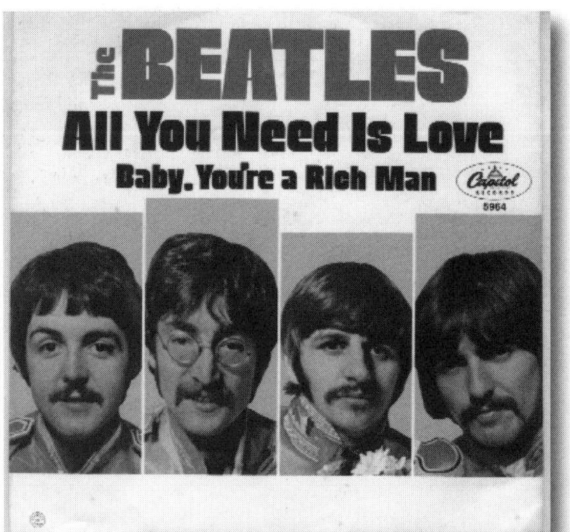

ALL YOU NEED IS LOVE/BABY YOU'RE A RICH MAN (PARLOPHONE R 5620)

O novo compacto, trazendo o "hino da paz e do amor", é lançado no dia 7 de julho na Inglaterra e no dia 17 nos Estados Unidos. Para os países que não puderam ver a transmissão via satélite, o disco ficou como prova de mais um marco dos Beatles na história da música.

FESTA DOS ROLLING STONES TERMINA EM PRISÃO, MAS GEORGE ESCAPA

Uma festa promovida por Mick Jagger e Keith Richards, na casa deste último, termina com uma batida policial e a prisão dos dois por uso de drogas. George e Pattie estavam na festa, mas receberam um telefonema avisando da batida e saíram minutos antes.

OS BEATLES E SUA "ILHA DA FANTASIA"

Um belo dia John teve uma visão (provavelmente durante uma viagem de ácido) de que os Beatles poderiam viver em uma ilha, criar seu próprio reino e construir o maior e melhor estúdio do mundo. Paul achou que era coisa de "doidão". Mas o amigo grego de John, Alexis Mardas (o "Magic Alex"), disse que na Grécia o governo estava "dando ilhas" praticamente de graça. Ele e Alistair Taylor, assistente de Brian, foram até lá e selecionaram três. Apesar de que o país estava vivendo uma convulsão política, com a subida ao poder de uma junta militar, todos foram procurar pelas ilhas de barco no dia 20 de julho. John disse: "Eu não me importo se o governo é fascista ou comunista. Todos eles são ruins que nem aqui".

LESLO, A ILHA DOS BEATLES

Eles escolheram esta bela ilha, com 300 mil metros quadrados e quatro belas praias (uma para cada Beatle). E ainda tinham 65 mil metros quadrados de plantações de oliveiras, que retornariam o investimento de 90 mil libras (algo como 3 milhões de reais de hoje) em cerca de sete anos. Brian, que havia perdido seu pai fazia poucos dias, não foi com eles e desaprovava a idéia. Eles fizeram acordos com o governo e tinham imunidade diplomática para circular livremente (e tomar seu LSD em paz no iate, como fizeram ao vislumbrarem a bela ilha). Mas como todos os sonhos dos Beatles, este também ficaria somente na vontade, pela demora em conseguir enviar o dinheiro sem os altos impostos ingleses. Pelo menos ficaram com o lucro das conversões dólar-libra.

OS BEATLES E A MACONHA

No dia 24, o jornal *The Times* publica uma página inteira anunciando que os Beatles, entre outras celebridades, assinaram uma petição a favor da legalização da maconha.

REAÇÃO NO BRASIL

Ao ler esta notícia, Roberto Carlos diz que os Beatles fazem ótimas músicas, mas falam muita besteira.

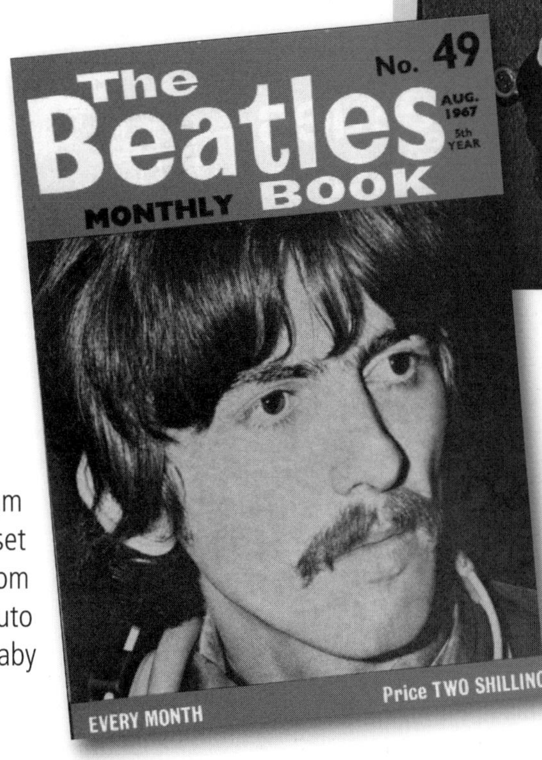

GEORGE NOS ESTADOS UNIDOS – INSPIRAÇÃO PARA COMPOR

No dia 1º de agosto, George e Pattie alugam uma casa na Blue Jay Way, acima da Sunset Strip, em Los Angeles. No dia 8 ele vai com Derek Taylor a São Francisco visitar o reduto hippie de Haight-Ashbury. Lá ele tocou "Baby You're a Rich Man" no meio da galera.

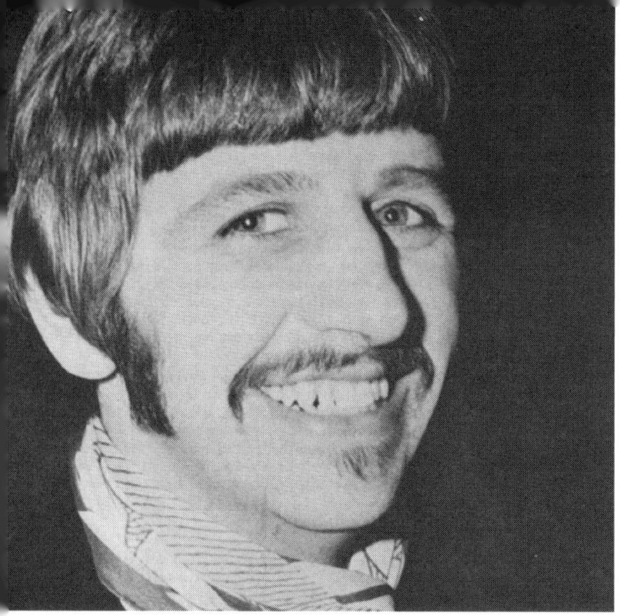

RINGO, PAI NOVAMENTE

No dia 19, Maureen Starkey dá à luz um menino de nome Jason, no Queen Charlotte's Hospital em Hammersmith, Londres.

NOVAS GRAVAÇÕES

Os Beatles entram no Chappell Recording Studios no dia 22 para registrar a música composta por Paul, "Your Mother Should Know".

Q A

IS SGT. PEPPER TOO ADVANCED FOR THE AVERAGE POP FAN TO APPRECIATE?

MY DESK is buried somewhere beneath a mountain of mail about "Sgt. Pepper's Lonely Hearts Club Band." Beatle People from all over Britain have written in to tell me what they think of the LP album, which took six months to produce. Hence the question at the top of this page. Is *Sgt. Pepper* too advanced for the average pop fan to appreciate? Is there brilliance here or was the true musical artistry of The Beatles concentrated in their earlier recordings? From YOUR letters and YOUR comments on the album I've tried to compile a cross-section of opinions to answer at least a proportion of these obviously important questions.

"I really enjoyed everything The Beatles recorded before *Revolver*" writes Karen Baird, Long Eaton, Derbys., "but it's impossible to understand half the stuff they do today."

"I'm not a true pop fan" begins Peggy Franklin of Loughton, Essex, "and I never used to collect Top 20 records. A year ago The Beatles became part of my life. They are the greatest talent the music world has ever known. *Sgt. Pepper* contains words and ideas which are far above anything anyone else is capable of creating. *A Day In The Life* is the most moving pop song I've ever heard."

Those two comments represent the extremist views—one girl who has been frightened off by the lack of simplicity, the deepening complexity, of recent Beatles work, and another, who condemns the early material they recorded, but can't find sufficient superlatives to use about the 1967 stuff they've put into *Sgt. Pepper*.

JOHN AND PAUL: UNCANNY

All My Loving was my favourite until I heard *She's Leaving Home* declares Marsha Newell, Nelson, Lancs., "It's uncanny how John and Paul can think up such original stories for their songs. They get better and better all the time."

"I was one of the first Beatle People in my neighbourhood to buy the new LP" says Joanne Tremlett, Welling, Kent, "I can't tell you how disappointed I was when I played it through. Out of all the songs only *When I'm 64* and *Sgt. Pepper's Lonely Hearts Club Band* itself come up to standard. Everything else is over our heads and The Beatles ought to stop being so clever and give us tunes we can enjoy."

"The first time I heard the LP I was brought down" writes Valerie Samuel of Chertsey in Surrey, "Then I listened again and again. Finally I was overwhelmed by what I heard. Not just impressed but overpowered. It's all marvellous music. Particularly *A Day In The Life* and *Lucy In The Sky With Diamonds*. But it's no good just half-listening. You've got to concentrate hard and let The Beatles hypnotise you. Then you're under the spell of *Sgt. Pepper* and a splendid time IS guaranteed for all!"

"The really amazing thing about *Sgt. Pepper*" thinks Sandra Gordon, Kirkcaldy, Fife, "is the lyrics. If a song says something you couldn't find ways of saying for yourself it's special. Just hear the words of *Lucy In The Sky With Diamonds* or *She's Leaving Home* and you can tell why John and Paul are called the world's greatest!"

Ailsa Northrop, Trowbridge, Wilts., thinks along the same lines: "I have lots of favourites. I like The Stones, The Monkees, The Hollies and The Cream but after hearing all the new songs on *Sgt. Pepper* I have to admit that Beatles will always be best."

SIMPLE AND CATCHY

And from Margaret Barron, Beeston, Notts.: "Whether their tunes are simple and catchy or not The Beatles make you want to hear their records over and over again because they take so much trouble over writing their words and rehearsing their backings. The perfect pop record is *Lovely Rita* and all the others on the LP are almost as good."

Now here's a very important point raised by Jackie Smith of Chesterfield, Derbys. who writes: "I don't know what all the quarrel is about. If you want simple, catchy little numbers like The Beatles used to do, you've got *When I'm 64*, Ringo's terrific *A Little Help From My Friends* and Paul's happy song *Fixing A Hole*. If you want something more advanced there's plenty of other numbers to choose from on the new LP."

Pam Thorn of Doncaster in Yorkshire agrees with her: "The great thing about *Sgt. Pepper* is the variety of styles. There are fast and slow songs, easy little songs and thoughtful ballads. Nobody could ask for a wider selection. Yet everything was written and recorded by the same four people!"

Wendy East of Ealing, London W.5., joins in on the same topic: "How can people accuse The Beatles of progressing too far. That's what their talent is all about. I, for one, wouldn't want to hear *Please, Please Me* re-hashed a hundred times over the years but today The Beatles mix new compositions, which are just as catchy as that one, along with more mature ballads, which make you think a bit."

Of course it's impossible to please everybody. Take the one song called *Within You Without You*. George's *Sgt. Pepper* speciality. "It's dreadful, just a crazy lot of noises with no tune at all" claims Jean

24

A MEDITAÇÃO TRANSCENDENTAL

Ao conhecerem o guru Maharishi Mahesh Yogi, os quatro decidem ir com ele a Bangor, no País de Gales, para um curso de meditação transcendental. Foi um verdadeiro caos na estação de trem de Euston, no dia 25. Cynthia Lennon foi confundida com uma fã e impedida de embarcar, ficando em prantos na plataforma. Ela acabou indo de carro com o *roadie* e assistente da banda Neil Aspinall. Era o início do fim de seu casamento. Brian Epstein ficou de ir na manhã seguinte.

A MORTE DE BRIAN EPSTEIN

No dia 26 de agosto, Brian havia se encontrado com amigos e depois tinha ido para casa. No dia 27, enquanto os Beatles estavam em Bangor, eles recebem a noticia da morte de Brian, causada por overdose de medicamentos para dormir. Paul foi o primeiro a saber, e logo a imprensa estava lá para entrevistá-los. Eles foram confortados pelo Maharishi. Brian foi encontrado na cama em sua casa em Chapel Street. A polícia não descartou a hipótese de suicídio, mas no laudo constava morte acidental por ingestão de barbitúricos. Ele tinha 32 anos.

PETE BEST, PADEIRO?

Também no dia 27, o jornal *Sunday Express* revela que o primeiro baterista dos Beatles, Pete Best, estava trabalhando como balconista em uma confeitaria, ganhando um salário de 18 libras por semana.

OS BEATLES IRÃO GERENCIAR SEUS NEGÓCIOS

No último dia do mês, o jornal *The Times* anuncia que os Beatles iriam comandar seus próprios negócios. O acordo foi feito em uma reunião em que decidiram continuar com a NEMS (que levava 25% de seus lucros).

COMEÇA A "MÁGICA E MISTERIOSA VIAGEM" – MAIS GRAVAÇÕES

Logo após a morte de Brian, o grupo decide apressar os planos com o projeto do filme. E com suas gravações. Já no dia 5 de setembro gravam "I Am the Walrus". Nos três dias seguintes, gravam um demo de "The Fool on the Hill", e as novas "Blue Jay Way" e "Flying", a primeira música instrumental do grupo, composta pelos quatro.

E ROLAM AS LOUCAS FILMAGENS

Cheio de amigos, amigos de amigos, namoradas e atores, o ônibus da "Magical Mystery Tour" sai de Allsop Place, Londres, no dia 11 de setembro. Eles iam fazendo filmagens em locais escolhidos ao acaso. No dia seguinte, o ônibus fica parado numa ponte em Dartmoor, a caminho de Widecombe, causando um enorme engarrafamento. As loucas e improvisadas filmagens seguiram até o dia 15.

NOVAS GRAVAÇÕES...

No dia seguinte, todos de volta à Abbey Road para regravar "Your Mother Should Know" e remixar outras músicas.

... E NOVAS FILMAGENS

Entre 18 e 24 de setembro várias seqüências clássicas do filme foram feitas, como o "strip-tease", filmado no Raymond Revuebar, no Soho londrino; a dança nas escadarias, filmada em um hangar na West Malling Air Station, e o clipe de "I Am the Walrus", na mesma localidade.

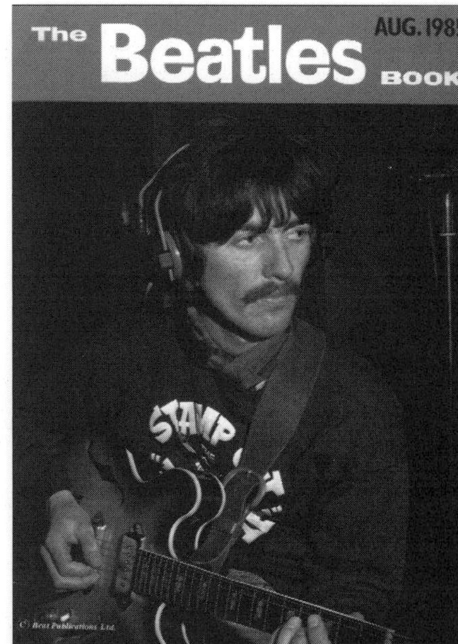

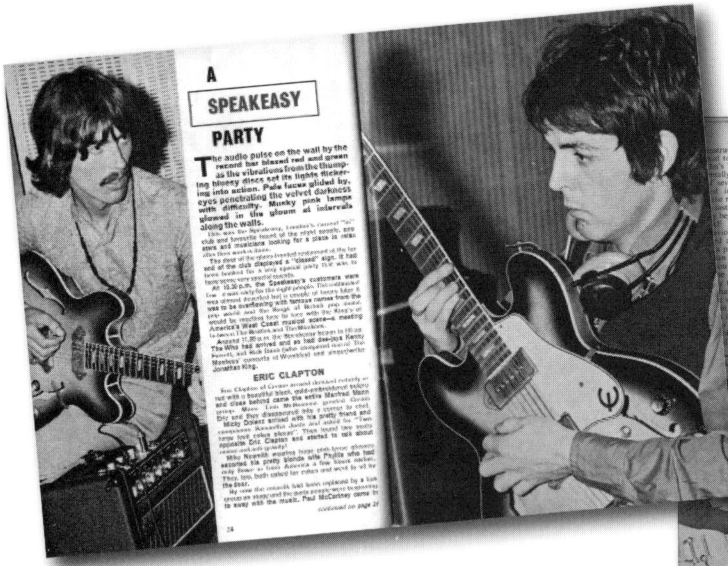

A

SPEAKEASY

PARTY

ERIC CLAPTON

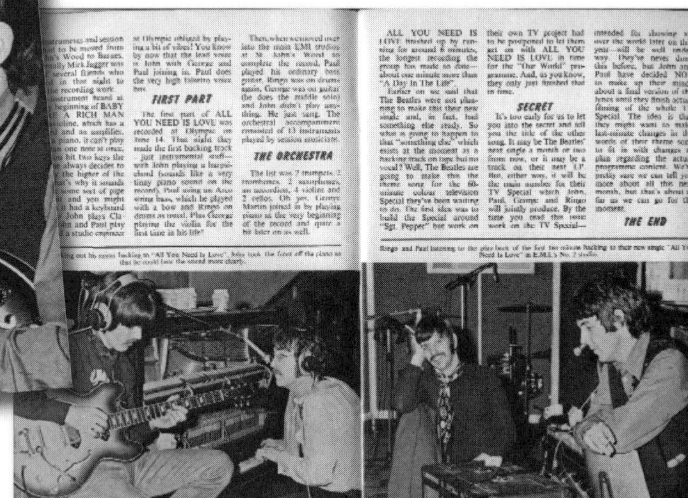

FIRST PART

THE ORCHESTRA

SECRET

THE END

MAIS CANÇÕES GRAVADAS

"The Fool on the Hill" é gravada nos dias 25 e 26, na Abbey Road. Uma canção clássica do grupo, totalmente Paul McCartney.

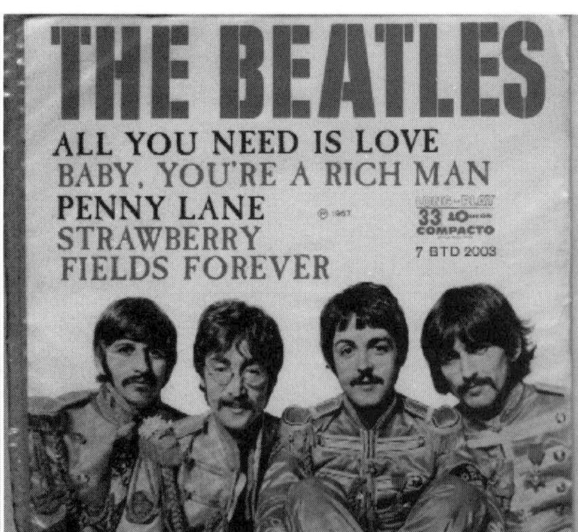

UM MILHÃO PELOS BEATLES

No dia 7 de outubro é anunciado que Sid Bernstein ofereceu 1 milhão de dólares (10 milhões em reais de hoje) para os Beatles se apresentarem mais uma vez no Shea Stadium de Nova York.

UM NOVO COMPACTO É GRAVADO

Os Beatles queriam um disco para o Natal e a escolhida foi uma canção de Paul, "Hello Goodbye".

A APPLE PUBLISHING É CRIADA

Os Beatles fundam a sua editora de música, a Apple (que aos poucos vai cuidar de todos os seus negócios), no dia 17.

JOHN NOS CINEMAS

Estréia no dia 18 de outubro, no Pavillion Theatre, em Londres, o filme *How I Won the War*, com John no elenco. Todos estavam presentes, incluindo a cantora Mama Cass, do The Mamas & The Papas, que declara ser fã número um de John.

FINALIZANDO AS MÚSICAS

Os dias 19 e 20 são dedicados a finalizar as músicas "Hello Goodbye" e "The Fool on the Hill", com adições de guitarras distorcidas, vocais, flautas e violas.

MAIS FILMAGENS E PROBLEMAS COM AS AUTORIDADES FRANCESAS

Cenas adicionais são necessárias para encerrar o filme. Algumas são rodadas com Paul na França, mas ele tinha entrado no país sem passaporte, sem dinheiro e estava filmando com profissionais estrangeiros. Logo tudo foi contornado.

GEORGE VAI COMPOR PARA O CINEMA

Os Bee Gees são consultados para compor a trilha sonora do filme *Wonderwall*, mas o trabalho fica para George Harrison.

NOVEMBRO: UM MÊS ATRIBULADO

Logo nos primeiros dias do mês, o desenho animado *Yellow Submarine* entra na reta final e os Beatles fazem fotos ao lado dos bonecos de seus personagens.

NOVO DISCO, NOVO CLIPE

É anunciado o lançamento do novo disco dos Beatles e Paul dirige a filmagem do clipe de "Hello Goodbye", feita no Teatro Saville. Foram três versões, sendo que uma trazia os Beatles com as roupas do *Sgt. Pepper's* e outra, sem essas vestimentas. O clipe não seria apresentado na Inglaterra, pois o grupo aparecia fazendo *playback*, o que era proibido pelo Sindicato dos Músicos. Uma terceira versão, com uma colagem de cenas muito loucas que ficaram de fora, poderia ser exibida, pois não apresentava a banda dublando sua música.

GEORGE GRAVA SUA TRILHA SONORA

No dia 22 de novembro, George inicia a gravação da trilha sonora do filme *Wonderwall*, na EMI.

HELLO GOODBYE/I AM THE WALRUS (PARLOPHONE R 5655)

O novo compacto dos Beatles é lançado no dia 24. As músicas são uma evolução natural do grupo. John, particularmente, criou uma nova "Strawberry Fields Forever" no lado B, onde o jogo de palavras, a fantasia e a colagem sonora colocavam os Beatles novamente à frente de qualquer outro trabalho contemporâneo. Mas a música foi banida da BBC pelo suposto conteúdo obsceno de sua letra.

MAGICAL MYSTERY TOUR (CAPITOL SMAL 2835)

Na América, o formato pretendido pelos Beatles para seu novo disco (dois compactos-duplos acompanhados de um livreto com fotos do filme e uma historinha em quadrinhos) não funcionaria. Por isso, a Capitol decide lançar no dia 27, antes da Inglaterra, o disco em formato de LP, colocando no lado B todos os compactos lançados em 1967. O disco realmente ficou mais agradável assim, principalmente o livreto. Vendeu 8 milhões de cópias em três semanas.

NOVA MENSAGEM DE NATAL

O grupo tinha enorme carinho na gravação das mensagens de fim de ano para o fã-clube e, no dia 28, gravam "Christmas Time (is Here Again)", uma música especialmente composta para o disco, junto com divertidas brincadeiras e mensagens.

RINGO, ARTISTA DE CINEMA

No dia 3 de dezembro, quando Paul e Jane tiram férias, Ringo vai para Roma, onde começariam as filmagens de *Candy*, baseado num romance de Terry Southern. O elenco era estelar: Marlon Brando, Richard Burton, James Coburn, John Huston, Charles Aznavour e o boxeador Sugar Ray Robinson.

SURGE A APPLE BOUTIQUE

No dia 5, John e George representam os Beatles numa festa para inauguração da Apple Boutique, a primeira de uma rede de lojas planejada pelos Beatles. A fachada, na Baker Street, trazia uma enorme pintura psicodélica feita pelo grupo de designers The Fool.

MAGICAL MYSTERY TOUR (PARLOPHONE SMMT 1/2)

Os dois compactos-duplos do filme, acompanhados do livreto, saem no dia 8, na Inglaterra. Apenas as músicas da trilha sonora estavam presentes. As encomendas já haviam sido de 400 mil cópias.

GEORGE VOLTA PARA A TRILHA SONORA

No dia 11, George retorna ao estúdio, desta vez o De Lane Lea Studios, para continuar a gravação da trilha de *Wonderwall*. Entre os participantes estavam membros do The Remo Four, antigos amigos de Liverpool, Ringo e Eric Clapton. Os dois últimos só participaram de uma música. As gravações iriam até o final do mês.

VEM AÍ A GRAVADORA DOS BEATLES

É anunciado que em 1968 os Beatles vão fundar sua própria gravadora.

UMA FESTA-BEATLE

No dia 21, os Beatles dão uma festa à fantasia no Royal Lancaster Hotel, em Londres, para o lançamento do filme *Magical Mystery Tour*.

UM NOIVADO NATALINO

Em plena noite de Natal, Paul entrega a Jane Asher uma aliança de diamantes, anunciando oficialmente o noivado. A notícia pega todos de surpresa.

UM REENCONTRO NATALINO

Em sua casa, John recebe seu pai, Freddie, em mais uma tentativa (fracassada) de reconciliação.

A ESTRÉIA DE MAGICAL MYSTERY TOUR

O canal 1 da BBC exibe no dia 26 o "Boxing Day" (dia da abertura dos presentes), a estréia mundial do filme dos Beatles. O dia era péssimo, o horário (20h35) idem. E para piorar, passaram o filme em preto-e-branco (contrariando a exigência do grupo). Os danos à imagem dos Beatles foram grandes.

A IMPRENSA DEITA E ROLA

O filme foi muito criticado por todos os lados e condenado por sua falta de roteiro e direção. Alguns jornalistas comentaram que nunca tinham visto tanta bobagem junta. Foi um grande fracasso. O filme não foi exibido no Brasil (na época), pois, por exigência dos produtores, a transmissão tinha que ser colorida e o País não tinha isso na época.

1968

Uma brasileira grava com o grupo

Os Beatles vão à Índia

É fundada a Apple Corps

Muitas gravações

Começam as brigas entre os Beatles

Ringo Starr saiu do grupo

OS BEATLES VOLTAM A CANTAR AO VIVO

Martin Luther King é assassinado em Memphis

350 mil se rebelam contra a Guerra do Vietnã em frente ao Pentágono

NO BRASIL

Roberto Carlos faz sucesso com "As Canções que Você Fez pra Mim", "Eu Te Amo, Eu Te Amo, Eu Te Amo" e "Se Você Pensa"

Vai ao ar o último programa *Jovem Guarda*

Martinha domina as paradas com "Eu Daria a Minha Vida"

Caetano Veloso emplaca "Baby" (na voz de Gal Costa), "Superbacana" e "Tropicália", hino do movimento deflagrado por ele e Gilberto Gil

Gil vem com "Soy Loco por ti América" e "Geléia Geral"

Caetano e Gil são presos em dezembro e mantidos incomunicáveis

Beth Carvalho, muito antes de criticar a Jovem Guarda, apresenta "Andança" no III FIC (Festival Internacional da Canção, da rede Globo), junto com os Golden Boys

Estudantes, artistas e intelectuais vão às ruas exigir a volta da democracia

Confrontos no Rio de Janeiro: o batalhão de choque da PM atira nos estudantes que iam sair em passeata do restaurante Calabouço e matam o jovem Edson Luis

Uma conspiração de direita ia seqüestrar e matar diversos políticos, lideranças estudantis e cassados; o golpe é denunciado, mas abafado da população

Violência em São Paulo, durante discurso do governador; atentado a bomba no quartel do II Exército

Atentado a bomba na sede da ABI (Associação Brasileira de Imprensa), no Rio de Janeiro

Proibidas as passeatas no Brasil

É decretado o Ato Institucional nº 5: acabam os direitos civis no Brasil

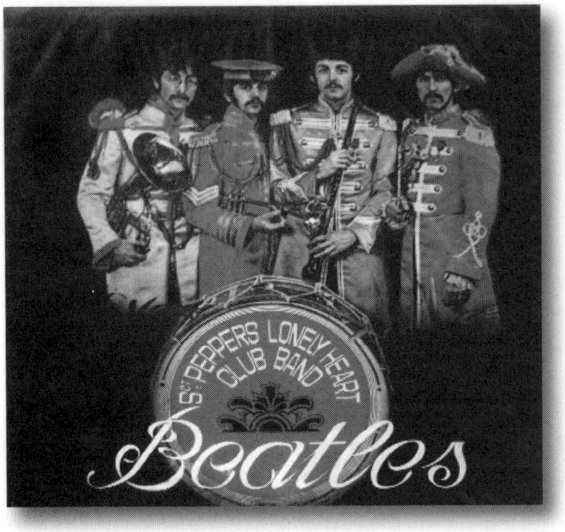

RECONCILIAÇÃO MÁGICA E MISTERIOSA?

No mesmo dia 5 de janeiro, em que John recebe mais uma vez o pai em sua casa em busca de reconciliação, o canal 2 da BBC reprisa *Magical Mystery Tour*, que desta vez é exibido em cores.

AS ÚLTIMAS GRAVAÇÕES DE GEORGE

Para finalizar as gravações da trilha de *Wonderwall*, George voa para Bombaim, Índia, no dia 7, para trabalhar com músicos indianos. As sessões duraram dez dias. No dia 30, ele finaliza os trabalhos na EMI.

MAIS DUAS EMPRESAS PARA O IMPÉRIO BEATLES

São criadas a Apple Films e a Apple Corps para administrar mais negócios da banda. No dia 22 é inaugurado o primeiro escritório da empresa, na Wigmore Street.

OS BEATLES E SEU SUBMARINO AMARELO

Com o desenho animado pronto, o grupo precisa gravar uma seqüência final, onde apareceriam ao som de "All Together Now". Eles falam um diálogo bobo e terminam tudo bem rápido, no dia 25, a tempo de escolherem modelitos para a Apple Boutique.

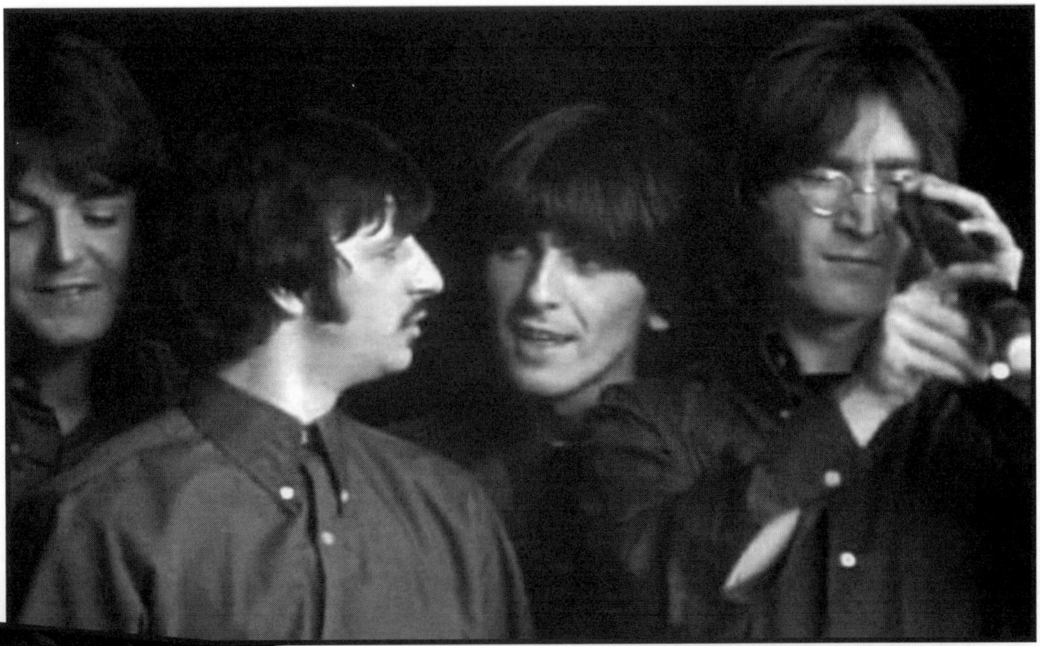

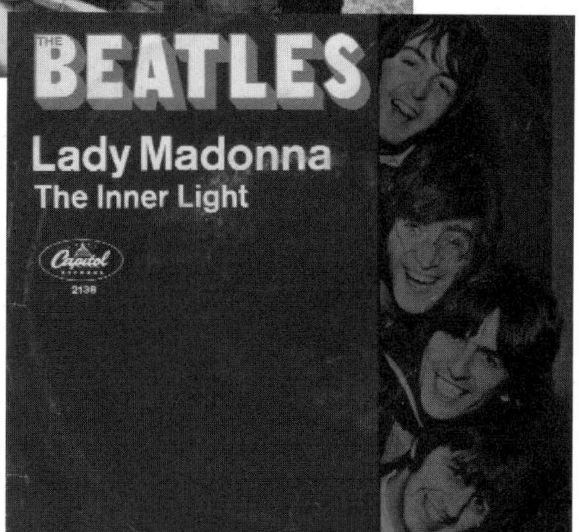

BEATLES, DESTINO ÍNDIA; MAS ANTES, OUTRO DISCO

Os Beatles aceitaram o convite do Maharishi para um curso de meditação. Mas antes de partirem queriam deixar um disco pronto, para lançamento imediato. Em 3 de fevereiro eles gravam uma bela música de Paul, "Lady Madonna", na Abbey Road.

OUTRA GRAVAÇÃO, AGORA COM A BRASILEIRINHA LIZZIE

No dia seguinte, os Beatles gravam uma canção de John, "Across the Universe". Eles passam toda a tarde aprimorando a base instrumental. No começo da noite, após uma pausa para o jantar, se dedicam aos vocais. Foi aí que sentiram que, pelo tom da música, eram necessários vocais em falsete. No estacionamento da Abbey Road as fãs ficavam de plantão, dia e noite. Paul foi até a porta do casarão da EMI e perguntou se alguma das meninas conseguia cantar em tom alto. Havia poucas fãs naquela noite de domingo, pois o transporte noturno em Londres era escasso. Então com 16 anos, a brasileira Lizzie Bravo morava perto da Abbey Road e não tinha problemas com transporte. Ela cantava em corais e apresentou-se como candidata. E pediu para levar sua amiga, a inglesa Gayleen Pease, de 17 anos. As duas adicionaram vocais na frase "Nothing's gonna change our world" e saíram. Os Beatles fizeram mais uns *overdubs* e ficaram satisfeitos.

FINALIZANDO O DISCO

Sem Ringo, os Beatles finalizam duas músicas no dia 6. Primeiro, "Lady Madonna". Depois, em cima de uma base já gravada na Índia (quando trabalhou com os músicos indianos em *Wonderwall*), George insere seu vocal em "The Inner Light", que seria finalizada dois dias depois, juntamente com "Across the Universe". Mas esta última ficaria de fora do compacto, repousando na biblioteca da Abbey Road por dois anos.

A APPLE PROCURA TALENTOS

No dia 9 de fevereiro, a Apple coloca um anúncio no *New Musical Express*, com uma foto de Alistair Taylor tocando guitarra, gaita e bateria, tudo ao mesmo tempo. O texto, feito por Paul, diz: "Este cara tem talento! Um dia ele cantou suas músicas na frente de um gravador (emprestado pelo vizinho). Com uma letra horrível, ele escreveu um texto (com nome e endereço), e lembrou-se de mandar uma foto, enviando a fita, a carta e a foto para Apple Music: 94 Baker Street, London W1. Se você está pensando em fazer a mesma coisa, FAÇA JÁ! Este cara hoje tem um Bentley!". Em poucos dias o escritório da Apple tinha mais de 400 fitas.

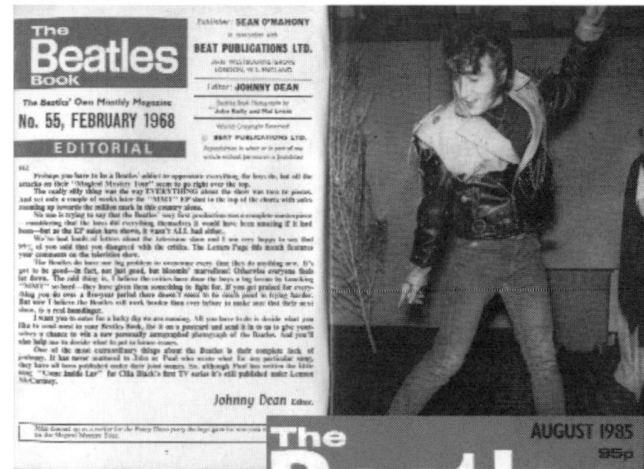

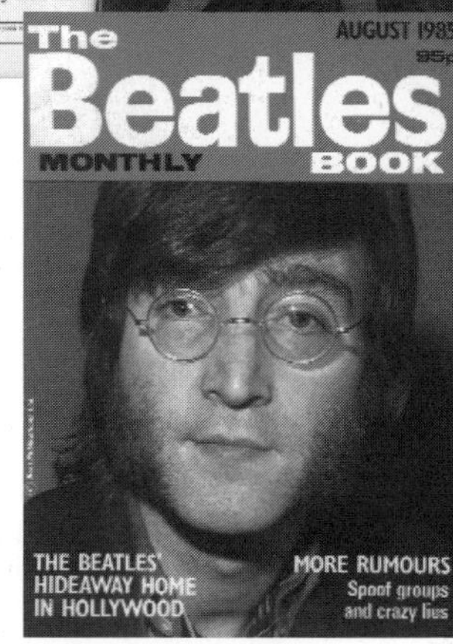

FILMANDO E GRAVANDO

Os Beatles reservam os estúdios da Abbey Road no dia 11 para filmar trechos onde estariam tocando. Com isso, fariam um clipe para o novo compacto, "Lady Madonna". Só que Paul achou que poderiam realmente gravar uma nova música, e pediu para John trazer alguma letra. Ele veio com "Hey Bulldog", que foi finalizada ali no estúdio. A gravação foi direto para a trilha do desenho animado. Esta foi a primeira sessão em que Yoko Ono estava presente.

MEDITANDO NA ÍNDIA

No dia 16, a trupe dos Beatles começa a chegar a Rishikesh, Índia, onde passariam dois meses estudando meditação transcendental na academia Maharishi. Primeiro chegaram os Lennon e os Harrisons. Lá encontraram Mike Love (dos Beach Boys), a atriz Mia Farrow e sua irmã Prudence. Três dias depois, chegavam os McCartneys e os Starkey.

POR CAUSA DA COMIDA, MENOS UM BEATLE

Ringo permanece na Índia somente por duas semanas. A comida condimentada era um suplício para ele, repleto de problemas de saúde. E o desinteresse pelo curso e as acomodações também contribuíram para sua partida.

NAMORO A DISTÂNCIA

De Londres, Yoko mandava cartões-postais para John, que estava apaixonado por ela. Todos eram respondidos, apesar da presença de Cynthia ao seu lado.

O LOGOTIPO DA APPLE

A marca da gravadora dos Beatles tinha que ser perfeita, única. A maçã escolhida foi Granny Smith, bem verde e suculenta. Vários fundos foram testados pelo fotógrafo Paul Castell: preto, vermelho, azul, amarelo e verde.

VÁRIAS COMPOSIÇÕES

Enquanto estavam na Índia, John, Paul e George iam compondo várias músicas. Lá nasceram "Rocky Raccoon" e "Piggies", com uma ajudinha de Donovan, que também estava no curso. Quase 20 músicas foram compostas durante os dois meses em que ficaram no país.

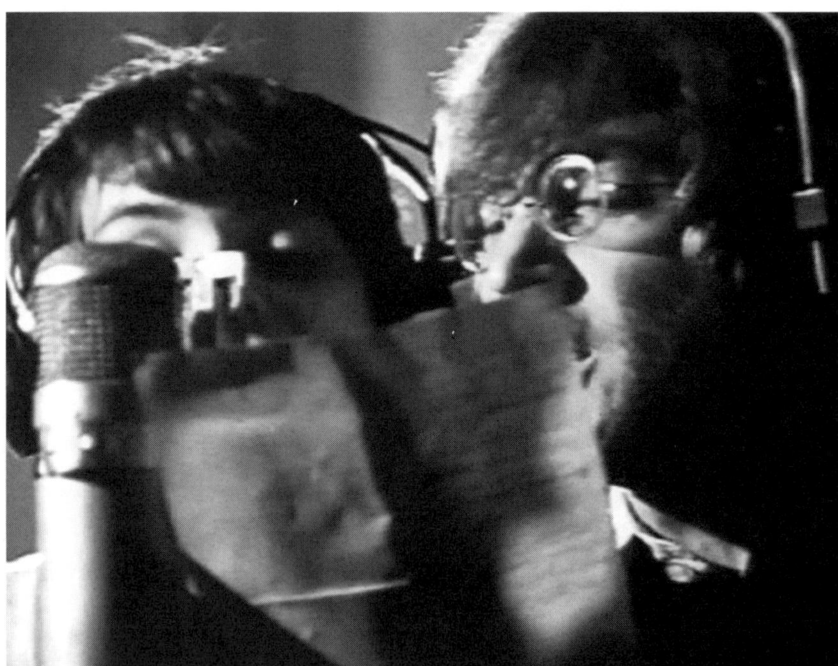

OS BEATLES EM O SENHOR DOS ANÉIS?

Durante a estada do grupo em Rishikesh, Denis O'Dell (diretor da Apple Films) chegou com três livros debaixo do braço. Era a trilogia *O Senhor dos Anéis*, de J.R.R. Tolkien. A idéia de Denis era inaugurar a Apple com o lançamento, pela Apple Films, de um filme baseado nos livros. Os direitos de filmagem eram da United Artists e isso era perfeito, pois os Beatles deviam um filme a eles.

CADA BEATLE RECEBE UM LIVRO E ESCOLHE SEU PAPEL

John leu *As Duas Torres*; Paul, *A Sociedade do Anel;* e George, *O Retorno do Rei*. John ficou impressionado e quis o papel de Frodo ou Gandalph, que George também queria. Paul começou a perceber que a "democracia-Beatle" estava mudando, pois um integrante estava escolhendo o queria sem o aval dos outros. E John estava escolhendo o melhor papel.

LADY MADONNA/THE INNER LIGHT (PARLOPHONE R 5675)

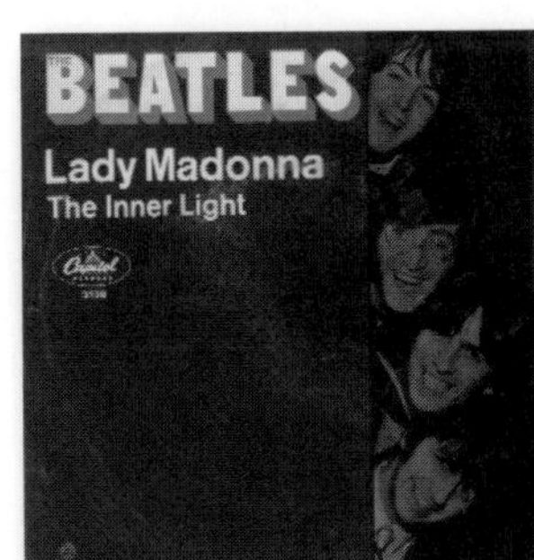

Enquanto isso, no dia 15 de fevereiro é lançado o novo compacto dos Beatles, com o grupo ainda na Índia. O lado A era um alegre boogie, bem no estilo *big band*. O lado B era uma canção que encerrava a trilogia indiana de George. A letra era de uma profundidade tocante. Paul adorava a música.

OUTRO BEATLE A MENOS NA ÍNDIA

No dia 24 é a vez de Paul e Jane retornarem a Londres.

OS PRIMEIROS ENCARREGADOS DA APPLE

Neil Aspinal, antigo amigo desde os primeiros anos em Liverpool, passa a ser o responsável pela organização da Apple. Ele corria o mundo negociando a distribuição dos discos com as subsidiárias da EMI, e cuidava da burocracia. Derek Taylor, jornalista que tinha sido assistente de Brain Epstein, foi chamado para ser o porta-voz da gravadora, pela confiança que o grupo depositava nele.

JOHN DESMASCARA O GURU

No dia 7 de abril, John desiste de concluir o curso ao descobrir que o Maharishi estava tentando seduzir a irmã de Mia Farrow. George não acredita. No vôo para Londres, no dia 11, John compõe "The Maharishi Song", futura "Sexy Sadie".

O PRIMEIRO CONTRATADO DA APPLE

Paul estava nos escritórios da Apple quando Peter Asher, seu cunhado e responsável pela prospecção de novos artistas da gravadora, trouxe o jovem cantor James Taylor, que logo seria contratado.

ENTRA EM CENA STANLEY KUBRICK, SAEM OS BEATLES

De volta da Índia, John e Paul reúnem-se com o diretor Stanley Kubrick nos estúdios da MGM, em Borehamwood, num almoço arranjado por Denis O'Dell para discutir a filmagem de *O Senhor dos Anéis*. O diretor era muito mais louco que os Beatles e chegou chapado de maconha. Depois, os Beatles declinaram da idéia, provavelmente devido ao fracasso de *Magical Mystery Tour*.

O SELO DEFINITIVO

Paul teve papel definitivo na escolha do selo da Apple. Cada um preferia maçãs de cores diferentes: John queria branca, George, laranja, Ringo, azul e Paul ficava entre a verde e a vermelha. Ele bateu o martelo na verde.

ELVIS E OS BEATLES

Elvis brincou durante uma entrevista e disse que gostaria de participar de um grande concerto ao ar livre com os Beatles e Tom Jones. A imprensa foi às nuvens.

PAUL GRAVA COM JAMES TAYLOR E CONTRATA MAIS UMA CANTORA

Entusiasmado com o talento de Taylor, Paul grava baixo na música "Carolina on My Mind", e, seguindo sugestão da famosa modelo Twiggy, contrata a vencedora do programa *Opportunity Knocks*, Mary Hopkin.

JOHN VAI PARA A AMÉRICA, SOLTEIRO

Ao preparar sua ida a Nova York com Paul, para anunciar o lançamento da Apple, John comunica a Cynthia que ela não iria com ele e parte em 11 de maio.

O LANÇAMENTO DA APPLE

No dia 14, John e Paul dão uma coletiva a respeito da empresa. Paul declara que a Apple iria dar uma força a todos aqueles que fizessem qualquer tipo de arte e que fossem desconhecidos e precisassem de ajuda. A empresa atuaria em vários segmentos, como eletrônica, cinema, publicidade, música e comércio.

O REENCONTRO COM LINDA EASTMAN

Logo depois da coletiva, Paul se encontra com Linda, que lhe passa seu número de telefone. Ele liga e os dois se encontram no hotel de Paul.

A PREMIÈRE DE *WONDERWALL*

Ringo, Maureen, George e Pattie comparecem ao Festival de Cannes no dia 17, para a estréia de *Wonderwall*, cuja trilha sonora é de George.

YOKO VAI À CASA DE JOHN

John, sozinho em Londres (Cynthia viajou com Julian depois da dispensa do marido), convida Yoko Ono para ir a sua casa em Kenwood, no dia 19. Eles gravam música experimental no estúdio de John e depois passam a primeira noite juntos.

ACABA O CASAMENTO DE JOHN

Ao chegar em casa, dois dias depois, Cynthia descobre que Yoko estava por lá e decide terminar de vez o casamento com John

PAUL PRODUZ MARY HOPKIN

Paul escolhe "Those Were the Days" para o compacto de estréia de sua nova contratada, e ainda produz os dois lados.

COMEÇA O "ÁLBUM BRANCO"

Os Beatles vão até a casa de George gravar demos acústicas de 23 músicas compostas até então. O dia 24 é todo dedicado a essas gravações, mas muitas canções ficariam de fora dos discos do grupo, como "Child of Nature" (futura "Jealous Guy"), "Circles", "Not Guilty" e "Junk".

GRAVAÇÕES NA EMI

O dia 30 marca o início oficial do disco. John trabalha na música "Revolution 1". No final do *take* inicial, que durava mais de dez minutos, Yoko (que estava no estúdio) gravou uma série de frases loucas, que dariam origem à "Revolution 9". No dia seguinte fizeram adições à música.

O ROMANCE DE PAUL E JANE ESTÁ ACABANDO

Depois do encontro com Linda, Paul recebe uma foto ampliada dele abraçado com a filha dela, Heather.

GRAVAÇÕES EM JUNHO

Durante o mês. o grupo grava as seguintes músicas: "Revolution 1", "Don't Pass Me By", "Revolution 9", "Everybody's Got Something to Hide Except Me and My Monkey" e "Good Night".

DIVERSÃO NA AMÉRICA

Em Los Angeles, no dia 13, George e Ringo fazem uma *jam session* com David Crosby e Peter Asher na casa de Peter Tork (dos Monkees).

O ACORDO EMI – APPLE

Após muita discussão, no dia 20 fica decidido que os Beatles podem lançar seus discos pelo selo Apple, mas teriam que manter a numeração da Parlophone e a distribuição da EMI.

A MUDANÇA DA APPLE

Por não conseguir mais abrigar todas as empresas do grupo Apple no escritório da Wigmore Street, os Beatles compram, por 500 mil libras (cerca de 15 milhões de reais em valores atuais), um prédio em Saville Row, para onde se mudam no final do mês.

PAUL E LINDA, NOVAMENTE

Linda descobre onde Paul estava em Los Angeles (ele havia "fugido" para os EUA para não participar da gravação da louca "Revolution 9"), e segue para lá, direto de Nova York. Paul fica surpreso e feliz. Os dois vão juntos a uma reunião no dia 24 com altos executivos da Warner. Logo em seguida, ele retorna a Londres.

OS BEATLES NA UNIÃO SOVIÉTICA?

Um dos últimos projetos de Brian era levar os Beatles e os outros contratados da NEMS para se apresentar atrás da Cortina de Ferro. No dia 29, Vic Lewis vai até lá para discutir esse projeto. Paul estava tão animado que compôs uma música especialmente para o evento.

GRAVAÇÕES EM JULHO

São gravadas "Ob-la-di, Ob-la-da", "Revolution" (versão rápida), "Cry Baby Cry", "Helter Skelter", "Sexy Sadie", "While My Guitar Gently Weeps" e "Hey Jude".

DECLARAÇÃO DE JOHN LENNON

Após um evento em que inaugurou sua mostra de arte "You Are Here" e soltou balões com a palavra "paz", John declara publicamente seu amor por Yoko. Ele chega a dizer que não amava tanto a rainha como amava Yoko.

JOHN IRRITADO NO ESTÚDIO

Ao ter que refazer pela terceira vez a gravação de "Ob-la-di, Ob-la-da", que John já julgava perfeita, no dia 8 ele literalmente esmurra o piano, o que acaba ficando na abertura da música.

UMA NOVA "REVOLUTION"

Como a versão de "Revolution 1" era considerada muito parada, os Beatles a regravam no dia 10, de forma mais pesada e rápida, com muita distorção de guitarra (que foi ligada diretamente na mesa, o que aborreceu os técnicos, mas trouxe o efeito desejado). O músico britânico Nicky Hopkins adicionou um piano elétrico no dia 11.

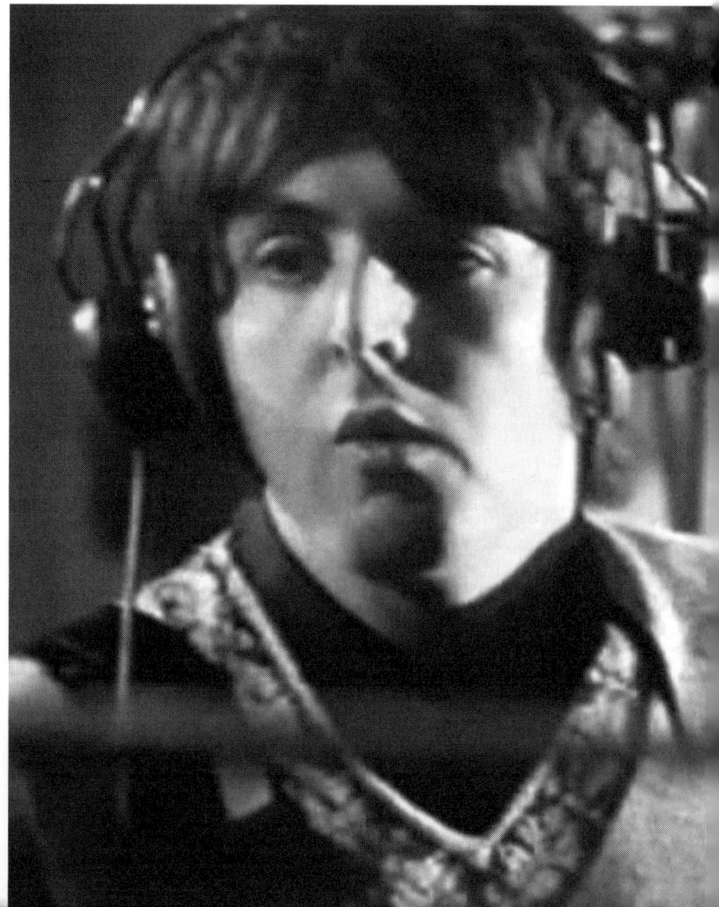

JANE FLAGRA PAUL COM UMA FÃ

Paul estava sozinho (Jane estava numa turnê teatral), e resolve ligar para Francie Schwartz, uma fã americana com quem tinha amizade. Eles começam um caso. Uma noite na casa dele, as fãs tentam avisar pelo interfone que Jane estava entrando. Ele não acreditou, mas ela realmente chegou de supresa, flagrou os dois na cama e encerrou o noivado naquele momento.

TIA MIMI CONHECE YOKO

John visita sua tia Mimi, que o criou ao lado da mãe, em Dorset e lhe apresenta Yoko.

BRIGAS NO ESTÚDIO

Na gravação de "Cry Baby Cry" no dia 16, em Abbey Road, o clima estava pesado. Os quatro Beatles se desentendiam e culpavam tudo e todos. O engenheiro de som Geoff Emerick, cansado da tensão entre o grupo, abandona os trabalhos.

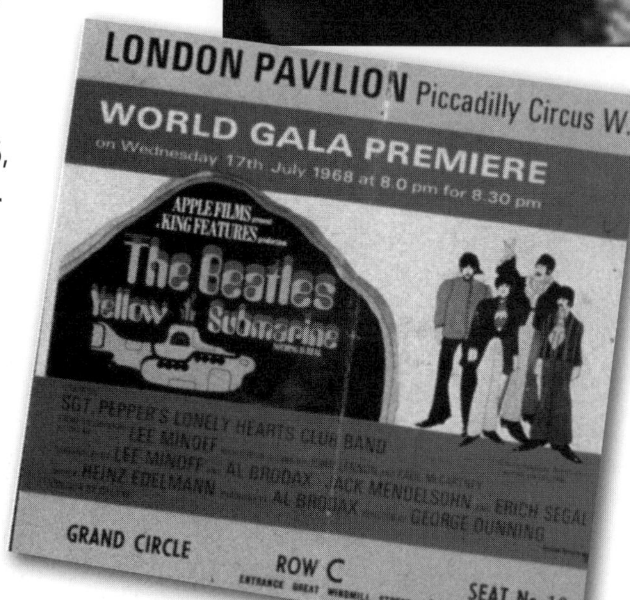

Yellow Submarine

O SUBMARINO AMARELO

No dia 17 ocorre a estréia mundial do desenho animado *Yellow Submarine*, no London Pavillion. Entre os convidados estavam Mick Jagger e Donovan. As fofocas rolavam na imprensa pelo fato de Paul estar desacompanhado. Para John, perguntavam o paradeiro de sua esposa, ao verem Yoko Ono.

JANE EMITE UM COMUNICADO

Jane Asher anuncia que seu noivado com Paul estava acabado, em uma entrevista na BBC no dia 20.

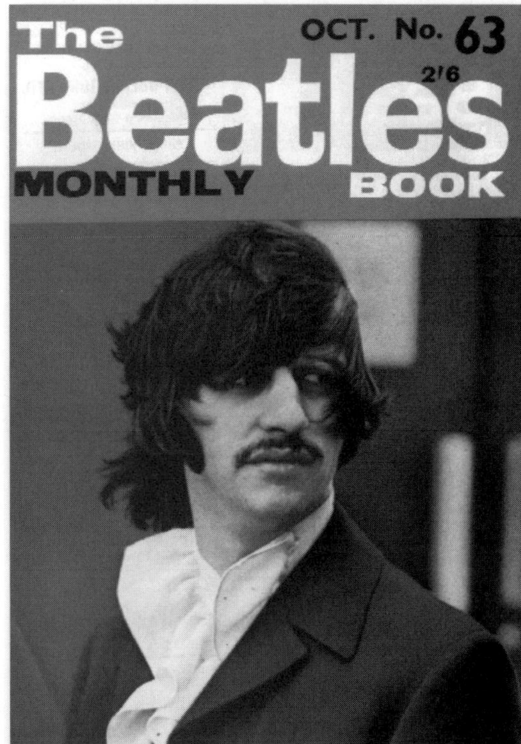

O GURU DESMASCARADO

John fez "Sexy Sadie" para externar sua decepção com o guru Maharishi. A letra original tinha muitos palavrões e foi abrandada. Mas mesmo assim, tudo o que John sentia sobre o charlatão (na opinião dele) estava ali.

UMA CANÇÃO PARA JULIAN

Paul visita Cynthia e Julian e fica tocado com a tristeza dos dois, em especial com o filho de John. Ele volta dirigindo e começa a cantar uma canção de ninar para o menino, "Hey Jules". Logo ele faria uma letra junto com John e gravaria "Hey Jude".

O "DIA LOUCO"

Dia 28 de julho se torna o "Mad Day" dos Beatles. Eles fazem diversas sessões fotográficas pela cidade, na casa de Paul e no estúdio, tudo para promover o novo disco que seria lançado em breve.

ACABA A APPLE BOUTIQUE

Depois de pegarem algumas roupas para si, os Beatles decidem doar todo o estoque para quem quisesse e fecham a loja, que estava dando muito prejuízo. Só com a doação eles perderam 20 mil libras (700 mil reais de hoje).

O COMPACTO MAIS LONGO DA HISTÓRIA

Os Beatles decidiram que gravariam o compacto mais longo já lançado no mundo. Com isso, "Hey Jude" ia ficando cada vez maior a cada *take*. Eles chegaram a ser filmados no estúdio, ensaiando a música. Para gravá-la em grande estilo, foram para o Trident Studios, onde havia uma mesa de oito canais.

PAUL CALA A GUITARRA DE GEORGE

Em "Hey Jude", George queria fazer *riffs* de guitarra a cada frase de Paul, para destacar as linhas de voz. Paul recusou a idéia e não gravou a guitarra, deixando George profundamente magoado.

GRAVAÇÕES EM AGOSTO

O grupo grava "Not Guilty", "Mother Nature's Son", "Yer Blues", "What's The New Mary Jane", "Rocky Raccoon", "Wild Honey Pie", "Back In the U.S.S.R." e "Dear Prudence".

"NOT GUILTY", DESPERDÍCIO DE TEMPO

Os Beatles gravaram mais de cem *takes* da música de George, que acabaria ficando de fora do disco.

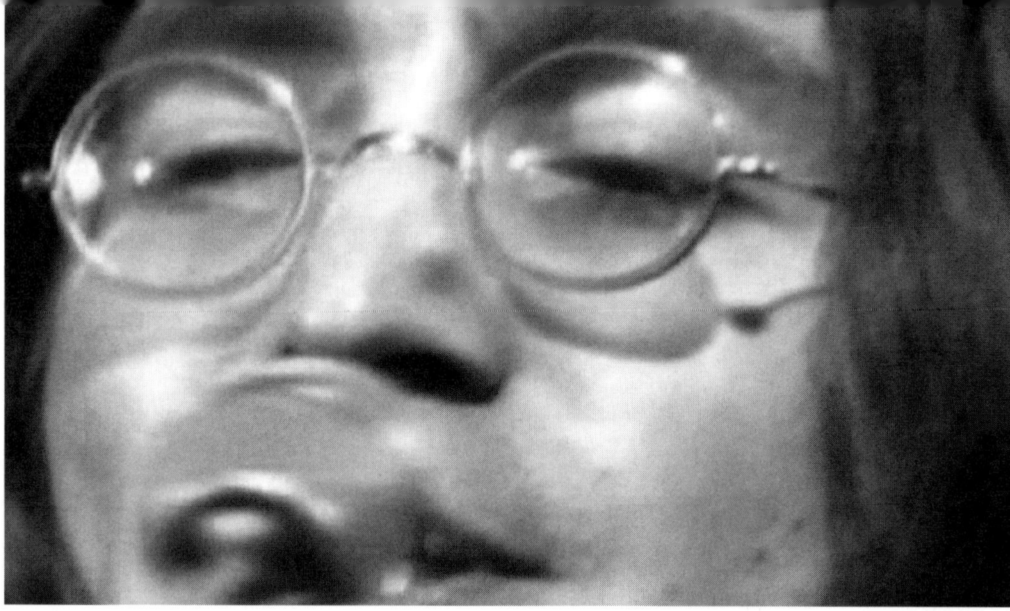

"WHAT'S THE NEW MARY JANE", OUTRO DESPERDÍCIO

George ajudou John e Yoko na gravação desse "delírio sonoro". Gritos, risadas e percussões absurdas rechearam mais uma música engavetada.

EFEITOS SONOROS

Para o novo LP os Beatles usaram desde efeitos de voz e guitarra até técnicas como gravar a bateria no corredor (para ganhar ambientação), e gravar os vocais deitados no chão, para obter um efeito "dramático" na voz.

O DIVÓRCIO DE JOHN: LAMA NO VENTILADOR

Cynthia pede o divórcio alegando traição de John com Yoko. John acusa Cynthia de traição com Alex Mardas e Roberto Bassanini, este último com quem ela se casaria anos depois.

BIOGRAFIA PIRATA

A Heinemann, editora que estava preparando uma biografia oficial dos Beatles, do escritor Hunter Davies, contata as livrarias para evitar a venda do livro concorrente *The Beatles, The Real Story*, que não era autorizado. O autor Julian Fast admitiu nunca ter se encontrado com os Beatles.

RINGO VAI EMBORA DO ESTÚDIO

Paul estava animado com a gravação de "Back in the U.S.S.R.", sua música para as mulheres soviéticas. Ele já havia mostrado a demo para os outros Beatles e achava que em cinco *takes* o trabalho estaria completo. Mas o clima dessa gravação estava esquisito. Eles ficavam refazendo todo o trabalho anteriormente gravado para depois descobrir que o primeiro estava bom. Ringo muitas vezes ficava à toa no estúdio, nunca sendo chamado. No dia 22 de agosto, ao ter suas mãos seguradas por Paul, que queria ensiná-lo como tocar em sua música, Ringo levantou-se, xingou muito e foi embora. Paul acabou gravando a bateria em "Back in the U.S.S.R.", com George na guitarra e John no baixo.

RINGO AVISA QUE VAI SAIR DOS BEATLES

Dois dias depois Ringo vai à casa de John contar que deixará o grupo. John diz que também pensava muito em fazer a mesma coisa, mas aos poucos o clima ruim acabaria se desfazendo.

HEY JUDE/REVOLUTION (APPLE R 5722)

No dia 30, cinco dias depois dos EUA, é lançado o primeiro compacto pela gravadora dos Beatles na Inglaterra. Era mais um disco com "dois lados A". "Hey Jude" era uma bela canção, com letra e arranjos fortes. Seu final apoteótico leva todos a cantar o refrão "na na na na" indefinidamente. Já "Revolution" assustou os lojistas com sua guitarra distorcida. Nunca aquele som havia sido ouvido e muitos acharam que o disco vinha com defeito. Em uma semana vendeu mais de 1 milhão de cópias.

PAUL VAI CONVERSAR COM RINGO

Já fazia cinco dias que Ringo havia saído do grupo. Paul vai até sua casa, pede desculpas e o convence a voltar. Mas ele só aparece em 5 de setembro, encontrando sua bateria toda enfeitada com flores.

The Eighteenth Single

How the Beatles recorded their new single By Mal Evans

"HEY, Jude" and "Revolution" has become the Beatles' eighteenth single, their very first to be released on their own Apple label almost five years to the day after "She Loves You", which came out at the end of August 1963.

So here are some statistics to start you off. "Revolution" was John's idea—one of the songs he started work on while he was at the Maharishi's place in India—and if you can say this recording has a lead vocalist then it must be John.

"Hey, Jude" is a more recent number, based on one of Paul's ideas, but worked on with much joint effort from both John and Paul before it reached the recording studios.

The first version of "Revolution" was put on tape more than three months ago. At that stage it lasted a little over ten minutes. If you read the July issue of *The Beatles Monthly* you will remember that there was the first exclusive report about "Revolution" in there. At one point it looked as if this might be the main side of the new single. But three further versions of "Revolution" were recorded before the Beatles were thoroughly happy about the finished production.

Work was started on Version Number Three on Tuesday, July 9. That night Ringo arrived at EMI earlier than the rest of the fellows. So he dropped in on a session in one of the other studios and did a bit of hand-clapping on a record Solomon King was making! As usual the first job was to lay down on tape the initial layers of the accompaniment. In other words to make the backing tracks. Nothing extraordinary was used in the way of instrumentation—just the normal line-up of three guitars and drums. Then, when there was a break Paul, Ringo and I trotted off to a nearby pub for toasted cheese sandwiches.

FOUR VARIATIONS

Before the end of the month there were four completed variations of "Revolution" to choose from, and it's the fourth and final one which went onto the "B"-side of the single.

Meantime there was plenty of other studio activity. Album numbers were being worked on very busily. Ringo was adding a bit of piano-playing to his own item called "Don't Pass Me By". Paul was getting going on a Calypso-type song he'd written.

SEVEN

By the end of July a total of seven recordings had been completed for the next Beatles LP album. In addition the fellows had been getting pretty involved with some of the other Apple singles. George had been supervising the recording of Jackie Lomax's "Sour Milk Sea" and "Eagle Laughs At You". Paul had been producing the Mary Hopkin single, "Those Were The Days" and "Turn, Turn, Turn". And there had been the first sessions with yet another Apple discovery, James Taylor. All this work had been done at studios we had never used before, Trident in Wardour Street. The basement studio there is just great. Large enough to give plenty of scope, but small enough to be comfortable and informal. Al-

6

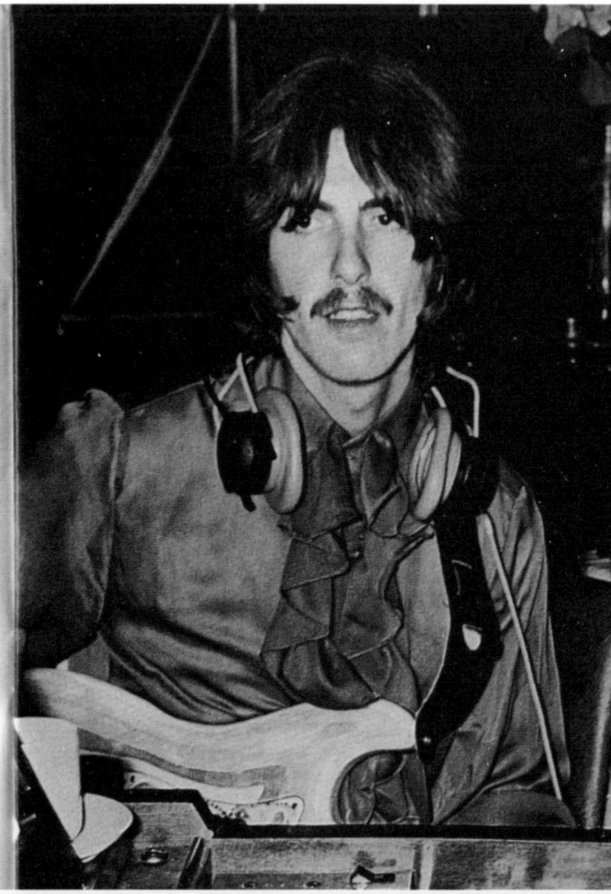

GRAVAÇÕES EM SETEMBRO

Nesse mês, a banda se dedica às gravações de "Glass Onion", "I Will", "Birthday", "Piggies" e "Happiness is A Warm Gun".

GRAVAÇÕES EM OITO CANAIS NA EMI

Finalmente os Beatles poderiam ficar direto na EMI, gravando em modernas mesas de oito canais. Foi uma exigência do grupo, cansados de tanto irem ao Trident Studios em busca do equipamento. A estréia é no dia 3, com George aprimorando sua "While My Guitar Gently Weeps".

CLIPES AO VIVO

O grupo vai aos estúdios de Twickenham no dia 4 gravar clipes para as músicas do novo disco. Como tinham que cantar ao vivo, pelas exigências do sindicato, ensaiaram muito nos dias anteriores. "Hey Jude" foi apresentada para uma platéia de 50 fãs, sendo totalmente tocada ao vivo. Já "Revolution" teve apenas os vocais ao vivo.

ERIC CLAPTON GRAVA COM OS BEATLES

George convida o amigo a gravar o solo de "While My Guitar Gently Weeps", no dia 6. Clapton fica assustado com a reação que os outros Beatles poderiam ter, mas George diz que não haveria problema.

MAGIA NEGRA NO ESTÚDIO

Durante a regravação de "Helter Skelter", no dia 9, a música já durava 27 minutos e continuava sendo refeita. Num determinado momento, Ringo gritou alegando que estava com bolhas nos dedos (e esse trecho foi usado no disco). George colocou fogo em um cinzeiro e começou a dançar com ele sobre sua cabeça, enquanto Paul gravava os vocais.

O USO DO CRAVO

George gostou do som de um cravo que estava no estúdio 1 da Abbey Road e logo adicionou o instrumento em "Piggies", de sua autoria.

PAUL E LINDA

No dia 25, após as gravações, Linda finalmente aceita o convite para passar a noite com Paul na casa deste, depois de ele passar dias telefonando.

A BIOGRAFIA AUTORIZADA

A primeira (e única) biografia autorizada pelos Beatles é lançada no dia 30: *The Beatles*, de Hunter Davies, publicada pela editora Heinemann.

OS BEATLES VOLTARÃO A SE APRESENTAR AO VIVO

É anunciado no fim do mês que os Beatles reservaram o Royal Albert Hall para shows em dezembro.

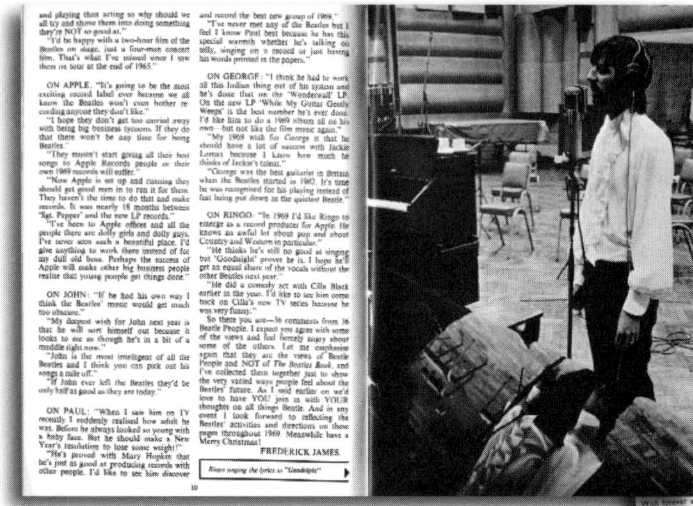

GRAVAÇÕES EM OUTUBRO

Na primeira metade do mês, o grupo grava "Honey Pie", "Savoy Truffle", "Martha My Dear", "Long Long Long", "I'm So Tired", "The Continuing Story of Bungalow Bill", "Why Don't We Do it in the Road?" e "Julia".

AS FOTOS PARA UNFINISHED MUSIC Nº 1: TWO VIRGINS, O DISCO DE JOHN E YOKO

Após convencer os Beatles a permitir que ele lançasse seu disco experimental com Yoko, John também conseguiu a aprovação para a capa, com os dois nus! Eles fizeram as fotos usando uma câmera automática.

YOKO GRAVA COM OS BEATLES

Durante a gravação de "The Continuing Story of Bungalow Bill", no dia 8, Yoko canta uma frase inteira, além de tocar o teclado eletromecânico polifônico mellotron. Maureen Starkey também contribui para os vocais.

OS BEATLES GRAVAVAM EM TRÊS ESTÚDIOS AO MESMO TEMPO

Como cada um estava empenhado em suas próprias músicas, em alguns dias de outubro os estúdios 1, 2 e 3 da Abbey Road estavam sendo usados pelos Beatles, individualmente.

JOHN E YOKO PRESOS

Encerradas as gravações do disco, dia 18, John e Yoko são presos por posse de drogas no flat de Ringo, em Montague Square. As fotos da prisão seriam usadas na contracapa do próximo LP. John acabou assumindo a posse da maconha (que, na verdade, ele nem sabia que estava ali), para evitar problemas com Yoko, que era estrangeira e estava grávida.

YOKO GRÁVIDA

O casal anuncia na imprensa no dia 25 que o bebê nasceria no próximo ano. Muitas fãs não aceitavam o fato de John estar com uma "japonesa horrível".

LINDA MUDA-SE PARA A CASA DE PAUL

Após passar o mês registrando as gravações do disco dos Beatles, Linda Eastman se muda para Londres com Paul, após buscarem sua filha Heather em Nova York.

WONDERWALL (APPLE SAPCOR 1)

O disco de George com a trilha sonora do filme *Wonderwall* é lançado no dia 1º de novembro. Só havia músicas instrumentais, o que frustrou muitos fãs. Mesmo assim, a trilha é bastante interessante.

GEORGE E O SINTETIZADOR MOOG

George apaixona-se pela música eletrônica e pelo instrumento que lhe foi apresentado pelo músico Bernie Krause. Logo ele grava uma longa faixa instrumental, "No Time or Space", para uso futuro.

YOKO INTERNADA

Por conta de complicações na gravidez, Yoko é internada e fica no hospital por quase um mês. O casal grava música experimental no quarto, e John dorme ao lado de Yoko em um saco de dormir.

OS SHOWS DOS BEATLES MUDAM DE LUGAR

É noticiado que os Beatles tocariam no Roundhouse, junto com Mary Hopkin e Jackie Lomax, em dezembro. A idéia de Paul era fazer o grupo voltar às suas raízes: o palco.

UNFINISHED MUSIC Nº 1: TWO VIRGINS (APPLE SAPCOR 2)

O controverso disco de John e Yoko é lançado nos Estados Unidos no dia 11 de novembro e na Inglaterra no dia 29. A capa e a contracapa traziam os dois nus de frente e de costas. O disco vinha dentro de um envelope pardo e não era distribuído pela EMI na Inglaterra, e sim pela Track Records. Nos EUA, a Capitol também se recusou, e o serviço foi efetuado pela Tetragrammaton. Não havia músicas e sim ruídos experimentais.

YOKO PERDE O BEBÊ

No dia 21 Yoko aborta seu bebê. John havia gravado os batimentos do coração e então gravava dois minutos de silêncio. Tudo iria para o próximo disco da dupla.

THE BEATLES (APPLE PCS 7067/8)

O famoso *Álbum Branco* é lançado dia 22 na Inglaterra. A primeira edição era numerada e o nome do grupo vinha em alto-relevo, numa capa imaculadamente branca. Depois da badaladíssima capa de *Sgt Pepper's*, o grupo optou pela simplicidade total. O disco duplo (uma novidade na música pop) era adornado apenas por quatro fotos dos músicos em sua capa interna e quatro ampliações coloridas das mesmas fotos, alem de um pôster repleto de colagens de imagens do grupo desde os tempos de Liverpool e as letras. Um disco que poderia ter sido simples, recheado de clássicos dos Beatles, mas infelizmente trouxe algumas bobagens, que evidenciavam o individualismo dos quatro e a evidente e iminente dissolução da banda.

O JULGAMENTO DE JOHN

John é julgado culpado pela posse de maconha e é multado em 150 libras (aproximadamente 5 mil reais de hoje), condenação que dificultaria mais tarde a obtenção de seu visto para morar nos EUA.

OS SHOWS SÃO ADIADOS

A pedido de Paul, a Apple informa que os shows dos Beatles seriam adiados para depois do Natal, pois ele visava à gravação de um especial de TV com uma hora de duração. Os shows seriam beneficentes e a idéia do grupo era fechar a década de 60 de maneira espetacular, assim como trazer o grupo de volta às raízes (*Get Back*, como ficaria conhecido o projeto da volta dos Beatles aos palcos). Os planos passaram então a ser um único show, em janeiro.

A MENSAGEM DE NATAL

Como cada Beatle estava em um lugar diferente, as mensagens de Natal para o fã-clube foram gravadas separadamente. Mas só a de George era animada. Os outros foram econômicos nas brincadeiras.

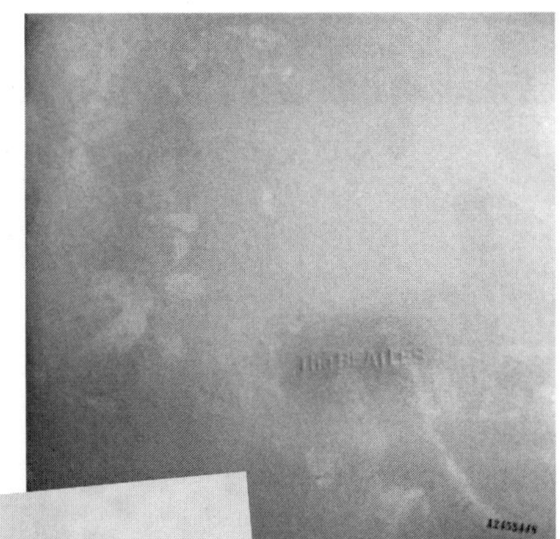

A CASA DE JOHN É POSTA À VENDA

Com o divórcio, a casa de Weybridge é colocada à venda. John grava um filme de despedida, cantando e tocando "Everybody Had a Hard Year" nos jardins. A música seria usada em gravações futuras. John inclusive já tinha composto várias canções novas, como "Don't Let Me Down", "Look at Me", "Oh My Love" e "Dig a Pony".

JOHN E YOKO NO ROCK AND ROLL CIRCUS DOS ROLLING STONES

O casal aceita participar do especial de TV que os Stones filmariam. No dia 11 de dezembro, ele toca ao vivo "Yer Blues", com Keith Richards no baixo, Eric Clapton na guitarra solo e Mitch Mitchell na bateria.

UM NATAL-BEATLE

Uma festa para os filhos dos empregados da Apple ocorre no dia 23. John e Yoko aparecem vestidos de Papai Noel e distribuem presentes para as crianças. E o clube americano de motoqueiros Hell's Angels, de visita à Inglaterra, é convidado por George a ficar na Apple. Foi uma cena bizarra.

OS PLANOS PARA 1969

Em uma reunião na Apple no dia 27, os Beatles traçam os planos para o próximo ano. As filmagens para o especial de TV, feitas por Michael Lindsay-Hoog, iam começar já em janeiro, durante os ensaios para o show, marcado para o dia 18.

1969

As brigas no estúdio recomeçam

OS BEATLES VOLTAM ÀS SUAS RAÍZES

O histórico concerto no telhado da Apple

GEORGE SAI DO GRUPO

JOHN CRIA A PLASTIC ONO BAND

Abbey Road – o último disco dos Beatles

John lança vários discos e sai do grupo

Allen Klein vs. Lee Eastman

Os discos de Ringo e Paul

NO BRASIL

Roberto emplaca "As Curvas da Estada de Santos"

Erasmo grava a bela "Sentado à Beira do Caminho"

Os Golden Boys são destaque com "Casaco Marrom"

Caetano Veloso e Gilberto Gil vão para o exílio, mas deixam os sucessos "Atrás do Trio Elétrico", "Irene" e "Aquele Abraço"

Os Mutantes fazem sucesso com "Ando Meio Desligado"

Jorge Ben domina as paradas com "País Tropical"

Pelé marca o milésimo gol

Morre o general Costa e Silva. Uma junta assume o governo do País

Em seguida, sobe ao poder o general Médici

ONDE FAZER O NOVO SHOW?

Primeiro eles escolheram o Roundhouse, em Londres, e chegaram a reservar o local duas vezes. Depois mudaram de idéia, pensando numa barcaça sobre o rio Tâmisa (idéia de Denis O'Dell).

OS BEATLES COMO UNIDADE NÃO EXISTEM MAIS

Os planos de Paul para o especial de TV não tiveram total aprovação dos outros três Beatles: John preferia acabar logo com o grupo; George não estava a fim de fazer o trabalho e Ringo avisou que faria qualquer coisa, mas iniciaria as filmagens de *The Magic Christian* em fevereiro.

COMEÇAM OS ENSAIOS

Mesmo sem saber onde (e se) fariam o show, começam os ensaios no Twickenham Studios. Eles concordaram em filmar todo o processo de composição e ensaio das novas músicas. Só musicas inéditas seriam apresentadas no show, mudando a idéia de tocarem músicas do "Álbum Branco" e alguma antigas.

VOLTAM OS PROBLEMAS

As feridas das gravações em 1968 mal haviam se curado e o grupo já colocava sal sobre elas. John estava sempre chapado e Yoko era sua porta-voz. Paul mandava em tudo e irritava George. Este tinha suas novas músicas ignoradas pelos outros. E Ringo não ligava para nada.

NENHUMA EDIÇÃO OU ADIÇÃO

Ao decidirem pelo projeto *Get Back*, os Beatles, principalmente John, desautorizam George Martin a editar ou adicionar qualquer instrumento ou voz nas músicas gravadas. Nem mesmo o engenheiro de som Geoff Emerick, que sempre trabalhou com Martin, seria usado. Eles preferiram Glyn Johns. Além disso, Martin também estava sendo dispensado da produção, e quem operava as fitas era o jovem Alan Parsons.

NOVO LOCAL PARA O CONCERTO

Descartando o Roundhouse, o diretor Michael Lindsay-Hogg sugere um anfiteatro romano em Trípoli, na costa da África, por causa do frio em Londres. Lá, eles teriam o calor natural. E seria a maior de todas as suas loucuras: começariam o show ao entardecer, com a arena vazia. Depois começariam a entrar as pessoas de todas as raças, cores e credos.

HORAS DE FILMAGEM

Entre os dias 2 e 15 de janeiro o grupo ensaia as novas composições, bem como tocam vários clássicos do rock e até mesmo antigas canções deles. Tudo para o show planejado por Paul.

AS MÚSICAS GANHAM FORMA

As novas músicas iam sendo moldadas e os arranjos começavam a agradar: "Don't Let Me Down", "Dig a Pony", "All Things Must Pass", "Let it Down", "I've Got a Feeling", "On The Road to Marrakesh", "Two of Us", "Let it Be", "Taking a Trip To Carolina", "Picasso", "One After 909", "Gimme Some Truth", "Maxwell's Silver Hammer", "Oh! Darling", "Hear Me Lord", "Carry That Weight", "Octopus's Garden", "She Came In Throught the Bathroom Window", "Golden Slumbers", "Get Back", "The Long and Winding Road", "For You Blue"... Mas com o correr dos dias...

DIAS DE BRIGAS

Logo o grupo começa a brigar, por diversas razões: o fato de começarem a trabalhar cedo, a presença de câmeras filmando absolutamente tudo o que era dito e/ou cantado, a falta de entusiasmo na maioria do tempo, a presença constante de Yoko ao lado de John (muitas vezes falando por ele), a frustração de George ao ver suas músicas sendo ignoradas ou estragadas pela dupla Lennon e McCartney... tudo isso contribuiu para o clima voltar a pesar.

CRONOLOGIA DAS BRIGAS

Já no terceiro dia de ensaios, George e Ringo perdem o entusiasmo pelo show. No quarto dia, Paul e George discutem abertamente pela forma de este tocar em uma música de Paul. E John alheio a tudo, apenas pensando e vivendo para Yoko, e chegando sempre chapado de heroína.

SEM SHOW NA ÁFRICA

O concerto na África é descartado. E mais músicas novas eram compostas e apresentadas: "I Me Mine", "Mean Mr. Mustard", "Her Majesty", "Suzy's Parlour", "Teddy Boy", "Junk"...

NOVAS BRIGAS

O grupo tenta se focar no show e em tocar bem, mas o descontentamento com a apatia de John (entendam-se "viagens diárias de heroína") leva a uma grande discussão entre ele e George no almoço do dia 10. Ao voltar ao estúdio, George larga a guitarra e diz que vai indo embora, sugerindo que coloquem um anúncio no jornal buscando outro guitarrista.

OS BEATLES E YOKO?

Durante toda a tarde, o restante do grupo fica improvisando com Yoko, que estava sentada no lugar de George. Gritos, gemidos, microfonias, distorções e muito pouca música foram as atividades filmadas.

JOHN E YOKO

No dia 13 apenas Ringo e Paul estavam em Twickenham, e a conversa girou em torno de Yoko e os danos causados por ela em John e no grupo. Não havia briga entre Paul e George, apenas divergência de opinião. O medo de todos era que, se proibissem a presença dela nos ensaios, John simplesmente saísse do grupo. Foi decidido que uma reunião no final de semana definiria o futuro da banda.

O FUTURO DOS BEATLES

Os quatro resolvem suas diferenças (pelo menos por um tempo) e decidem cancelar o show, gravar um disco com o material ensaiado e mudar as filmagens para o estúdio da própria Apple, que já estava montado... estava?

YELLOW SUBMARINE (APPLE PCS 7070)

A trilha sonora do desenho animado dos Beatles sai no dia 17. Um lado trazia composições do grupo e o outro, orquestrações de George Martin. As quatro músicas inéditas foram gravadas em 1967 e 1968, e teriam sido mais bem aproveitadas em um compacto duplo. Mas esse disco teve sua importância na carreira do grupo, pela inovação trazida pelo desenho animado. Como sempre, os Beatles estavam à frente de seu tempo, mesmo lançando músicas gravadas quase dois anos antes.

A APPLE EM CRISE

John declara à revista *Disc and Music Echo* que, se a situação da Apple continuar como está, a empresa quebraria em seis meses.

O ESTÚDIO DA APPLE

Idealizado pelo louco amigo grego de John, "Magic Alex" (Alexis Mardas) – cujos sonhos absurdos o grupo comprava – o estúdio da Apple simplesmente não funcionava. Não havia furos na parede para passar os cabos da sala de controle para dentro do estúdio. George Martin teve que trazer gravadores e mesas da EMI, pois nada ali funcionava.

A PRODUÇÃO DO FILME

Na mudança para a Apple foi decidido que o especial de TV *Beatles at Work* iria virar um filme, que se chamaria, assim como o disco, *Get Back*. O diretor Michael Lindsay-Hogg respirou aliviado em não perder tudo o que já havia sido filmado.

FILME E GRAVAÇÕES

Entre os dias 22 e 31 de janeiro, os Beatles ensaiam e gravam na Apple. O humor mudou, até porque George trouxe o tecladista Billy Preston para enriquecer os arranjos, mantendo o projeto inicial de não fazerem *overdubs* nas músicas e tocar tudo ao vivo. E a presença no estúdio de uma pessoa de fora ajudava todos a se comportarem.

REFINANDO O SHOW

Cada dia de trabalho era focado em aperfeiçoar as músicas para o show, geralmente três por dia. Assim, o repertório ia ficando evidente: "Get Back", "I've Got a Feeling", "Dig a Pony", "Two of Us", "Let it Be", "For You Blue", "The Long and Winding Road", "Don't Let Me Down" e "One After 909".

MÚSICAS DE SOBRA

Muitas músicas foram gravadas e filmadas na Apple, como "Teddy Boy", "Dig it", "Every Night", "Isn't a Pity, "Octopus's Garden", "Maxwell's Silver Hammer", "Let it Down", "Old Brown Shoe", "Something", "I Want You" e "All Things Must Pass".

O CONCERTO VIRA UM SHOW NO TELHADO

Como a idéia não era mais fazer um show, mas permanecia o projeto de tocarem diante das câmeras, Paul começa a convencer a todos para tocarem no telhado da Apple. O dia 30 foi escolhido, bem na hora do almoço, para garantir a diversão.

O HISTÓRICO CONCERTO NO TELHADO

Após três anos, os Beatles estavam tocando ao vivo. O repertório foi: "Get Back", "Don't Let Me Down", "I've Got a Feeling", "The One After 909", "Dig a Pony" e novamente "I've Got a Feeling", "Don't Let Me Down" e "Get Back". Os 42 minutos do show foram gravados para o lançamento em disco e filmados de diversos ângulos para o documentário.

CAOS NO CENTRO DE LONDRES

Ventava muito e fazia frio em cima do telhado. Vários funcionários das empresas próximas ouviam as músicas e iam se aglomerando nas ruas em torno da Apple. Pelos telhados, vários curiosos se aproximavam. Com o tumulto instaurado na rua, os banqueiros locais chamaram a policia para encerrar a balbúrdia. Os Beatles queriam sair presos, pois seria o clímax para o filme, mas isso não ocorreu.

O CONCERTO NO ESTÚDIO

Músicas que não puderam ser tocadas no telhado foram filmadas e gravadas no estúdio da Apple: "Two of Us", "The Long and Winding Road" e "Let it Be". Como esperado, George não apresentou nenhuma de suas canções.

RINGO, ASTRO DE FILME NOVAMENTE

Entre fevereiro e maio, Ringo filma *The Magic Christian*, contracenando com Peter Sellers.

ALLEN KLEIN E LEE EASTMAN, A BRIGA PELOS BEATLES

É anunciado que Klein seria o novo empresário dos Beatles, e que Eastman, junto com seu filho John, respectivamente sogro e cunhado de Paul, seriam consultores jurídicos do grupo. Logo começariam as desavenças entre Klein e Eastman e entre John e Paul.

GEORGE FINALIZA SEU DISCO ELETRÔNICO

Entre os dias 16 e 21 de fevereiro, após a cirurgia que extraiu suas amídalas, George gravou *Under the Mersey Wall*, que seria um dos lados de seu segundo LP.

NO ESTÚDIO NOVAMENTE

Finalizado o projeto *Get Back*, os Beatles voltam a gravar as músicas que ficaram de fora. Pode-se dizer que um novo LP ganharia forma. Eles usaram o Trident Studios, porque a Apple estava em reforma e eles queriam estúdios independentes. Gravaram "I Want You", de John, no dia 22.

SOZINHO NO ESTÚDIO

No seu aniversário em 25 de fevereiro, George vai para Abbey Road e grava três músicas onde cantou e tocou violão e piano: "All Things Must Pass", "Something" e "Old Brown Shoe". Seriam demos para os outros Beatles escutarem e terem uma idéia como ele queria que as músicas soassem.

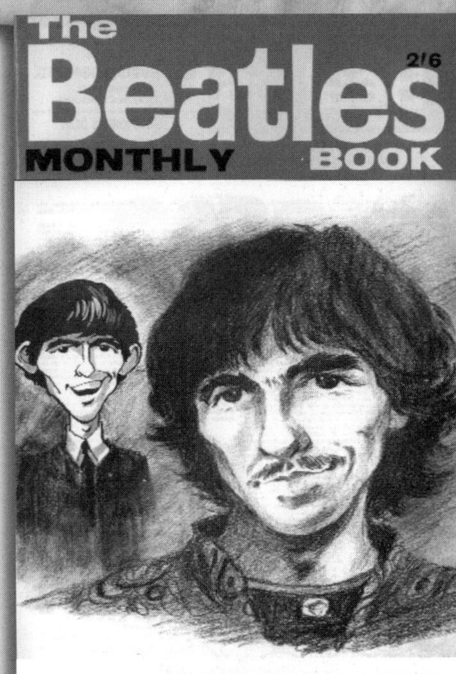

JOHN E YOKO AO VIVO

No dia 2 de março, tocando para 500 pessoas na Universidade de Cambridge, estão Yoko, gritando e urrando, e John, fazendo microfonias na guitarra. O resultado seria gravado e ocuparia todo o lado A do LP seguinte da dupla.

UM BEATLE SE CASA

Com a inesperada gravidez de Linda, Paul decide-se pelo óbvio. Ela não queria, pois havia tido uma péssima experiência com casamento, mas cedeu. No dia 12 de março, eles casam-se no cartório de Marylebone, em meio a um tumulto causado pelas fãs.

ALLEN KLEIN COMEÇA A TRABALHAR

A primeira tarefa de Klein é livrar os Beatles do contrato com a NEMS, do falecido Brian Epstein. A empresa não oferecia mais nenhum serviço ao grupo, mas ficava com 25% de seus lucros.

OUTRO VAI PRESO

No mesmo dia do casamento de Paul, George e Pattie são presos por porte de maconha, numa autoritária batida policial em sua casa. A fiança é de 250 libras, ou pouco mais de 8 mil reais em valores atuais.

QUEDAS DE VENDAS? NOVO PRODUTO À VISTA

Com as fracas vendas do LP *Yellow Submarine*, a Apple cogita lançar as quatro músicas inéditas do lado A com "Across the Universe" como bônus. O disco nunca saiu.

MAIS UM BEATLE SE CASA

Em 20 de março, é a vez de John se casar. Ele e Yoko vão para Gibraltar, registrando tudo para uso futuro.

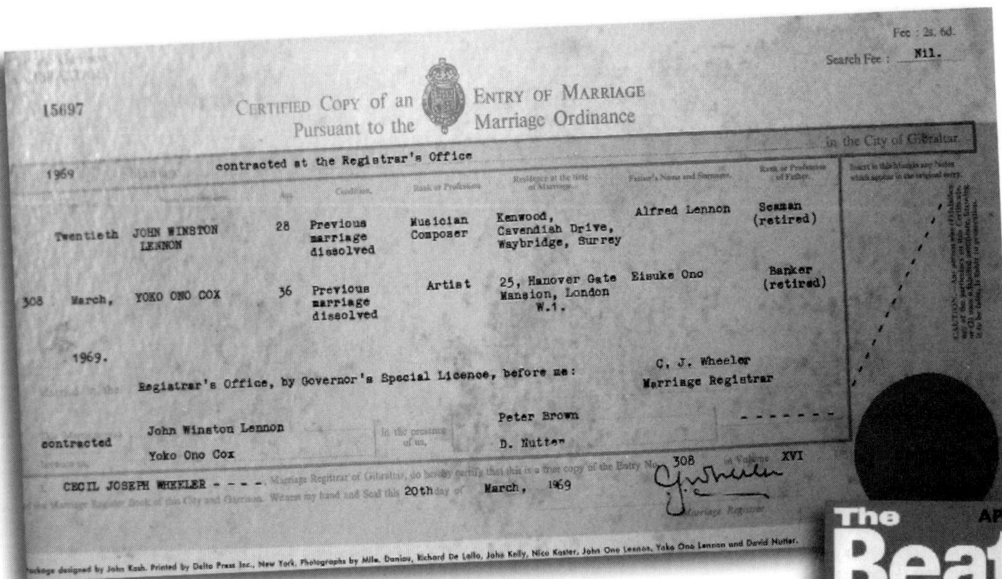
Fee : 2s. 6d.
Search Fee : Nil.
15697
CERTIFIED COPY of an ENTRY OF MARRIAGE
Pursuant to the Marriage Ordinance
in the City of Gibraltar.
1969 contracted at the Registrar's Office

308	Twentieth March, 1969.	JOHN WINSTON LENNON	28	Previous marriage dissolved	Musician Composer	Kenwood, Cavendish Drive, Waybridge, Surrey	Alfred Lennon	Seaman (retired)
		YOKO ONO COX	36	Previous marriage dissolved	Artist	25, Hanover Gate Mansion, London W.1.	Eisuke Ono	Banker (retired)

Registrar's Office, by Governor's Special Licence, before me: C. J. Wheeler Marriage Registrar
contracted John Winston Lennon / Yoko Ono Cox — In the presence of us, Peter Brown / D. Nutter
CECIL JOSEPH WHEELER - - - - 308 XVI 20th March, 1969
Package designed by John Kosh. Printed by Delta Press Inc., New York. Photographs by Mlle. Daniau, Richard De Lello, John Kelly, Nico Koster, John Ono Lennon, Yoko Ono Lennon and David Nutter.

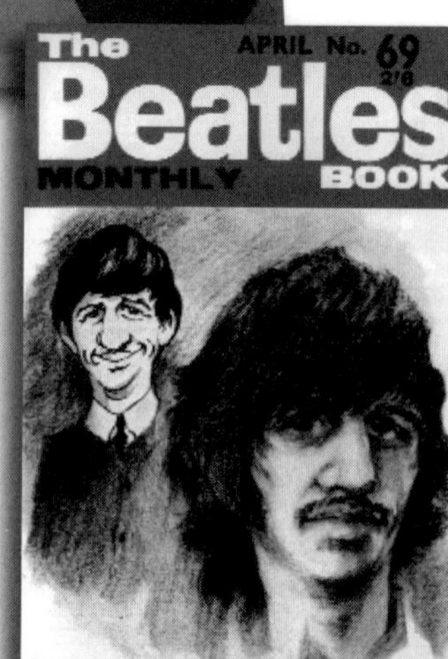

PROBLEMAS À VISTA

Alheios ao que se passava ao seu redor, os Beatles não tomaram conhecimento que Dick James vendera todas as suas cotas da Northern Songs, a editora que cuidava dos direitos autorais da banda, para Sir Lew Grade, dono da rede de televisão ATV. Com isso, ele passou a deter 37,5% das cotas.

COMEÇA A CAMPANHA PELA PAZ

A lua-de-mel do casal Lennon foi no Hilton, de Amsterdã. Do quarto onde se hospedaram, eles deram uma série de entrevistas na cama para jornalistas do mundo todo (chamadas de *Bed-ins for Peace*), pregando a paz.

GET BACK/DON'T LET ME DOWN (APPLE R 5777)

Um novo compacto é lançado dia 11 de abril. George Martin não figurou nos créditos como produtor, pois as remixagens foram feitas por Glyn Johns e Paul. Este foi o primeiro compacto do grupo nos EUA em estéreo.

BRIGAS CONTÁBEIS

Os Beatles recusam a oferta da ATV para comprar suas cotas da Northern Songs e passam a tentar comprar as cotas dos minoritários, buscando reaver o controle da empresa.

JOHN E PAUL SOZINHOS NO ESTÚDIO

No dia 14 de abril, apenas os dois velhos parceiros gravam uma nova canção de John, onde ele canta suas aventuras desde o casamento em Gibraltar até as *Bed-ins*. Eles trabalharam novamente com George Martin e Geoff Emerick. John cantou e tocou todas as guitarras e violões. Paul tocou baixo, bateria, piano, maracas e ajudou nos vocais.

BEATLES JUNTOS NO ESTÚDIO

Dois dias depois, o grupo estava de volta à Abbey Road. Gravaram "Old Brown Shoe", de George, para o lado B do novo compacto. Aproveitaram e gravaram uma primeira versão de "Something", também de George. Eles também gravam "I Want You", "Oh! Darling" e "Octopus's Garden".

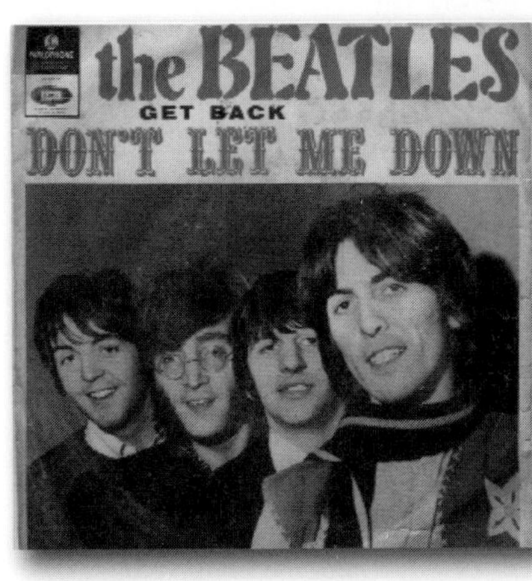

JOHN MUDA DE NOME E YOKO FUNDA SUA EMPRESA

Yoko funda a Bag Productions, no dia 21. No dia seguinte, numa cerimônia no terraço da Apple, John Winston Lennon muda seu nome para John Ono Lennon.

MAIS UMA TENTATIVA EM SALVAR O CONTROLE DE SUAS MÚSICAS

Num arranjo contábil com o banqueiro Henry Ansbacher, os Beatles iriam comprar as cotas dos minoritários por 2 milhões de libras (cerca de 70 milhões de reais em valores de hoje). Como garantia, as cotas já em poder do grupo, mas Paul recusou-se a empenhar as suas.

ADIÇÕES EM LET IT BE E NOVAS GRAVAÇÕES

O solo de "Let it Be" é regravado, e novos vocais são feitos em "You Know My Name", música de 1967. No dia 2 de maio, "Something" é totalmente refeita, com Billy Preston ao piano.

OS BEATLES PERDEM A NORTHERN SONGS

No dia 5 a ATV assume o controle majoritário da editora das música dos Beatles, ao adquirir as cotas dos minoritários. John e Paul ficam desesperados.

ALLEN KLEIN GANHA MAIS PODER

John, George e Ringo nomeiam a empresa Abkco, de Klein, como responsável pelos negócios dos Beatles, ganhando 20% de comissão nos royalties. Paul votou contra, mas foi vencido. Começa o fim do grupo.

UNFINISHED MUSIC Nº 2: LIFE WITH THE LIONS (ZAPPLE 01)

No dia 9 de maio é lançado o segundo disco da dupla John e Yoko trazendo sons experimentais, o batimento do bebê na barriga de Yoko e a performance em Cambridge. É o primeiro lançamento do selo Zapple, uma subsidiária experimental da Apple.

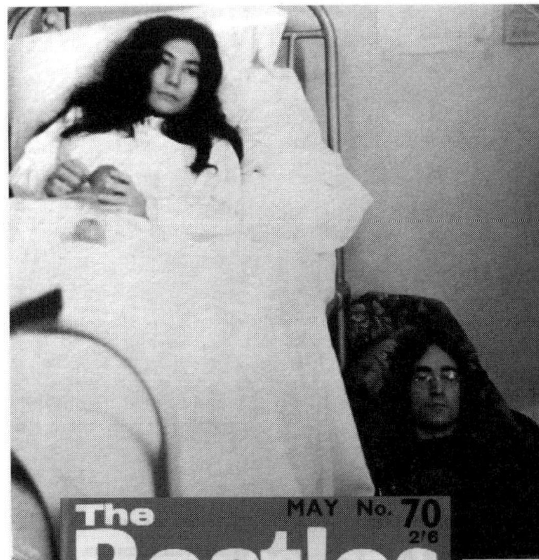

ELECTRONIC SOUNDS (ZAPPLE 02)

O segundo disco solo de George, trazendo exclusivamente sons gravados com seu sintetizador, é lançado no mesmo dia do de John. São apenas duas músicas (instrumentais) nos dois lados do vinil. Foi o segundo (e último) lançamento da Zapple.

MAIS BED-INS PELA PAZ

Entre 26 de maio e 2 de junho, John e Yoko ficaram na cama do Hôtel Reine-Elizabeth, em Quebec, no Canadá. Muitas entrevistas, discussões e a certeza de que sua mensagem de paz estava sendo disseminada.

THE BALLAD OF JOHN AND YOKO/OLD BROWN SHOE (APPLE R 5786)

O compacto que traz as aventuras do casal Lennon e "Old Brown Shoe", uma composição de George recusada no projeto *Get Back*, sai no dia 30 de maio. John estava com muito medo de um trecho da música ("They're gonna crucify me", "Eles vão me crucificar"), e pediu para que ela não fosse distribuída para as rádios antes do lançamento. Ele não queria mais problemas envolvendo religião. Foi o primeiro compacto em estéreo dos Beatles na Inglaterra.

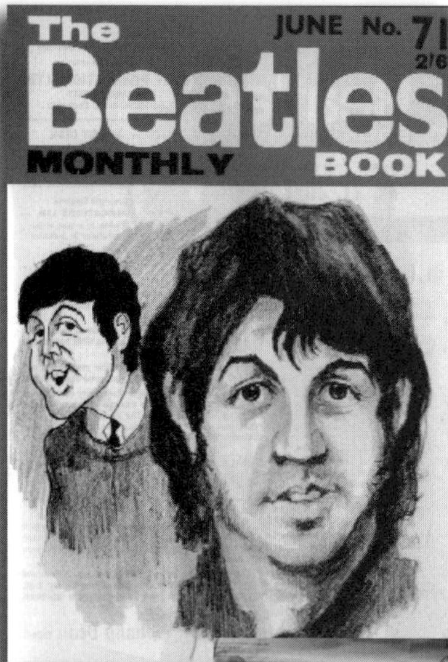

DÊ UMA CHANCE À PAZ

O hino pela paz de John, "Give Peace A Chance", é gravado ao vivo em um quarto do hotel no dia 1º de junho. E para agradecer a participação de Paul em "The Ballad of John and Yoko", ele creditou a autoria da música a Lennon-McCartney.

LP GET BACK

Após meses de trabalho, Glyn Johns apresenta um disco pronto para lançamento. A capa trazia uma foto do grupo parodiando a capa de seu primeiro LP. O repertório era: "The One After 909" (gravada no telhado em 30 de janeiro), "Rocker" (gravada em estúdio no dia 22 de janeiro), "Save the Last Dance for Me" (dia 22), "Don't Let Me Down" (dia 22), "Dig a Pony" (dia 24), "I've Got a Feeling" (dia 24), "Get Back" (dia 28), "For You Blue" (dia 25),"Teddy Boy" (dia 24), "Two of Us" (dia 24), "Maggie Mae" (dia 24), "Dig it" (dia 26), "Let it Be" (dia 31 de janeiro mais solo do dia 30 de abril), " The Long and Winding Road" (dia 31) e "Get Back reprise" (dia 28). Contudo, o disco não seria lançado de imediato.

BEATLES E ROLLING STONES AO VIVO?

No dia 30 de maio, a Apple desmente que os dois grupos tocariam juntos no show dos Stones no Hyde Park. As especulações provavelmente surgiram com os ensaios que os Stones fizeram no estúdio da Apple no final de maio.

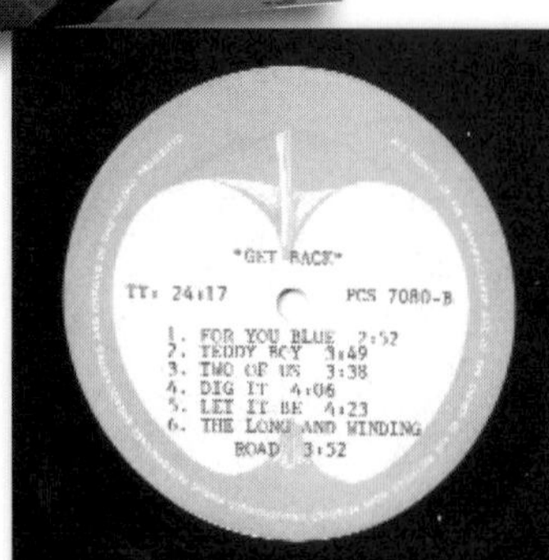

ACIDENTE DE CARRO

John (dirigindo sem óculos), Yoko, Julian e Kyoko, filha do relacionamento de Yoko com o músico de Jazz Anthony Cox, sofrem um acidente de carro no dia 1º de julho. John e Yoko ficam hospitalizados até o dia 6.

O INÍCIO OFICIAL DE ABBEY ROAD

Paul conversa com George Martin e diz que eles desejam gravar como antigamente, ou seja, com *overdubs*, edições e quaisquer arranjos que o produtor desejar. Ainda sem título, o novo disco começa a ser gravado em 1º de julho, sem a presença de John. Até o dia 8 eles gravam "You Never Give Me Your Money", "Her Majesty", "Golden Slumbers/Carry that Weight" e "Here Comes the Sun".

GIVE PEACE A CHANCE/REMEMBER LOVE (APPLE 13)

No dia 3 de julho é lançado o primeiro disco da Plastic Ono Band, de John e Yoko, trazendo "Give Peace a Chance", um hino que seria cantado por anos e anos, em busca de uma paz que não chega nunca.

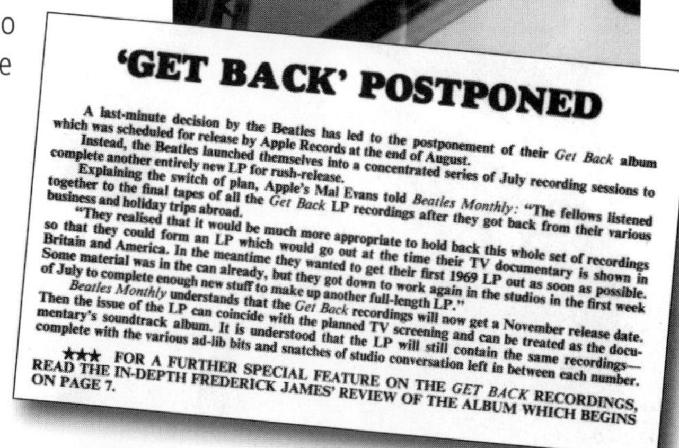

'GET BACK' POSTPONED

A last-minute decision by the Beatles has led to the postponement of their *Get Back* album which was scheduled for release by Apple Records at the end of August.

Instead, the Beatles launched themselves into a concentrated series of July recording sessions to complete another entirely new LP for rush-release.

Explaining the switch of plan, Apple's Mal Evans told *Beatles Monthly*: "The fellows listened together to the final tapes of all the *Get Back* LP recordings after they got back from their various business and holiday trips abroad.

"They realised that it would be much more appropriate to hold back this whole set of recordings so that they could form an LP which would go out at the time their TV documentary is shown in Britain and America. In the meantime they wanted to get their first 1969 LP out as soon as possible. Some material was in the can already, but they got down to work again in the studios in the first week of July to complete enough new stuff to make up another full-length LP."

Beatles Monthly understands that the *Get Back* recordings will now get a November release date. Then the issue of the LP can coincide with the planned TV screening and can be treated as the documentary's soundtrack album. It is understood that the LP will still contain the same recordings—complete with the various ad-lib bits and snatches of studio conversation left in between each number.

★★★ FOR A FURTHER SPECIAL FEATURE ON THE *GET BACK* RECORDINGS, READ THE IN-DEPTH FREDERICK JAMES' REVIEW OF THE ALBUM WHICH BEGINS ON PAGE 7.

JOHN EASTMAN CRITICA ALLEN KLEIN

Numa dura carta dirigida aos Beatles, o cunhado de Paul critica Klein pela maneira como estava conduzindo os acordos financeiros do grupo.

JOHN DE VOLTA ÀS GRAVAÇÕES

Entre os dias 9 e 31, os quatro Beatles gravam "Maxwell's Silver Hammer", "Oh! Darling", "Octopus"s Garden", "Come Together", "The End", "Sun King", "Mean Mr. Mustard", "Polythene Pam" e "She Came in Through the Bathroom Window".

PAUL PRODUZ O THE IVEYS

Com John na mesa de controle, no dia 24 Paul grava sozinho todos os instrumentos da música "Come and Get it" e a envia para o grupo The Iveys fazer a sua gravação. Ele logo mudaria o nome da banda para Badfinger. O disco chegaria ao quarto lugar na parada de sucessos.

THE OFFICIAL Beatles FAN CLUB

National Secretary FREDA KELLY

THE OFFICIAL BEATLES FAN CLUB P.O. BOX No. 1 LIVERPOOL 1

OCTOBER NEWSLETTER

IN THE STUDIO

by FREDERICK JAMES

An up-to-date report on all the recent Beatle recording activities

AS ULTIMAS GRAVAÇÕES DO NOVO DISCO

Em agosto os Beatles ainda gravam "Because" e "I Want You" e o LP é finalizado.

O USO DO MOOG

Em 1968 George havia comprado um sintetizador Moog e gravado um disco experimental com ele. Naquele momento, ele usava o "brinquedo" em um disco dos Beatles. Ele tocou em "Because" e "Here Comes the Sun". Paul usou em "Maxwell's Silver Hammer" e John em "I Want You". Foi o primeiro disco de música pop a usar um sintetizador.

A CAPA MAIS FAMOSA E COPIADA DA HISTÓRIA

Após muito discutirem sobre o título para o novo disco (chegaram a pensar em *Everest*, com uma foto dos quatro no topo do mundo), optaram por Abbey Road, sua casa por sete anos. Na manhã do dia 8 de agosto, o fotógrafo Iain Macmillan, com o auxílio da polícia que segurava o trânsito, fez seis fotos da famosa travessia na faixa de Abbey Road. Paul escolheu a melhor.

A ÚLTIMA SESSÃO DE FOTOS

No dia 22 de agosto, o grupo foi à casa de John, em Tittenhurst, para uma série de fotos promocionais. Duas delas seriam usadas na coletânea americana *Hey Jude*. Um curta-metragem colorido em 16mm também foi feito nos gramados da bela mansão de John.

TLE NEWS BEATLE N

NEW ALBUM OUT THIS MONTH

The Beatles have definitely decided to release their first LP this year during the first half of September. It will be titled *Abbey Road* and will have a coloured photograph of the Beatles on the cover taken on the zebra crossing in Abbey Road, near EMI's St. John's Wood studios, by Ian Hamilton.

One side will have a continuous series of numbers performed one after the other lasting for 17 minutes as a main track together with two other numbers. The other side will be made up of six songs.

PAUL PAPAI

Linda dá à luz Mary (nome em homenagem à mãe de Paul) no dia 28.

A PLASTIC ONO BAND AO VIVO

Para John, os Beatles naquele momento fazem parte do passado. Convidado para o Festival de Toronto, ele resolve tocar e nem pensa em reunir os Beatles. Com a ajuda de George, ele convida às pressas Eric Clapton, Klaus Voorman e Alan White. Eles ensaiam durante o vôo, no dia 13, e na noite do mesmo dia sobem ao palco. Todo o show foi gravado e filmado. Ele tocou clássicos do rock and roll, uma dos Beatles ("Yer Blues") e duas novas composições, incluindo "Give Peace a Chance". Depois Yoko "brindou" a platéia com sua performance, em duas músicas que duraram quase 20 minutos.

JOHN and YOKO'S TORONTO CONCERT

Mal Evans talks to Beatle Book Editor Johnny Dean about the most extraordinary Beatle performance for three years with the Plastic Ono Band

NO ERIC

Second floor

The Boys' fancy

Photographers at work

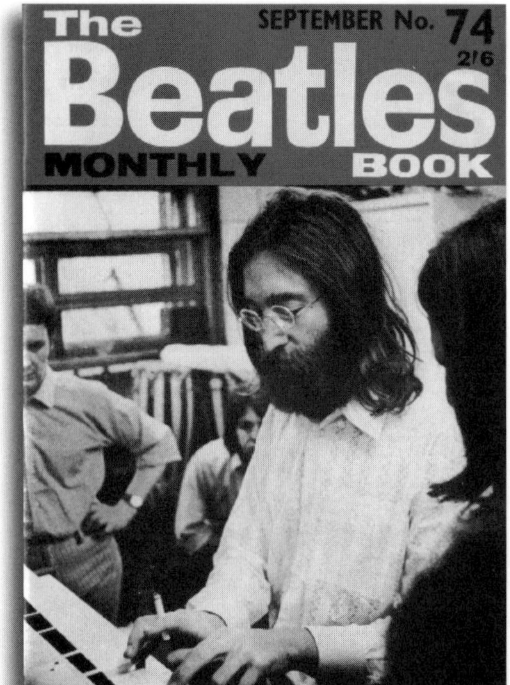

OS MAIORES ROYALTIES DA HISTÓRIA

Allen Klein negocia com a EMI um novo contrato dos Beatles, com validade até 1976. Os royalties duplicariam, mas a gravadora ganharia o direito de lançar compilações quando bem quisesse. No dia da assinatura, 20 de setembro, na Apple, John anuncia aos outros Beatles: "Eu quero o divórcio, exatamente como tive com a Cyn. O grupo acabou e eu estou indo embora". Todos ficaram atônitos. John prometeu não tornar pública sua decisão.

JOHN E RINGO JUNTOS NO ESTÚDIO

No dia 25, John vai à Abbey Road gravar seu segundo disco com a Plastic Ono Band. Ele ia registrar "Cold Turkey", já apresentada ao vivo em duas oportunidades. Ringo tocou bateria, Eric Clapton, guitarra solo e Klaus Voorman, baixo. Dia 28, no Trident Studios, ele finalizou a música. Cinco dias depois, no Lansdowne (outro estúdio independente), gravou "Don't Worry Kyoko", o lado B de Yoko.

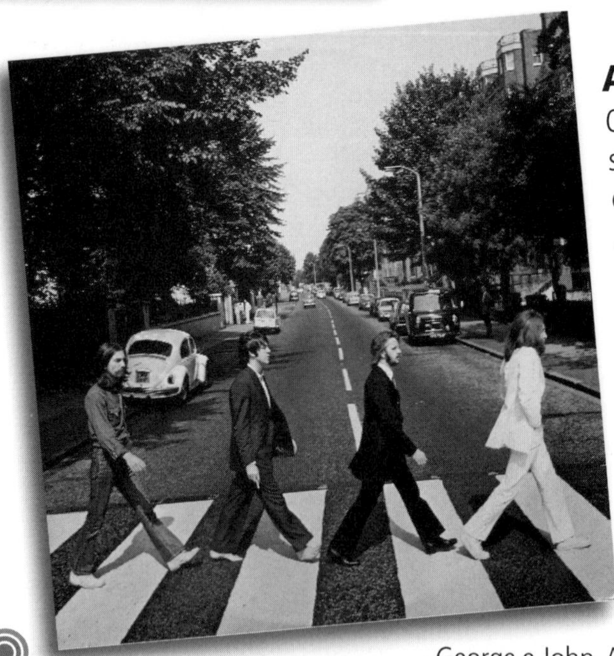

ABBEY ROAD (APPLE PCS 7088)

Outra obra-prima dos Beatles é lançada em 26 de setembro. Quando não se acreditava que o grupo conseguiria se reunir após o "fiasco" de *Get Back*, eles apelaram para George Martin e fizeram seu melhor (e último) disco. Pérolas como "Come Together", "Something", "Here Comes the Sun", "Because", "You Never Give Me Your Money" e "Golden Slumbers/Carry That Weight" mostravam ao mundo que os Beatles eram sem dúvida o melhor conjunto de todos os tempos. E para se despedir dos fãs, na música "The End", eles relembram os tempos de Liverpool, quando eram três guitarristas, e alternam os solos entre Paul, George e John. As vocalizações estavam melhores do que nunca e como instrumentistas eles se superaram. Um disco simplesmente irretocável.

YOKO PERDE MAIS UM BEBÊ

No dia do aniversário de John, 9 de outubro, Yoko é internada com complicações na gravidez. Três dias depois, ela teve um aborto espontâneo.

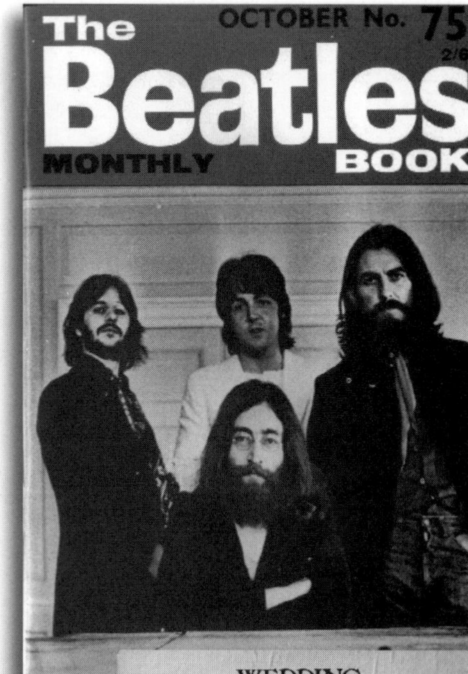

PAUL ESTÁ MORTO

No dia 12, o DJ americano Russ Gibbs, de Detroit, espalha o boato de que Paul havia morrido em 1966, tendo sido substituído por um sósia, Billy Shears. Ele teria dado várias pistas nas capas dos discos *Revolver* e *Sgt. Pepper's*. O boato espalha-se por todo o mundo. No dia 24, Paul vem a público desmentir a história.

THE WEDDING ALBUM (APPLES MAX 3361)

Lançado no dia 20, o terceiro disco da dupla John e Yoko na verdade era uma caixa com vários *souvenirs* de seu casamento: posters, fotos (incluindo uma de uma fatia do bolo), livretos com recortes, desenhos, cartão-postal e uma cópia da certidão de casamento. Mas a produção dessa parafernália fez o disco atrasar muito seu lançamento, ficando distante da data do casamento.

COLD TURKEY/DON'T WORRY KYOKO (APPLE 1001)

O compacto em que John cantava as terríveis sensações do tratamento para desintoxicação das drogas sai no dia 24. Definitivamente, John não é mais o mesmo. Os fãs ficam atônitos. O lado B é mais uma "obra de vanguarda" de Yoko Ono.

RINGO E SUA JORNADA SENTIMENTAL

Ringo vai à Abbey Road iniciar as gravações de seu LP solo. No dia 27, ele discute com George Martin a idéia de gravar grandes sucessos do passado com novos arranjos feitos por renomados produtores. Ele também usaria o Wessex Sound Studios e o Trident Studios.

SOMETHING/COME TOGETHER (APPLE R 5814)

No dia 31 de outubro, é lançado um compacto trazendo pela primeira vez uma canção de George no lado A: "Something", que era reconhecidamente um clássico. Até Frank Sinatra a gravou, no entanto ele anunciava erradamente nos shows que a música era de John e Paul.

BEATLES JUNTOS? NUNCA MAIS

O clipe de "Something" traz imagens separadas dos quatro casais, assim como o disco de Natal teve as mensagens gravadas por cada Beatle separadamente. A festa estava acabando.

JOHN DEVOLVE SUA COMENDA MBE

No dia 25 de novembro, John devolve sua medalha de Membro do Império Britânico com uma carta alegando que a renúncia era devido ao envolvimento da Inglaterra na Guerra da Biafra, ao apoio do país à Guerra do Vietnã e à queda nas paradas do compacto de "Cold Turkey". Ele recebeu dezenas de telefonemas de jornalistas.

JOHN QUER UM NOVO DISCO NAS PARADAS

Irritado com o fracasso do disco anterior, John decide resgatar duas músicas abandonadas dos Beatles, "You Know My Name" e "What's the New Mary Jane", e lançá-las pela Plastic Ono Band. Ele faz várias alterações nas canções, planejando o lançamento de um compacto, mas seus planos seriam cancelados pelos outros Beatles.

A ÚLTIMA BEATLES BOOK

Com a evidente dissolução do grupo, a revista mensal que trazia as novidades do grupo deixou de circular no mês de dezembro.

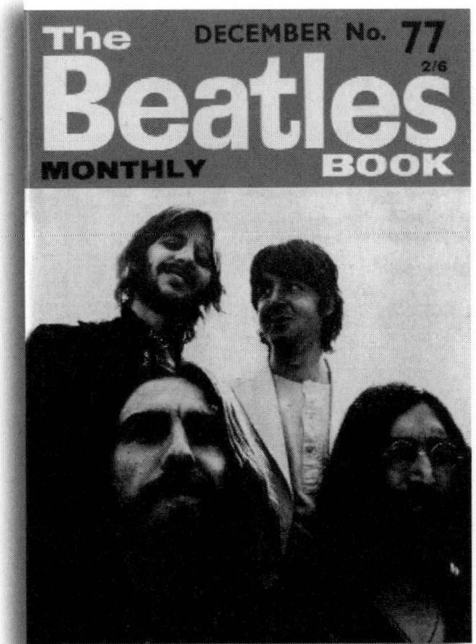

GEORGE VOLTA AOS PALCOS

Convidado por seus amigos Delaney e Bonnie, George, juntamente com Eric Clapton, junta-se à turnê do grupo pela Inglaterra, entre os dias 2 e 7 de dezembro, e pela Dinamarca; entre os dias 10 e 12.

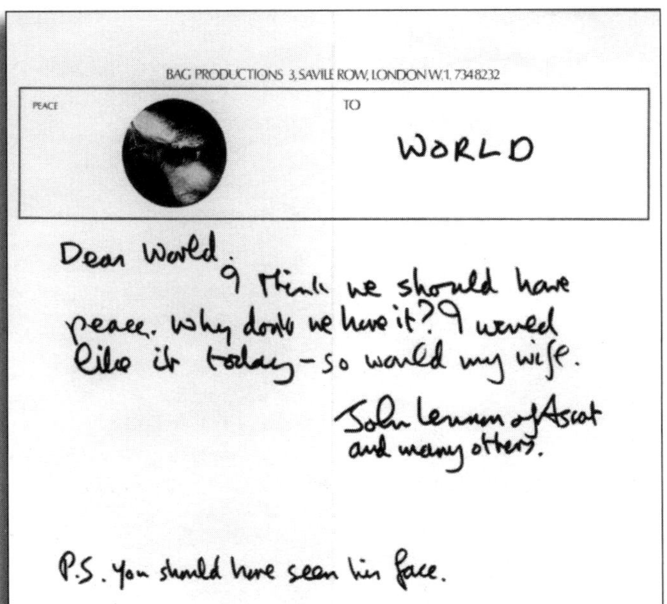

BAG PRODUCTIONS 3, SAVILE ROW, LONDON W.1. 7348232

PEACE

TO

WORLD

Dear World.
I think we should have peace. Why don't we have it? I would like it today – so would my wife.

John Lennon of Ascot
and many others.

P.S. You should have seen his face.

LIVE PEACE IN TORONTO (APPLE CORE 2001)

O esperado LP com a íntegra do concerto de John e Yoko no Canadá é lançado no dia 12, trazendo um calendário de 1970 com poemas e músicas, com o título de "Ano Um Depois da Paz".

LANÇAMENTO ATRASADO

É lançado o LP *No One's Gonna Change Our World*, disco beneficente da Unicef que trazia a inédita "Across the Universe", gravada em fevereiro de 1968.

JOHN LENNON: O HOMEM DA DÉCADA

Escolhido pelo sociólogo Desmond Morris como uma personalidade da década, John passou o dia 2 de dezembro gravando uma longa entrevista com Morris. O material, entremeado com clipes de sua coleção particular do músico, gerou um documentário de 20 minutos exibido pela ATV no dia 30.

UM NOVO GET BACK

Com os atrasos na finalização do filme e a produção do livro de fotos, cópias piratas da versão finalizada em julho começam a circular. Ficou decidido que um LP com um novo repertório deveria ser apresentado para lançamento no próximo ano.

PAZ DE NATAL

John é convidado em cima da hora para um concerto organizado pela Unicef. Ele juntou às pressas os músicos que haviam acompanhado Delaney e Bonnie, como George Harrison e Eric Clapton. Era a primeira vez que dois Beatles tocavam juntos ao vivo em três anos. Keith Moon, do The Who, juntou-se ao grupo. O show aconteceu no dia 15 e foi gravado e lançado três anos depois em um disco de John. As músicas apresentadas foram "Cold Turkey" e "Don't Worry Kyoko".

A GUERRA ACABOU

Uma maciça campanha de outdoors com os dizeres "War is Over (If you want)", "A guerra acabou (se você quiser)" cobre diversas capitais do mundo. Tudo patrocinado por John e Yoko.

O ÚLTIMO DISCO DE NATAL

Com gravações de cada Beatle, o disquinho do fã-clube é entregue no dia 17.

O DISCO SOLO DE PAUL

Com um estúdio doméstico instalado em sua casa, Paul começa a gravar as bases das músicas para seu primeiro disco.

OS "THREATLES"?

Paul, George e esposas passam o réveillon na casa de Ringo. Decidem marcar uma gravação na Abbey Road para registrar "I Me Mine", de George, que ainda não tinha sido gravada e iria entrar na trilha sonora do filme.

INSTANT KARMA. (we all shine on)

~~Bag Productions Inc.~~
~~Tittenhurst Park,~~
~~Ascot, Berkshire~~
~~Ascot 23022~~

(1) Instant Karmas gonna get you!
Gonna knock you on the head.
You better think about it darlin.
Pretty soon your gonna be dead.
What in the world you thinkin of?
Laughin in the face of love?
What on earth you tryin to do?
- its up to you - yeah!

(2) Instant karmas gonna get you!
gonna look you right in the face
You better get yourself together baby
Come and join the human race
- How in the world you goin to see?
Laughing at the likes of me?
Who on earth you think you are?
Super Star? Yes you are!

1970

OS BEATLES NÃO GRAVAM MAIS

Paul McCartney anuncia sua saída do grupo

COMEÇA O PROCESSO DE PAUL CONTRA OS BEATLES

Discos solo de Ringo, Paul, George e John

Sai o LP *Let It Be* e o filme mostra a dissolução dos Beatles

NO BRASIL

Roberto Carlos coloca "Jesus Cristo" nas paradas

Erasmo faz sucesso com "Coqueiro Verde"

Caetano manda "London, London" para Gal Costa gravar

Chico Buarque é censurado com "Apesar de Você"

Tim Maia emplaca "Azul da Cor do Mar" e "Primavera", Paulino da Viola veio com "Foi Um Rio Que Passou na Minha Vida" e Elis Regina estoura com "Madalena"

Tony Tornado é sensação com "BR-3"

Brasil tricampeão de futebol

Começa a construção da Transamazônica

BRASIL: AME-O OU DEIXE-O!

RINGO E ELVIS

Ringo vai para Las Vegas especialmente para assistir a uma das apresentações de Elvis no International Hotel. Elvis soube da presença dele na platéia e avisou ao microfone. Depois eles se encontraram nos camarins, com Elvis muito feliz em reencontrar o amigo Beatle.

OS "THREATLES" NO ESTÚDIO

Como planejado, no dia 3, Paul, George e Ringo gravam "I Me Mine". John estava na Dinamarca.

OVERDUBS EM "LET IT BE"

Mudando o projeto inicial, a música "Let It Be" teve que sofrer *overdubs*, para ficar com "qualidade de venda". O som original era muito cru, com os vocais de John e George muito vazios. Novos vocais, com George, Paul e Linda, foram feitos, assim como um novo solo. George Martin adicionou trompetes, trombones, saxofone, maracas, bateria e cello.

O NOVO GET BACK

Em 5 de janeiro, Glyn Johns conseguiu terminar os trabalhos na nova versão do LP, que já estava completando um ano de gravação. No lado A: "The One After 909" (gravada no telhado em 30 de janeiro de 1969), "Rocker" (gravada em estúdio no dia 22 de janeiro de 1969), "Save the Last Dance for Me" (dia 22), "Don't Let Me Down" (dia 22), "Dig a Pony" (dia 24), "I've Got a Feeling" (dia 24), "Get Back" (dia 28), "Let It Be" (dia 31 mais solo do dia 30 de abril de 1969). Lado B: "For You Blue" (dia 25 de janeiro de 1969), "Two of Us" (dia 24), "Maggie Mae" (dia 24), "Dig it" (dia 26), "The Long and Winding Road" (dia 31), "I Me Mine" (dia 3 de janeiro de 1970), "Across the Universe" (fevereiro de 1968) e "Get Back reprise" (dia 28 de janeiro de 1969).

MÚSICA PARA A PAZ

No mesmo dia, John declara que os lucros da venda de seus discos solo seriam usados na luta pela paz, e que organizaria um festival em Toronto em junho, pela mesma causa.

RINGO FINALIZA SEU DISCO E GRAVA COM GEORGE

Entre janeiro e março, Ringo encerra as gravações de seu primeiro LP solo. No dia 19 de fevereiro, ele grava uma música de sua autoria para lançar em compacto. O título era "You Gotta Pay Your Dues", e contou com George nos violões e guitarras, Klaus Voorman no baixo, Stephen Stills no piano e ele próprio na bateria e vocal. No dia 8 de março, ele e George regravaram toda a base, mudando o título para "It Don't Come Easy".

O "ANO UM" DE JOHN E YOKO

Em janeiro, na Dinamarca, o casal corta os cabelos bem curtos, para marcar o ínicio de seu "ano um".

O NOVO DISCO DE JOHN, "INSTANTÂNEO"

John tinha uma nova música composta e precisava de um som perfeito de piano. Como a Apple não tinha um assim, ele encomendou e mandou entregar na EMI. Ele convidou George para gravar, e este, muito feliz, sugeriu que Phil Spector produzisse. No dia 27 foi gravado "Instant Karma".

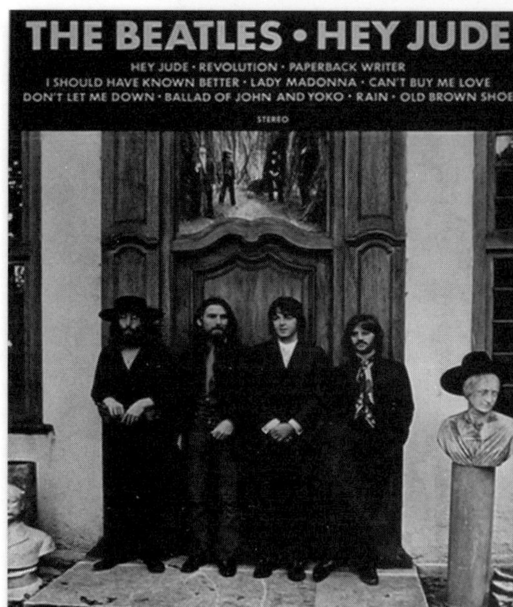

PAUL GRAVA FORA DE CASA

No dia 2 de fevereiro, Paul vai ao Morgan Studios e aproveita por alguns dias as facilidades da mesa de oito canais. No dia 21 ele vai para a Abbey Road remixar as gravações. Nos dois estúdios ele usou o pseudônimo de Billy Martin.

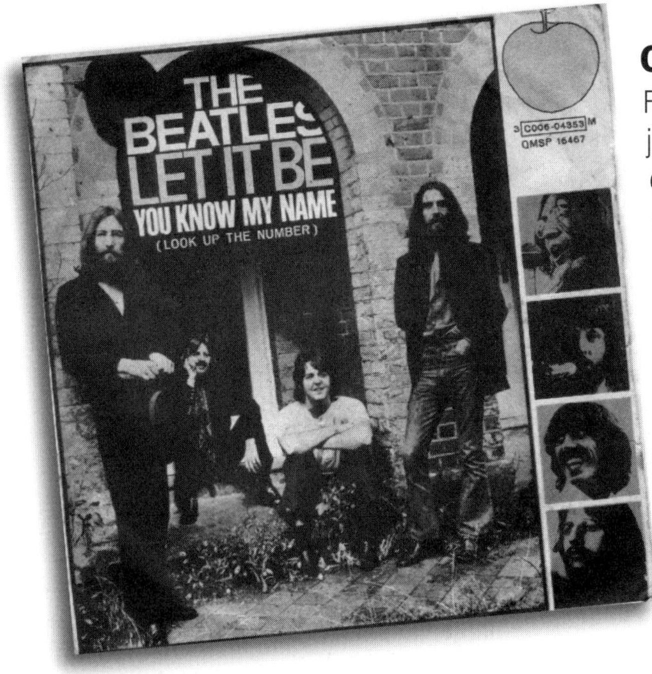

OS CLIPES DE "GET BACK"

Finalmente foram ao ar dois clipes das filmagens feitas em janeiro de 1969, para promover o novo compacto dos Beatles que seria lançado em breve. O programa de Ed Sullivan exibiu em 1º de março os clipes de "Let It Be" e "Two of Us".

LET IT BE/YOU KNOW MY NAME (APPLE R 5833)

Um compacto para fingir que os Beatles ainda existiam, com fotos de um ano atrás na capa, separadas por uma barra branca, e músicas que não representavam o estágio atual do grupo. Mas o público não fazia a mínima idéia do que estava acontecendo.

PAUL COMEÇA A BRIGAR COM OS BEATLES

Paul anuncia que vai lançar seu LP no dia 17 de abril. A Apple (na verdade, John, George, Ringo e Allen Klein) fica preocupada, pois o compacto "Let It Be" estava em terceiro lugar e não queriam concorrência com o disco de Paul. Apesar de John e George terem lançado discos, o de Paul era mais respeitado e temido.

PAUL EXPULSA RINGO

Ringo vai até a casa de Paul pedir, em nome do grupo, que segurasse o lançamento de seu disco. Furioso, ele bota Ringo para fora. Paul ficou mais irritado ainda quando soube que Allen Klein ia boicotar o lançamento e ameaçou lançar seu álbum por outra gravadora, se isso acontecesse mesmo.

A CORRERIA PARA SALVAR GET BACK

Com a certeza de que o disco de Paul seria melhor do que "a crua visão dos Beatles sem calças", como dizia John, ele, George e Allen Klein pegam as fitas e pedem que Phil Spector salve o disco, retrabalhando as faixas como bem quisesse. Toda a idéia original do projeto, sem adições, edições e *overdubs*, foi ignorada. George acompanhou toda a remixagem. Nascia o LP *Let It Be*.

Paul and Linda on their isolated Scottish farm – a far cry from the hectic world Paul lived in during the heyday of the Beatles! The photo was taken shortly after the Beatles split.

SENTIMENTAL JOURNEY (APPLE PCS 7101)

No dia 26 de março, sai o primeiro disco solo de Ringo. Era uma homenagem a seus pais, pois o repertório trazia apenas clássicos das décadas de 40 e 50. No mês seguinte, o álbum foi lançado nos EUA com encomendas de 500 mil cópias .

PAUL DÁ ADEUS AOS BEATLES

Paul liga para John e avisa que está saindo da banda. Num primeiro momento John fica feliz, mas depois fica deprimido, sentindo-se só.

PAUL FUNDA A SUA "APPLE"

Paul anuncia em 6 de abril a criação da MPL (McCartney Productions Ltd), localizada no Soho londrino.

UM CLIPE, UM DISCO E UMA ENTREVISTA BOMBÁSTICA

O clipe de "Maybe I'm Amazed", de Paul, é exibido na TV no dia 9. No dia seguinte as cópias promocionais do LP seguem para a mídia, junto com uma entrevista (feita pelo próprio Paul), cujo teor era nitroglicerina pura. Confira alguns trechos abaixo:

P: AS MÚSICAS SERÃO CREDITADAS A MCCARTNEY?

R: Seria um tanto idiota creditá-las a Lennon-McCartney, e é por isso que serão creditadas a McCartney.

P: VOCÊ PLANEJA UM OUTRO ÁLBUM OU COMPACTO COM OS BEATLES?

R: Não.

P: A SUA SEPARAÇÃO DOS BEATLES É TEMPORÁRIA OU DEFINITIVA? É DEVIDA A DIFERENÇAS PESSOAIS OU MUSICAIS?

R: Diferenças pessoais, diferenças nos negócios, diferenças musicais. Temporária ou definitiva? Não sei.

THE NEW YORK TIMES, SATURDAY, APRIL 11, 1970

McCartney Breaks Off With Beatles

By ALVIN SHUSTER
Special to The New York Times

LONDON, April 10—Paul Mc- Cartney said today he had broken with the Beatles over a series of differences.

The announcement could mean the end of future record- ings by the world's most suc- cessful pop group, which start- ed 10 years ago in a cellar in Liverpool, became a social phenomenon in the 1960's, in- fluenced the hair styles and musical tastes of millions and placed an indelible mark on the history of show business.

Mr. McCartney, who com- posed the Beatle songs in part- nership with John Lennon, an- other member of the group, said the break was the result of "personal differences, busi- ness differences, musical dif- ferences—but most of all be- cause I have a better time with my family."

In a statement taking the form of an interview with him- self, Mr. McCartney said he no longer wanted to record with the group nor write any more songs with Mr. Lennon. But he qualified this by saying he did not know whether the break was temporary or per- manent.

There have long been rumors that the Beatles were breaking up as a combo to let their tal- ents evolve in different direc- tions. Their last "live" appear- ance was during their 1966 tour of the United States. Since then Ringo Starr and George Harrison have made solo rec- ords, Mr. Lennon and his wife, Yoko Ono, have formed the Plastic Ono Band, and Mr. Mc- Cartney has just completed a long-playing record of his own.

The last group album ap- peared in August, 1969, and the four have one more due out at the end of this month. Spokes- men at the Beatles office agreed it could be the last joint effort for some time.

Associated Press

Paul McCartney

Derek Taylor, the spokesman for Apple Corps, Ltd., the Beatles' omnibus business group for film, electronics and other ventures, said that be- cause of the McCartney state- ment the Beatles "could be dormant for years." He added that "it is certain that at the moment they could not com- fortably work together."

A chief reason for the deci- sion by Mr. McCartney seems to be differences with his col- leagues over the appointment last year of Allen Klein, a flamboyant, 35-year-old Ameri- can, as the financial adviser to the Beatles. Mr. McCartney, who is 27 years old, reportedly wanted his father-in-law, Lee Eastman of New York, to re- place him.

In his statement, Mr. Mc- Cartney reflected his unhap- piness with Mr. Klein, saying that "I am not in contact with him and he does not represent me in any way."

There have also been reports in pop-music publications of a growing rift between Mr. Mc- Cartney and Mr. Lennon. Some stories suggested that Mr. Mc- Cartney and the other Beatles were unhappy over the grow- ing influence of Mr. Lennon's wife, and were unwilling to admit a fifth Beatle.

JOHN FURIOSO

Na manhã seguinte, o escândalo está em todos os jornais. John, que havia criado o grupo, queria ter tido o direito de encerrá-lo. Paul o fez passar por idiota, e ele sentiu-se traído.

MCCARTNEY (APPLE PCS 7102)

Como prometido, no dia 17, é lançado o disco de Paul, que decepcionou a muitos que esperavam um "disco dos Beatles". Mas ele apresentou belas composições, além de se mostrar um multi-instrumentista, já que tocou todos os instrumentos. Os destaques do disco foram "Maybe I'm Amazed" e "Every Night". Esta também era a opinião de George Harrison, que lamentou o fato de Paul não ter tido ajuda nos arranjos. Ficou algo muito egoísta. Segundo George, os Beatles tinham a vantagem de três opiniões para cada música apresentada. Paul só podia discutir com Linda. As encomendas, nos EUA, alcançaram 2 milhões de cópias.

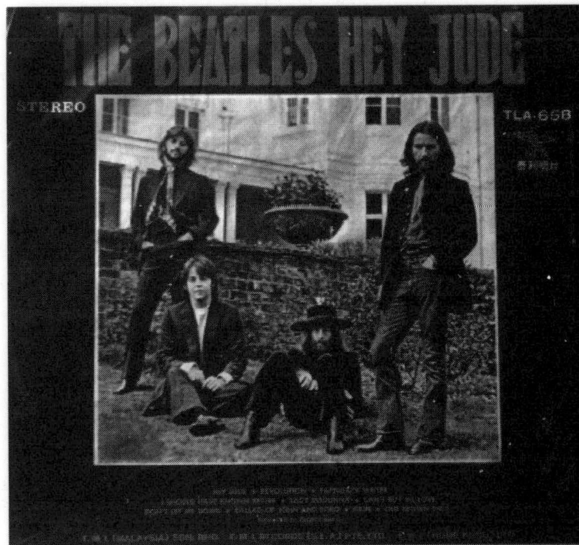

GEORGE GRAVA COM BOB DYLAN

De passagem pela América, George grava com Bob Dylan três músicas para o futuro disco do Beatle, nos dias 1º e 2 de maio, em Nova York.

LET IT BE (APPLE PXS 1)

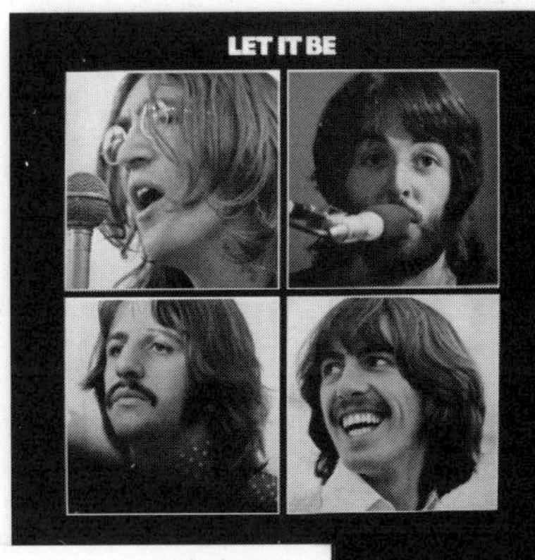

Adeus "Get Back", alô *Let It Be*. No dia 8 de maio, sai a caixa contendo o novo LP dos Beatles, acompanhado de um livro chamado "Get Back" (a única lembrança do projeto original). Phil Spector alterou completamente as músicas, adicionando orquestras e corais, o que irritou profundamente Paul McCartney, que não teve a chance de opinar nas modificações, principalmente em "The Long and Winding Road". Um final triste para uma bela carreira fonográfica. As músicas não refletiam a realidade dos Beatles nem o estagio em que se encontravam. O final real de sua carreira foi o disco *Abbey Road*.

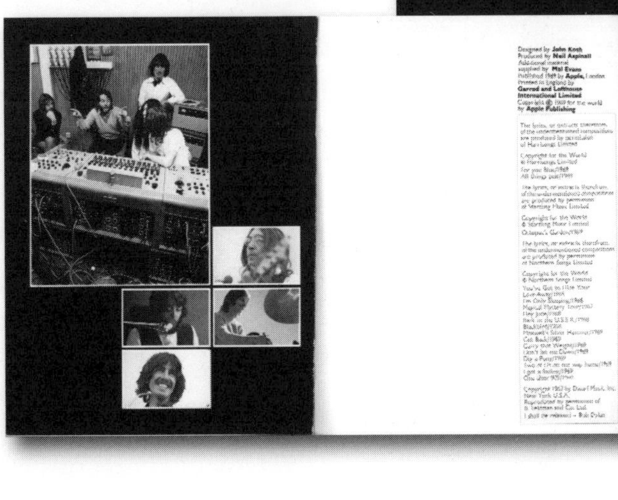

UM DISCO SÓ PARA A AMÉRICA

A Apple nos EUA decide lançar "The Long and Winding Road" como compacto, para acompanhar o LP. Com isso, garantiu a venda de 1,2 milhão de cópias em dois dias. *Let It Be* teve 3,7 milhões de pedidos antecipados, fato inédito na história da indústria fonográfica.

OS BEATLES BRIGANDO COM OS BEATLES

As paradas de sucesso da Inglaterra e dos EUA mostravam os discos *McCartney* (de Paul, obviamente), *Sentimental Journey* (de Ringo), *Let It Be* (dos Beatles) e *Hey Jude* (coletânea da banda lançada nos EUA) brigando pelas posições.

A PREMIÈRE DE LET IT BE

Nenhum dos Beatles compareceu, no dia 20, à estréia de *Let It Be* no London Pavillion.

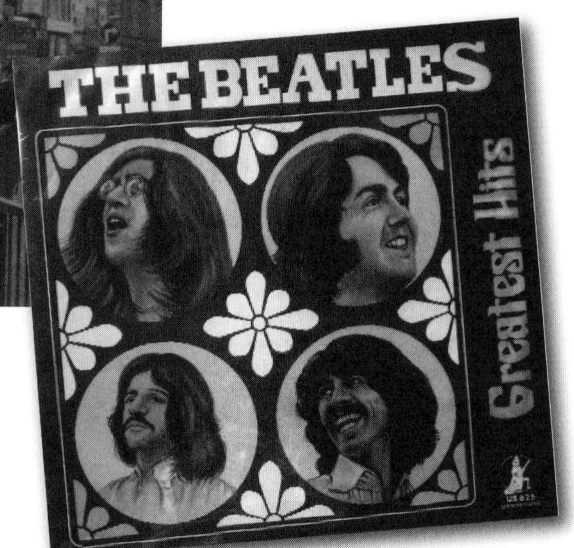

GEORGE COMEÇA A GRAVAR O SEU DISCO

Em 27 de maio, com a produção de Phil Spector, George inicia a gravação de seu primeiro disco pós-Beatles. Durante cerca de 70 dias, ele gravaria material suficiente para dois álbuns.

UM TIME DE FERAS

Para as gravações de seu disco, George convida um time de renomados artistas, entre eles Ringo Starr e Alan White na bateria, Klaus Voorman no baixo, Gary Wright e Billy Preston nos teclados, Eric Clapton na guitarra e o conjunto Badfinger nos violões.

RINGO GRAVA UM NOVO DISCO

Disposto a gravar um disco country, Ringo aceita sugestão de amigos e vai para Nashville, nos EUA, gravar com os melhores músicos do gênero. Assim, no dia 30, ele inicia as gravações que duraram exatos dois dias. Se tivesse gravado na Inglaterra com outros músicos, ele levaria pelo menos dez vezes esse tempo.

MORRE A MÃE DE GEORGE

Após lutar contra um tumor no cérebro e ficar em coma por meses, em 7 de julho Louise Harrison falece. George ficou o tempo todo com sua mãe procurando passar conforto espiritual. Ele compôs uma música sobre a tristeza que sentiu, "Deep Blue".

JOHN LENNON COMEÇA A GRAVAR DEMOS

Na Califórnia, John gravou várias fitas com músicas para um próximo disco. Entre elas estavam "God", "I Found Out" e "Well Well Well". Muitas ficaram inéditas.

PAUL MANDA CARTA PARA JOHN

Como John ainda estava nos EUA e Paul queria dissolver a sociedade Beatles, ele manda uma carta com seu desejo. John retorna com um cartão-postal dizendo "Como e por quê?" saindo de um balão ligado à sua caricatura, como numa história em quadrinhos. Paul manda a resposta: "Como? Todos assinando um papel. Por quê? Porque não temos mais uma parceria".

A RESPOSTA DEFINITIVA DE JOHN

Como Yoko estava tendo problemas com sua terceira gestação (e abortaria mais uma vez), John não quis se preocupar e falou para Paul conseguir as assinaturas dos outros, enquanto ele iria pensar.

BEACOUPS OF BLUES (APPLE PAS 10002)

O disco "sertanejo" de Ringo sai no dia 25 de setembro, não causando nenhum impacto nas paradas, e passando despercebido inclusive nas paradas de música country nos EUA. O engraçado é que este disco é bem melhor do que o primeiro.

JOHN LENNON GRAVA SEU PRIMEIRO DISCO PÓS-BEATLES

No dia 27 de setembro, John, já de volta à Inglaterra, começa a gravar em seu estúdio doméstico, contando com a ajuda de Ringo e Klaus Voorman. No dia 1º de outubro, com produção de Phil Spector, ele muda as gravações para Abbey Road e finaliza o disco.

PAUL VS. BEATLES

Ao ligar para George para pedir sua assinatura, ele ouve que o processo seria muito caro, devido aos impostos a serem pagos. O melhor seria esquecer. Mas Paul escutou de seu advogado que a verdade era outra: Allen Klein não havia recolhido os impostos da Apple. A única solução seria processar o empresário, por justa causa, encerrando o contrato que duraria até 1976. O problema é que ele teria que processar a Apple e os outros três Beatles.

PAUL COMEÇA A ESCOLHER MÚSICOS PARA SEU DISCO

Para seu segundo disco, Paul iria trabalhar com outros músicos. No dia 23 de outubro, ele estava em Nova York e realizou audições. Os escolhidos foram o baterista Denny Seiwell e os guitarristas Hugh McCracken e David Spinozza.

UM NATAL CHEIO DE BEATLES

A Apple recebeu as fitas dos discos de John Lennon e George Harrison, duas obras-primas para o lançamento imediato.

PAUL COMEÇA O PROCESSO

Junto com seus advogados, Paul inicia o texto da petição inicial do processo contra Allen Klein (e os outros três Beatles).

MY SWEET LORD/ISN'T A PITY (APPLE 2995)

O primeiro compacto de George Harrison sai finalmente no dia 23 de novembro, trazendo sua clássica canção.

ALL THINGS MUST PASS (APPLE STCH 639)

No dia 27, é lançada a caixa tripla de George, trazendo todas as canções que ele tentou gravar com os Beatles desde 1969. "Foi como uma ida ao banheiro após prisão de ventre", ele disse. Belas canções, excelentes músicos e vendagens altíssimas.

A VOLTA DOS BEATLES?

A imprensa americana perguntou a George sobre a possibilidade de os Beatles se reunirem. Ele disse que muita coisa estava acontecendo, coisas muito estranhas, e que por isso seria até possível uma volta.

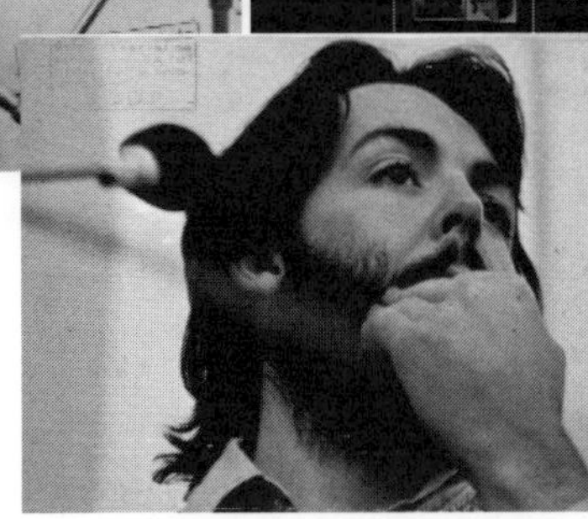

JOHN LENNON/PLASTIC ONO BAND (APPLE PCS 7124)

Em 11 de dezembro, é lançado o primeiro disco solo de John. No mesmo dia sai o disco de Yoko, *Yoko Ono/Plastic Ono Band*, que usava os mesmos músicos do disco do marido. O álbum era o resultado da terapia do grito primal de Arthur Janov, que ele e Yoko haviam feito. Nele, John coloca para fora todas as suas angústias, frustrações e traumas. Canções como "Mother", "God" e "My Mummy's Dead" mostravam a real situação em que ele se encontrava.

O ÚLTIMO SOPRO DE BEATLES

A Apple lança no dia 18 de dezembro o disco *From Them To Us – The Beatles Christmas Record* (Apple LYN 2154), que reunia todas as canções de Natal lançadas.

O SONHO ACABOU

Irritado com os boatos da volta dos Beatles, John dispara o seguinte depoimento, aproveitando que estava sendo entrevistado para a revista *Rolling Stone*:

"As pessoas que detêm o controle e o poder, o sistema de classes de todo o cenário burguês de merda, ainda são as mesmas. A única diferença fica por conta de um monte de garotos cabeludos de classe média, que andam em Londres com suas calças velhas. Mas além disso, nada mais aconteceu depois de termos nos despido. Os mesmos desgraçados detêm o controle, as mesmas pessoas administram tudo, é a mesmice. Eles tapearam as crianças e toda uma geração. Nós crescemos um pouco, todos nós, e houve uma mudança que nos tornou um pouco mais livres, mas o jogo ainda é o mesmo, nada mudou de verdade. Eles continuam fazendo as mesmas coisas, vendendo armas para a África do Sul, matando os negros nas ruas, as pessoas vivendo na maior pobreza, com ratos por cima, é tudo a mesma coisa. É de deixar qualquer um puto! E eu acordei para isso também. O sonho acabou. O jogo ainda é o mesmo, só que agora tenho 30 anos e um monte de gente usa o cabelo comprido, é só isso".

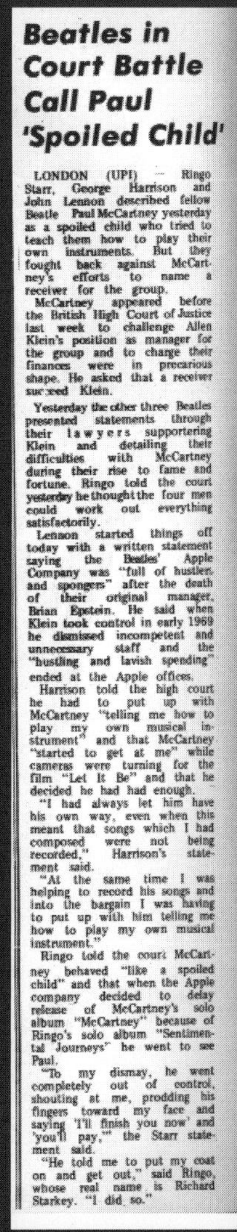

Beatles in Court Battle Call Paul 'Spoiled Child'

LONDON (UPI) — Ringo Starr, George Harrison and John Lennon described fellow Beatle Paul McCartney yesterday as a spoiled child who tried to teach them how to play their own instruments. But they fought back against McCartney's efforts to name a receiver for the group.

McCartney appeared before the British High Court of Justice last week to challenge Allen Klein's position as manager for the group and to charge their finances were in precarious shape. He asked that a receiver succeed Klein.

Yesterday the other three Beatles presented statements through their lawyers supportering Klein and detailing their difficulties with McCartney during their rise to fame and fortune. Ringo told the court yesterday he thought the four men could work out everything satisfactorily.

Lennon started things off today with a written statement saying the Beatles' Apple Company was "full of hustlers and spongers" after the death of their original manager, Brian Epstein. He said when Klein took control in early 1969 he dismissed incompetent and unnecessary staff and the "hustling and lavish spending" ended at the Apple offices.

Harrison told the high court he had to put up with McCartney "telling me how to play my own musical instrument" and that McCartney "started to get at me" while cameras were turning for the film "Let It Be" and that he decided he had had enough.

"I had always let him have his own way, even when this meant that songs which I had composed were not being recorded," Harrison's statement said.

"At the same time I was helping to record his songs and into the bargain I was having to put up with him telling me how to play my own musical instrument."

Ringo told the court McCartney behaved "like a spoiled child" and that when the Apple company decided to delay release of McCartney's solo album "McCartney" because of Ringo's solo album "Sentimental Journeys" he went to see Paul.

"To my dismay, he went completely out of control, shouting at me, prodding his fingers toward my face and saying 'I'll finish you now' and 'you'll pay,'" the Starr statement said.

"He told me to put my coat on and get out," said Ringo, whose real name is Richard Starkey. "I did so."

PAUL PROCESSA OS BEATLES

Após ler a entrevista de John, Paul toma coragem e resolve processar Allen Klein, a Apple e seus ex-companheiros de banda. No dia 30, é dada a entrada na corte de Londres da petição inicial do processo de dissolução da sociedade Beatles & Co.

ANEXO I

Apresentações públicas dos Beatles ao longo dos anos, intercaladas com suas gravações.

1957

COMO "THE QUARRY MEN"

JUNHO
9 – Empire Theatre, Liverpool (audição para o programa de Carroll Levis)
22 – Roseberry Street, Liverpool (festa na rua)

JULHO
6 – St Peter's Church (duas apresentações na quermesse organizada pela paróquia). Dia do primeiro encontro de John Lennon e Paul McCartney

AGOSTO
7 – Cavern Club, Liverpool (primeira apresentação no local que seria conhecido como "o berço dos Beatles". Ainda era uma casa exclusivamente de Jazz)

OUTUBRO
18 – New Clubmoor Hall, Liverpool (a primeira apresentação de Paul McCartney com o Quarry Men)

NOVEMBRO
7 – Winston Hall, Liverpool
16 – Stanley Abattoir Social Club, Liverpool (uma apresentação equivocadamente marcada para o clube social do principal matadouro de Liverpool.
Estava cheio de funcionários de matadouros, açougues e suas esposas. Não eram amantes daquela música)
23 – New Clubmoor Hall, Liverpool

DEZEMBRO
7 – Winston Hall, Garston

1958

COMO "THE QUARRY MEN"

JANEIRO
10 – New Clubmoor Hall, Liverpool
24 – Cavern Club, Liverpool

FEVEREIRO
6 – Winston Hall, Garston (provável data da primeira vez em que George Harrison viu o grupo)

MARÇO
13 – The Morgue Skiffle Cellar, Liverpool

DEZEMBRO
20 – Recepção de casamento do irmão de George, Harry

1959

COMO "THE QUARRY MEN"

JANEIRO
1 – Winston Hall, Garston
24 – Woolton Village Club, Liverpool

AGOSTO
29 – Casbah Coffee Club, Liverpool (inauguração do clube de propriedade da mãe de Pete Best. Cynthia Powell, futura esposa de John, estava lá e aparece na foto do jornal que divulgou o evento)

SETEMBRO
5, 12, 19, 26 – Casbah Coffee Club, Liverpool

OUTUBRO
3, 10 – Casbah Coffee Club, Liverpool

COMO "JOHNNY AND THE MOONDOGS"

18 – Liverpool Empire, Liverpool (nova audição para Carroll Lewis, desta vez classificados para a final. No dia 11 o grupo Rory Storm and the Hurricanes também foi classificado. Ringo Starr é o baterista)
26 a 31 – Liverpool Empire, Liverpool (duas apresentações na semana da finalíssima e o grupo vai para a grande final, em Manchester)

NOVEMBRO
15 – Hippodrome Theatre, Manchester (a aclamação do vencedor seria pelas palmas da platéia. Mas iria acontecer tarde da noite. O grupo não podia perder o último trem e saiu antes de saberem o resultado de sua ótima apresentação)

1960

DE *BEATALS* A *SILVER BEETLES* COMO THE NERK TWINS

ABRIL
23 e 24 – The Fox and Hounds, Caversham (apenas John e Paul se apresentaram, durante suas férias escolares)

COMO THE SILVER BEATS

MAIO
14 – Lathom Hall, Liverpool

COMO THE SILVER BEETLES

INÍCIO DA TURNÊ ESCOCESA

20 – Alloa
21 – Inverness
23 – Fraserburgh
25 – Keith
26 – Forres
27 – Nairn
28 – Peterhead
FIM DA TURNÊ ESCOCESA

30 – The Jacaranda Coffee Club, Liverpool

JUNHO
2 – The Institute, Nelson
4 – Grosvenor Ballroom, Liscard
6 – Grosvenor Ballroom, Liscard
9 – The Institute, Nelson
11 – Grosvenor Ballroom, Liscard (noite com "Ronnie" na bateria)
13 – The Jacaranda Coffee Club, Liverpool (última apresentação com Tommy Moore na bateria)
16 – The Institute, Nelson
18 – Grosvenor Ballroom, Liscard
23 – The Institute, Nelson
25 – Grosvenor Ballroom, Liscard
30 – The Institute, Nelson

COMO THE SILVER BEATLES

JULHO
2 – Grosvenor Ballroom, Liscard (apresentação com Johnny Gentle)
3 a 7 – New Cabaret Artists, Liverpool (acompanhando o show de strip-tease da dançarina Janice)
7 – The Institute, Nelson
9 – Grosvenor Ballroom, Liscard
16 – Grosvenor Ballroom, Liscard (apresentação com Norman Chapman na bateria)
23 – Grosvenor Ballroom, Liscard (apresentação com Norman Chapman na bateria)
30 – Grosvenor Ballroom, Liscard (apresentação com Norman Chapman na bateria)

COMO THE BEATLES

AGOSTO
17 a 31 – Indra Club, Hamburgo, Alemanha

Setembro
1 a 30 – Indra Club, Hamburgo, Alemanha

Outubro
1 a 3 – Indra Club, Hamburgo, Alemanha
4 a 31 – The Kaiserkeller, Hamburgo, Alemanha

NOVEMBRO
1 a 30 – The Kaiserkeller, Hamburgo, Alemanha
18 a 21 – The Top Ten Club, Hamburgo, Alemanha (três apresentações que causaram o cancelamento de seu contrato com o Kaiserkeller e sua deportação da Alemanha)

DEZEMBRO
17 – The Casbah Coffee Club, Liverpool (primeiro show depois do retorno da Alemanha. Chas Newby estava como baixista)
24 – Grosvenor Ballroom, Liscard (foram anunciados como "The Silver Beatles" nos anúncios do show)
27 – Town Hall Ballroom, Litherland, Liverpool (este show pode ser considerado como o nascimento da Beatlemania, por causa da histeria causada nos fãs e pela performance "selvagem" do grupo, muito superior a de qualquer outra banda da região)
31 – The Casbah Coffee Club, Liverpool (última apresentação de Chas Newby como baixista dos Beatles)

1961

JANEIRO
5 – Town Hall, Litherland (a estréia de Paul como baixista foi a primeira das 36 apresentações dos Beatles contratadas pelo promotor Brian Kelly, que viu o grupo em dezembro)
6 – St. John's Hall, Bootle (três apresentações mensais contratadas por Dave Forshaw, que também conseguiu entrar no camarim em Litherland e falar com os Beatles após o famoso show de dezembro)
7 – Aintree Institute, Liverpool, e Lathom Hall, Liverpool (duas apresentações na mesma noite)
13 e 14 – Aintree Institute, Liverpool
15 – Casbah Coffee Club, Liverpool
18 – Aintree Institute, Liverpool
19 – Alexandra Hall, Liverpool
20 – Lathom Hall, Liverpool
21 – Lathom Hall, Liverpool, e Aintree Institute, Liverpool (mais duas apresentações na mesma noite)
25 – Hambleton Hall, Liverpool
26 – Town Hall, Litherland, Liverpool
27 – Aintree Institute, Liverpool
28 – Lathom Hall, Liverpool, e Aintree Institute, Liverpool (mais duas apresentações na mesma noite)
29 – Casbah Coffee Club, Liverpool
30 – Lathom Hall, Liverpool

FEVEREIRO
1 – Hambleton Hall, Liverpool
2 – Town Hall, Litherland, Liverpool
3 – St.John's Hall, Bootle
4 – Lathom Hall, Liverpool
5 – Blair Hall, Liverpool
6 – Lathom Hall, Liverpool
7 – Merseyside Civil Service Club, Liverpool
8 – Aintree Institute, Liverpool e Lathom Hall, Liverpool (duas apresentações na mesma noite)
9 – Cavern Club, Liverpool (horário do almoço)

10 – Aintree Institute, Liverpool, e Lathom Hall, Liverpool (duas apresentações na mesma noite)
11 – Lathom Hall, Liverpool, e The Cassanova Club, Liverpool (duas apresentações na mesma noite)
12 – Casbah Coffee Club, Liverpool
14 – The Cassanova Club, Liverpool, e Town Hall, Litherland, Liverpool (duas apresentações na mesma noite)
15 – Aintree Institute, Liverpool, e Hambleton Hall, Liverpool (duas apresentações na mesma noite)
16 – The Cassanova Club, Liverpool, e Town Hall, Litherland, Liverpool (duas apresentações na mesma noite)
17 – St. John's Hall, Liverpool
18 – Aintree Institute, Liverpool
19 – Casbah Coffee Club, Liverpool
21 – Cavern Club, Liverpool (horário do almoço), e The Cassanova Club, Liverpool e Town Hall, Litherland, Liverpool (ambos de noite)
22 – Aintree Institute, Liverpool, e Lathom Hall, Live Hambleton Hall, Liverpool (duas apresentações na mesma noite)
24 – Grosvenor Ballroom, Liscard
25 – Aintree Institute, Liverpool, e Lathom Hall, Liverpool (duas apresentações na mesma noite)
26 – Casbah Coffee Club, Liverpool
28 – Cavern Club, Liverpool (horário do almoço), e The Cassanova Club, Liverpool, e Town Hall, Litherland, Liverpool (ambos de noite)

MARÇO
1 – Aintree Institute, Liverpool
2 – Town Hall, Litherland, Liverpool
3 – St. John's Hall, Bootle
4 – Aintree Institute, Liverpool
5 – Casbah Coffee Club, Liverpool
6 – Cavern Club, Liverpool (horário do almoço), e Liverpool Jazz Society, Liverpool
7 – The Cassanova Club, Liverpool
8 – Cavern Club, Liverpool (horário do almoço), e Aintree Institute, Liverpool e Hambleton Hall, Liverpool (ambos de noite)
10 – Cavern Club, Liverpool (horário do almoço), e Grosvenor Ballroom, Liscard e St. John's Hall, Liverpool (ambos de noite)
11 – Aintree Institute, Liverpool, e Liverpool Jazz Society, Liverpool
12 – Casbah Coffee Club, Liverpool, e The Cassanova Club, Liverpool (ambos de noite)
13 – Cavern Club, Liverpool (horário do almoço), e Liverpool Jazz Society, Liverpool
14 – Cavern Club, Liverpool (horário do almoço)
15 – Cavern Club, Liverpool (horário do almoço), e Liverpool Jazz Society, Liverpool
16 – Cavern Club, Liverpool (horário do almoço)
17 – Mossway Hall, Liverpool, e Liverpool Jazz Society, Liverpool (ambos de noite)
19 – Casbah Coffee Club, Liverpool
20 – Cavern Club, Liverpool (horário do almoço), e Hambleton Hall, Liverpool
21 – Cavern Club, Liverpool (primeiro show à noite dos Beatles em seu novo "reduto")
22 – Cavern Club, Liverpool (horário do almoço)
24 – Cavern Club, Liverpool (horário do almoço)
26 – Casbah Coffee Club, Liverpool

ABRIL
1 a 30 – Top Ten Club, Hamburgo

MAIO
1 a 31 – Top Ten Club, Hamburgo

JUNHO
1 a 30 – Top Ten Club, Hamburgo

JULHO
1 – Top Ten Club, Hamburgo
13 – St. John's Hall, Liverpool
14 – Cavern Club, Liverpool (horário do almoço), e Cavern Club, Liverpool (noite)
15 – Holyoake Hall, Liverpool
16 – Blair Hall, Liverpool
17 – Cavern Club, Liverpool (horário do almoço), e Town Hall. Litherland, Liverpool
19 – Cavern Club, Liverpool (horário do almoço), e Cavern Club, Liverpool (noite)
20 – St. John's Hall, Liverpool
21 – Cavern Club, Liverpool (horário do almoço), e Aintree Institute, Liverpool
22 – Holyoake Hall, Liverpool
23 – Blair Hall, Liverpool
24 – Town Hall. Litherland, Liverpool
25 – Cavern Club, Liverpool (horário do almoço), e Cavern Club, Liverpool (noite)
26 – Cavern Club, Liverpool (noite)
27 – Cavern Club, Liverpool (horário do almoço), e St. John's Hall, Liverpool
28 – Aintree Institute, Liverpool
29 e 30 – Blair Hall, Liverpool
31 – Cavern Club, Liverpool (horário do almoço), e Town Hall. Litherland, Liverpool

AGOSTO
2 – Cavern Club, Liverpool (horário do almoço), e Cavern Club, Liverpool (noite)
3 – St. John's Hall, Liverpool
4 – Cavern Club, Liverpool (horário do almoço), e Aintree Institute, Liverpool
5 – Cavern Club, Liverpool (noite)
6 – Casbah Coffee Club, Liverpool
7 – Town Hall. Litherland, Liverpool
8 – Cavern Club, Liverpool (horário do almoço)
9 – Cavern Club, Liverpool (noite)
10 – Casbah Coffee Club, Liverpool, e St. John's Hall, Liverpool
11 – Cavern Club, Liverpool (noite)
12 – Aintree Institute, Liverpool
13 – Casbah Coffee Club, Liverpool
14 – Cavern Club, Liverpool (horário do almoço)
16 – Cavern Club, Liverpool (noite)
17 – St. John's Hall, Liverpool
18 – Cavern Club, Liverpool (horário do almoço), e Aintree Institute, Liverpool
19 – Aintree Institute, Liverpool
20 – Hambleton Hall, Liverpool

21 – Cavern Club, Liverpool (horário do almoço)
23 – Cavern Club, Liverpool (horário do almoço), e Cavern Club, Liverpool (noite)
24 – St. John's Hall, Liverpool
25 – Cavern Club, Liverpool (horário do almoço), e MV Royal Iris (primeira das quatro apresentações que os Beatles fizeram a bordo de uma barcaça, numa série de shows chamada "Riverboat Shuffles"
26 – Aintree Institute, Liverpool
27 – Casbah Coffee Club, Liverpool
28 e 29 – Cavern Club, Liverpool (horário do almoço)
30 – Cavern Club, Liverpool (noite)
31 – St. John's Hall, Liverpool

SETEMBRO
1 – Cavern Club, Liverpool (horário do almoço), e Cavern Club, Liverpool (noite)
2 – Aintree Institute, Liverpool
3 – Hambleton Hall, Liverpool
5 – Cavern Club, Liverpool (horário do almoço)
6 – Cavern Club, Liverpool (noite)
7 – Cavern Club, Liverpool (horário do almoço), e Town Hall, Litherland, Liverpool
8 – St. John's Hall, Liverpool
9 – Aintree Institute, Liverpool
10 – Casbah Coffee Club, Liverpool
11 – Cavern Club, Liverpool (horário do almoço)
13 – Cavern Club, Liverpool (horário do almoço), e Cavern Club, Liverpool (noite)
14 – Town Hall. Litherland, Liverpool
15 – Cavern Club, Liverpool (horário do almoço), e Grosvenor Ballroom, Liscard, e Village Hall, Liverpool (ambos à noite)
16 – Aintree Institute, Liverpool
17 – Hambleton Hall, Liverpool
19 – Cavern Club, Liverpool (horário do almoço)
20 – Cavern Club, Liverpool (noite)
21 – Cavern Club, Liverpool (horário do almoço), e Town Hall, Litherland, Liverpool (show com lotação esgotada. No palco, as três principais bandas da cidade: Gerry and the Pacemakers, Rory Storm and the Hurricanes e os Beatles)
22 – Village Hall, Liverpool
23 – Aintree Institute, Liverpool
24 – Casbah Coffee Club, Liverpool
25 – Cavern Club, Liverpool (horário do almoço)
27 – Cavern Club, Liverpool (horário do almoço), e Cavern Club, Liverpool (noite)
28 – Town Hall, Litherland, Liverpool
29 – Cavern Club, Liverpool (horário do almoço), e Village Hall, Liverpool

OUTUBRO
15 – Albany Cinema, Liverpool (de tarde), e Hambleton Hall, Liverpool (noite)
16 – Cavern Club, Liverpool (horário do almoço)
17 – David Lewis Club, Liverpool
18 – Cavern Club, Liverpool (horário do almoço), e Cavern Club, Liverpool (noite)
19 – Town Hall, Litherland, Liverpool (nesta noite os Beatles e Gerry and the Pacemakers tocaram juntos no mesmo palco, com o nome de "Beatmakers")
20 – Cavern Club, Liverpool (horário do almoço), e Village Hall, Liverpool
21 – Cavern Club, Liverpool (noite)
22 – Casbah Coffee Club, Liverpool
24 – Cavern Club, Liverpool (horário do almoço)
25 – Cavern Club, Liverpool (noite)
26 – Cavern Club, Liverpool (horário do almoço)
27 – Village Hall, Liverpool
28 – Aintree Institute, Liverpool
29 – Hambleton Hall, Liverpool
30 – Cavern Club, Liverpool (horário do almoço)
31 – Town Hall, Litherland, Liverpool

NOVEMBRO
1 – Cavern Club, Liverpool (horário do almoço), e Cavern Club, Liverpool (noite)
3 – Cavern Club, Liverpool (horário do almoço)
4 – Cavern Club, Liverpool (noite)
7 – Cavern Club, Liverpool (horário do almoço), e Merseyside Civil Service Club, Liverpool, e Cavern Club, Liverpool (ambos à noite)
8 – Cavern Club, Liverpool (noite)
9 – Cavern Club, Liverpool (horário do almoço), e Town Hall, Litherland, Liverpool
10 – Tower Ballroom, New Brighton, e Village Hall, Liverpool (noite movimentada dos Beatles. Primeiro tocaram às 8 da noite numa programação com cinco outros grupos de Liverpool, na primeira "Operation Big Beat". Atravessaram o túnel sob o rio Mersey, fizeram o outro show da noite e voltaram ao Tower Ballroom, para tocarem novamente às 11 e meia)
11 – Aintree Institute, Liverpool
12 – Hambleton Hall, Liverpool
13 – Cavern Club, Liverpool (horário do almoço)
14 – Merseyside Civil Service Club, Liverpool, e Cavern Club, Liverpool
15 – Cavern Club, Liverpool (horário do almoço), e Cavern Club, Liverpool (noite)
17 – Cavern Club, Liverpool (horário do almoço), e Village Hall, Liverpool
18 – Cavern Club, Liverpool (noite)
19 – Casbah Coffee Club, Liverpool
21 – Cavern Club, Liverpool (horário do almoço), e Merseyside Civil Service Club, Liverpool
22 – Cavern Club, Liverpool (noite)
23 – Cavern Club, Liverpool (horário do almoço)
24 – Casbah Coffee Club, Liverpool, e Tower Ballroom, New Brighton (na segunda edição da "Operation Big Beat", os Beatles tocaram às 11 da noite e foram acompanhados pelo cantor americano Davy Jones).
26 – Hambleton Hall, Liverpool
27 – Cavern Club, Liverpool (horário do almoço)
28 – Merseyside Civil Service Club, Liverpool
29 – Cavern Club, Liverpool (horário do almoço), e Cavern Club, Liverpool (noite)

DEZEMBRO
1 – Cavern Club, Liverpool (horário do almoço), e Tower Ballroom, New Brighton
2 – Cavern Club, Liverpool (noite)
3 – Casbah Coffee Club, Liverpool
5 – Cavern Club, Liverpool (horário do almoço)
6 – Cavern Club, Liverpool (noite)
8 – Cavern Club, Liverpool (horário do almoço), e Tower Ballroom, New Brighton (os Beatles novamente acompanharam Davy Jones, nas duas apresentações)
9 – Palais Ballroom, Aldershot, e The Blue Gardenia Club, Londres (o primeiro show não teve nenhum anúncio e, por isso, apenas 18 pessoas foram até o clube. Isto porque haviam sido convidadas pelos Beatles em um bar próximo, para irem "de graça". O segundo foi no bar de um amigo, bem informal)
10 – Hambleton Hall, Liverpool (chegaram atrasados, pois saíram de Londres tarde, e só tocaram 15 minutos. Os promotores ficaram irritados, assim como Brian)
11 – Cavern Club, Liverpool (horário do almoço)
13 – Cavern Club, Liverpool (horário do almoço), e Cavern Club, Liverpool (noite)
15 – Cavern Club, Liverpool (horário do almoço), e Tower Ballroom, New Brighton
16 – Cavern Club, Liverpool (noite)
17 – Casbah Coffee Club, Liverpool
18 – Cavern Club, Liverpool (horário do almoço)
19 – Cavern Club, Liverpool (horário do almoço)
20 – Cavern Club, Liverpool (noite)
21 – Cavern Club, Liverpool (horário do almoço)
23 – Cavern Club, Liverpool (noite)
26 – Tower Ballroom, New Brighton
27 – Cavern Club, Liverpool (noite)
29 – Cavern Club, Liverpool (noite)
30 – Cavern Club, Liverpool (noite)

1962

JANEIRO
3 – Cavern Club, Liverpool (horário do almoço), e Cavern Club, Liverpool (noite)
5 – Cavern Club, Liverpool (horário do almoço)
6 – Cavern Club, Liverpool (noite)
7 – Casbah Coffee Club, Liverpool
9 – Cavern Club, Liverpool (horário do almoço)
10 – Cavern Club, Liverpool (noite)
11 – Cavern Club, Liverpool (horário do almoço)
12 – Cavern Club, Liverpool (horário do almoço), e Tower Ballroom, New Brighton
13 – Hambleton Hall, Liverpool (última apresentação do grupo neste local. Brian não queria mais os Beatles nesse tipo de ambiente)
14 – Casbah Coffee Club, Liverpool
15 – Cavern Club, Liverpool (horário do almoço)
17 – Cavern Club, Liverpool (horário do almoço), e Cavern Club, Liverpool (noite)
19 – Cavern Club, Liverpool (horário do almoço), e Tower Ballroom, New Brighton
20 – Cavern Club, Liverpool (noite)
21 – Casbah Coffee Club, Liverpool
22 – Cavern Club, Liverpool (horário do almoço), e Kingsway Club, Southport (este era o tipo de local que Brian almejava para os Beatles se apresentarem: palco decente, cortinas, camarins, tudo para subir a estima e o cachê do grupo)
24 – Cavern Club, Liverpool (horário do almoço), e Cavern Club, Liverpool (noite)
26 – Cavern Club, Liverpool (horário do almoço), e Cavern Club, Liverpool, e Tower Ballroom, New Brighton, ambos à noite
27 – Aintree Institute, Liverpool (nesta ultima apresentação no Institute Brian ficou furioso em ser pago pelo promotor Brian Kelly com dinheiro trocado, em notas miúdas e amassadas. Para ele foi um desrespeito e jurou que os Beatles nunca mais tocariam em um evento promovido por ele)
28 – Casbah Coffee Club, Liverpool
29 – Kingsway Club, Southport
30 – Cavern Club, Liverpool (horário do almoço)
31 – Cavern Club, Liverpool (noite)

FEVEREIRO
1 – Cavern Club, Liverpool (horário do almoço), e Thistle Café, Wirral (primeira ocasião em que Brian efetivamente recebeu sua comissão)
2 – Oasis Club, Manchester (show totalmente organizado por Brian, do jeito que ele queria, com instruções datilografadas para os Beatles, com tudo o que deviam e não fazer, o repertório etc.)
3 – Cavern Club, Liverpool (noite)
4 – Casbah Coffee Club, Liverpool
5 – Cavern Club, Liverpool (horário do almoço), e Kingsway Club, Southport (neste dia Pete Best não pôde tocar e os Beatles chamaram o "velho amigo" das noites de Hamburgo, Ringo Starr, que estava de folga)
7 – Cavern Club, Liverpool (horário do almoço), e Cavern Club, Liverpool (noite)
9 – Cavern Club, Liverpool (horário do almoço), e Cavern Club, Liverpool, e Technical College Hall, Birkenhead, ambos à noite
10 – Youth Club, Birkenhead
11 – Casbah Coffee Club, Liverpool
12 – Broadcasting House, Manchester (audição para a radio BBC, em Manchester)
13 – Cavern Club, Liverpool (horário do almoço)
14 – Cavern Club, Liverpool (noite)
15 – Cavern Club, Liverpool (horário do almoço), e Tower Ballroom, New Brighton
16 – Technical College Hall, Birkenhead, e Tower Ballroom, New Brighton, ambos à noite
17 – Cavern Club, Liverpool (noite)
18 – Casbah Coffee Club, Liverpool

19 – Cavern Club, Liverpool (horário do almoço)
20 – Floral Hall, Southport (a melhor casa a contratar os Beatles, na verdade, um teatro. Os esforços de Brian estavam surtindo efeito)
21 – Cavern Club, Liverpool (horário do almoço), e Cavern Club, Liverpool (noite)
23 – Cavern Club, Liverpool (horário do almoço), e Tower Ballroom, New Brighton, e Technical College Hall, Birkenhead, ambos à noite
24 – YMCA, Birkenhead, e Cavern Club, Liverpool, ambos à noite
25 – Casbah Coffee Club, Liverpool
26 – Kingsway Club, Southport
27 – Cavern Club, Liverpool (horário do almoço)
28 – Cavern Club, Liverpool (noite)

MARÇO
1 – Cavern Club, Liverpool (horário do almoço), e Storyville Jazz Club (noite)
2 – St John's Hall, Bootle e Tower Ballroom, New Brighton
3 – Cavern Club, Liverpool (noite)
4 – Casbah Coffee Club, Liverpool
5 – Cavern Club, Liverpool (horário do almoço), e Kingsway Club, Southport
6 – Cavern Club, Liverpool (noite)
8 – Storyville Jazz Club
9 – Cavern Club, Liverpool (horário do almoço), e Cavern Club, Liverpool (noite)
10 – Youth Club, Birkenhead
11 – Casbah Coffee Club, Liverpool
12 – Kingsway Club, Southport
13 – Cavern Club, Liverpool (horário do almoço)
14 – Cavern Club, Liverpool (noite)
15 – Cavern Club, Liverpool (horário do almoço), e Storyville Jazz Club
16 – Cavern Club, Liverpool (noite)
17 – Village Hall, Liverpool
18 – Casbah Coffee Club, Liverpool
19 – Kingsway Club, Southport
20 – Cavern Club, Liverpool (noite)
21 – Cavern Club, Liverpool (horário do almoço)
22 – Cavern Club, Liverpool (noite)
23 – Cavern Club, Liverpool (horário do almoço), e Cavern Club, Liverpool (noite)
24 – Heswall Jazz Club, Wirral
25 – Casbah Coffee Club, Liverpool
26 – Cavern Club, Liverpool (horário do almoço)
28 – Cavern Club, Liverpool (horário do almoço), e Cavern Club, Liverpool (noite)
29 – Odd Spot Club, Liverpool
30 – Cavern Club, Liverpool (horário do almoço), e Cavern Club, Liverpool (noite)
31 – Subscriptions Rooms, Stroud (mais uma tentativa de Brian em fazer shows no sul da Inglaterra, próximo a Londres)

ABRIL
1 – Casbah Coffee Club, Liverpool
2 – Cavern Club, Liverpool (horário do almoço), e Pavillion Theatre, Liverpool
4 – Cavern Club, Liverpool (horário do almoço), e Cavern Club, Liverpool (noite)
5 – Cavern Club, Liverpool (noite – foi uma noite especial apenas para o fã-clube dos Beatles. O grupo começou o show usando suas "antigas" roupas de couro e depois colocaram os novos ternos para a segunda metade da noite)
6 – Cavern Club, Liverpool (horário do almoço), e Tower Ballroom, New Brighton
7 – Casbah Coffee Club, Liverpool, e Cavern Club, Liverpool. George estava doente e Brian não permitiu que ele se apresentasse nesses dois shows noturnos e prejudicasse sua viagem para Hamburgo, para uma nova temporada
8 – Casbah Coffee Club, Liverpool (outro show sem George)
13 a 30 – Star Club, Hamburgo, Alemanha (outra temporada, desta vez no novíssimo Star Club. Eles tocavam cerca de 4 horas por noite)

MAIO
1 a 31 – Star Club, Hamburgo, Alemanha (em duas semanas o grupo dividiu o palco com seu ídolo Gene Vincent)

JUNHO
9 – Cavern Club, Liverpool (foi o "Beatles Welcome Home Show", onde 900 fãs enlouquecidos receberam o grupo, depois de quase dois meses fora de casa)
12 – Cavern Club, Liverpool (horário do almoço), e Cavern Club, Liverpool (noite)
13 – Cavern Club, Liverpool (horário do almoço), e Cavern Club, Liverpool (noite)
15 – Cavern Club, Liverpool (horário do almoço), e Cavern Club, Liverpool (noite)
16 – Cavern Club, Liverpool (noite)
19 – Cavern Club, Liverpool (horário do almoço), e Cavern Club, Liverpool (noite)
20 – Cavern Club, Liverpool (horário do almoço), e Cavern Club, Liverpool (noite)
21 – Tower Ballroom, New Brighton (a atração da noite foi o cantor Bruce Channel, que tinha o sucesso "Hey! Baby" nas paradas)
22 – Cavern Club, Liverpool (horário do almoço), e Cavern Club, Liverpool (noite)
23 – Memorial Hall, Northwich
24 – Casbah Coffee Club, Liverpool (última apresentação no clube da mãe de Pete, pois o mesmo seria fechado por motivo de falecimento na família)
25 – Cavern Club, Liverpool (horário do almoço), e Plaza Ballroom, St Helens
27 – Cavern Club, Liverpool (horário do almoço), e Cavern Club, Liverpool (noite)
28 – Majestic Ballroom, Birkenhead
29 – Cavern Club, Liverpool (horário do almoço), e Tower Ballroom, New Brighton
30 – Heswall Jazz Club, Heswall

JULHO
1 – Cavern Club, Liverpool (nesta noite os Beatles dividiram o palco com Gene Vincent, que ficou amigo do grupo na recente temporada em Hamburgo)
2 – Plaza Ballroom, St Helens
3 – Cavern Club, Liverpool (horário do almoço)
4 – Cavern Club, Liverpool (noite)
5 – Majestic Ballroom, Birkenhead
6 – MV Royal Iris (a segunda das quatro apresentações que os Beatles fizeram a bordo de uma barcaça, na série de shows chamada "Riverboat Shuffles")
7 – Hulme Hall, Birkenhead
8 – Cavern Club, Liverpool (noite)
9 – Plaza Ballroom, St Helens
10 – Cavern Club, Liverpool (horário do almoço)

11 – Cavern Club, Liverpool (noite)
12 – Cavern Club, Liverpool (horário do almoço), e Majestic Ballroom, Birkenhead (noite)
13 – Tower Ballroom, New Brighton
14 – Regent Dansette, Rhyl
15 – Cavern Club, Liverpool (noite)
16 – Cavern Club, Liverpool (horário do almoço), e Plaza Ballroom, St Helens (noite)
17 – McIlroy's Ballroom, Swindon (mais um show no sul).
18 – Cavern Club, Liverpool (horário do almoço), e Cavern Club, Liverpool (noite)
19 – Majestic Ballroom, Birkenhead
20 – Cavern Club, Liverpool (horário do almoço), e Bell Hall, Warrington
21 – Tower Ballroom, New Brighton
22 – Cavern Club, Liverpool (noite)
23 – Kingsway Club, Southport
24 – Cavern Club, Liverpool (horário do almoço)
25 – Cavern Club, Liverpool (horário do almoço), e Cavern Club, Liverpool, e Cabaret Club, Liverpool (ambos à noite)
26 – Cambridge Hall, Southport (produção da empresa de Brian, NEMS, com a atração especial, Joe Brown, cantando seu sucesso "A Picture of You", que os Beatles incorporaram em seu repertório)
27 – Tower Ballroom, New Brighton
28 – Cavern Club, Liverpool, e Majestic Ballroom, Birkenhead (ambos à noite)
30 – Cavern Club, Liverpool (horário do almoço), e St John's Hall, Bootle (noite)

AGOSTO
1 – Cavern Club, Liverpool (horário do almoço), e Cavern Club, Liverpool (noite)
3 – Grafton Rooms, Liverpool
4 – Victoria Hall, Wirral
5 – Cavern Club, Liverpool (noite)
7 – Cavern Club, Liverpool (horário do almoço), e Cavern Club, Liverpool (noite)
8 – Co-op Ballroom, Doncaster
9 – Cavern Club, Liverpool (horário do almoço)
10 – MV Royal Iris (a terceira das quatro apresentações que os Beatles fizeram a bordo de uma barcaça, na série de shows chamada "Riverboat Shuffles")
11 – Odd Spot Club, Liverpool
12 – Cavern Club, Liverpool (noite)
13 – Cavern Club, Liverpool (horário do almoço), e Majestic Ballroom, Birkenhead (noite)
15 – Cavern Club, Liverpool (horário do almoço), e Cavern Club, Liverpool (noite)
16 – Riverpark Ballroom, Chester (um show que tinha tudo para ser um grande sucesso, ficou marcado pela ausência de Pete Best, demitido horas antes. Johnny Hutchinson, do The Big Three, tocou em seu lugar)
17 – Majestic Ballroom, Birkenhead, e Tower Ballroom, New Brighton (ambos com Johnny Hutchinson na bateria)
18 – Hulme Hall, Birkenhead (o primeiro show com Ringo na bateria)
19 – Cavern Club, Liverpool (noite)
20 – Majestic Ballroom, Crewe
22 – Cavern Club, Liverpool (horário do almoço, com a filmagem pela TV Granada de duas músicas), e Cavern Club, Liverpool (noite)
23 – Riverpark Ballroom, Chester (show no dia do casamento de John)
24 – Cavern Club, Liverpool (horário do almoço), e Majestic Ballroom, Birkenhead
25 – Marine Hall Ballroom, Fletwood
26 – Cavern Club, Liverpool (noite)
28 – Cavern Club, Liverpool (noite)
29 – Floral Hall Ballroom, Morecombe
30 – Cavern Club, Liverpool (horário do almoço), e Riverpark Ballroom, Chester
31 – Town Hall, Lydney

SETEMBRO
1 – Subscriptions Rooms, Stroud
2 – Cavern Club, Liverpool (noite)
3 – Cavern Club, Liverpool (horário do almoço), e Queen's Hall, Widness
5 – Cavern Club, Liverpool (noite)
6 – Cavern Club, Liverpool (horário do almoço), e Rialto Ballroom, Liverpool
7 – Newton Dancing School, Wirral
8 – YMCA, Birkenhead, e Majestic Ballroom, Birkenhead
9 – Cavern Club, Liverpool (noite)
10 – Cavern Club, Liverpool (horário do almoço), e Queen's Hall, Widness
12 – Cavern Club, Liverpool (noite)
13 – Cavern Club, Liverpool (horário do almoço), e Riverpark Ballroom, Chester
14 – Tower Ballroom, New Brighton
15 – Memorial Hall, Northwich
16 – Cavern Club, Liverpool (noite)
17 – Cavern Club, Liverpool (horário do almoço), e Queen's Hall, Widness
19 – Cavern Club, Liverpool (noite)
20 – Cavern Club, Liverpool (horário do almoço)
21 – Tower Ballroom, New Brighton
22 – Majestic Ballroom, Birkenhead
23 – Cavern Club, Liverpool (noite)
25 – Heswall Jazz Club, Heswall
26 – Cavern Club, Liverpool (horário do almoço), e Cavern Club, Liverpool (noite)
28 – Cavern Club, Liverpool (horário do almoço), e MV Royal Iris (a última das quatro apresentações que os Beatles fizeram a bordo de uma barcaça, na série de shows chamada "Riverboat Shuffles")
29 – Oasis Club, Manchester
30 – Cavern Club, Liverpool (noite)

OUTUBRO
2 – Cavern Club, Liverpool (horário do almoço)
3 – Cavern Club, Liverpool (noite)
4 – Cavern Club, Liverpool (horário do almoço)
6 – Dawson's Music Shop, Widness (tarde de autógrafos pelo disco "Love me Do" / "P.S. I Love You"), e Hulme Hall, Birkenhead
7 – Cavern Club, Liverpool (noite)
10 – Cavern Club, Liverpool (horário do almoço), e Cavern Club, Liverpool (noite)
11 – Rialto Ballroom, Liverpool
12 – Cavern Club, Liverpool (horário do almoço), e Tower Ballroom, New Brighton (com Little Richard fechando a noite)
13 – Cavern Club, Liverpool (noite)
15 – Majestic Ballroom, Birkenhead
16 – La Scalla Ballroom, Runcorn

17 – Cavern Club, Liverpool (horário do almoço), Granada TV Centre, Manchester (gravando programa de TV à tarde), e Cavern Club, Liverpool (noite)
19 – Cavern Club, Liverpool (horário do almoço)
20 – Majestic Ballroom, Hull
21 – Cavern Club, Liverpool (noite)
22 – Queen's Hall, Widness
26 – Cavern Club, Liverpool (horário do almoço), e Public Hall, Preston
27 – Hulme Hall, Birkenhead
28 – Empire Theatre, Liverpool (com Little Richard fechando a noite. Para os fãs dos Beatles, eles tinham atingido o topo ao se apresentarem no Empire!)

NOVEMBRO
1 a 14 – Star Club, Hamburgo (14 noites, tocando junto com Little Richard, que fechava as noites)
17– Matrix Hall, Coventry
18 – Cavern Club, Liverpool (noite)
19 – Cavern Club, Liverpool (horário do almoço), Smethwick Baths Ballroom, Smethwick, e Adelphi Ballroom, West Bromwich (ambos à noite)
20 – Floral Hall, Southport
21 – Cavern Club, Liverpool (horário do almoço), e Cavern Club, Liverpool (noite)
22 – Majestic Ballroom, Birkenhead
23 – Tower Ballroom, New Brighton
24 – Royal Lido Ballroom, Prestatyn
25 – Cavern Club, Liverpool (noite)
28 – Cavern Club, Liverpool, e 527 Club, Liverpool (ambos à noite)
29 – Majestic Ballroom, Birkenhead
30 – Cavern Club, Liverpool (horário do almoço), e Town Hall, Earlestown

DEZEMBRO
1 – Memorial Hall, Northwich, e Tower Ballroom, New Brighton
2 – Embassy Cinema, Peterborough (Frank Ifield fechou a noite onde os Beatles foram criticados na imprensa)
5 – Cavern Club, Liverpool (horário do almoço), e Cavern Club, Liverpool (noite)
6 – Club Django, Southport
7 – Cavern Club, Liverpool (horário do almoço), e Tower Ballroom, New Brighton
8 – Oasis Club, Manchester
9 – Cavern Club, Liverpool (noite)
10 – Cavern Club, Liverpool (horário do almoço)
11 – La Scalla Ballroom, Runcorn
12 – Cavern Club, Liverpool (horário do almoço), e Cavern Club, Liverpool (noite)
13 – Corn Exchange, Bedford
14 – Music Hall, Shrewsbury
15 – Majestic Ballroom, Birkenhead (dois shows na mesma noite)
16 – Cavern Club, Liverpool (noite)
18 a 31– Star Club, Hamburgo (13 noites que os Beatles odiaram, pois estavam fazendo muitos shows, programas de rádio e TV e esta ausência por 13 noites os irritou muito. Foi a última turnê em Hamburgo)

1963

JANEIRO

TURNÊ ESCOCESA

3 – Two Red Shoes Ballroom, Elgin
4 – Town Hall, Dingwall
5 – Museum Hall, Bridge of Allan
6 – Beach Ballroom, Aberdeen
FIM DA TURNÊ

10 – Grafton Rooms, Liverpool
11 – Cavern Club, Liverpool (horário do almoço), e Plaza Ballroom, Dudley
12 – Invicta Ballroom, Chatman
14 – Civic Hall, Wirral
17 – Cavern Club, Liverpool (horário do almoço), e Majestic Ballroom, Birkenhead
18 – Floral Hall Ballroom, Morecombe
19 – Town Hall Ballroom, Whitchurch
20 – Cavern Club, Liverpool (noite)
23 – Cavern Club, Liverpool (noite)
24 – Assembly Hall, Mold (antes o grupo fez uma tarde de autógrafos na loja de Brian)
25 – Co-operative Hall, Darwen
26 – El Rio Club, Macclesfield, e King's Hall, Stoke-on-Trent (John e Paul compuseram "Misery" no camarim)
27 – Three Coins Club, Manchester
28 – Majestic Ballroom, Newcastle-upon-Tyne
30 – Cavern Club, Liverpool (horário do almoço)
31 – Cavern Club, Liverpool (horário do almoço), e Majestic Ballroom, Birkenhead

FEVEREIRO
1 – Assembly Rooms, Tamworth e Maney Hall, Sutton Coldfield

TURNÊ COM HELEN SHAPIRO (1ª PARTE)

2 – Gaumont Cinema, Bradford
3 – Cavern Club, Liverpool (noite) – **fora da turnê**
4 – Cavern Club, Liverpool (horário do almoço) – **fora da turnê**
5 – Gaumont Cinema, Doncaster
6 – Granada Cinema, Bedford
7 – Regal Cinema, Wakefield
8 – ABC Cinema, Carlisle
9 – Empire Theatre, Sunderland
FIM DA 1ª PARTE

12 – Azena Ballroom, Sheffield, e Astoria Ballroom, Oldham
13 – Majestic Ballroom, Hull
14 – Locarno Ballroom, Liverpool
15 – Ritz Ballroom, Birmingham
16 – Carfax Assembly Rooms, Oxford
18 – Queen's Hall, Widnes
19 – Cavern Club, Liverpool (noite). Última vez que viram Pete Best, que tocou na mesma noite
20 – Swimming Baths, Doncaster
21 – Majestic Ballroom, Birkenhead
22 – Oasis Club, Manchester

TURNÊ COM HELEN SHAPIRO (2ª PARTE)

23 – Granada Cinema, Mansfield
24 – Coventry Theatre, Coventry
25 – Casino Ballroom, Leigh – **fora da turnê**
26 – Gaumont Cinema, Taunton
27 – Rialto Theatre, York
28 – Granada Cinema, Shrewsbury

MARÇO
1 – Odeon Cinema, Southport
2 – City Hall, Sheffield
3 – Gaumont Cinema, Hanley
FIM DA TURNÊ

4 – Plaza Ballroom, St Helens (ganharam 100 libras pela primeira vez por um único show)
7 – Elizabethan Ballroom, Nottingham
8 – The Royal Hall, Harrogate

TURNÊ COM CHRIS MONTEZ E TOMMY ROE

9 – Granada Cinema, Londres
10 – Hippodrome Theatre, Birmingham
12 – Granada Cinema, Bedford (sem John, que estava de cama)
13 – Rialto Theatre, York (sem John, que estava de cama)
14 – Gaumont Cinema, Wolverhampton (sem John, que estava de cama)
15 – Colston Hall, Bristol
16 – City Hall, Sheffield
17 – Embassy Cinema, Peterborough
18 – Regal Cinema, Gloucester
19 – Regal Cinema, Cambridge
20 – ABC Cinema, Essex
21 – ABC Cinema, West Croydon
22 – Gaumont Cinema, Doncaster
23 – City Hall, Newcastle–upon–Tyne
24 – Empire Theatre, Liverpool (depois de quase um mês, o retorno à sua cidade. E como atração principal da noite)
26 – Granada Cinema, Mansfield
27 – ABC Cinema, Northampton
28 – ABC Cinema, Exeter
29 – Odeon Cinema, Londres
30 – Guildhall, Portsmouth
31 – De Montfort Hall, Leicester
FIM DA TURNÊ

ABRIL
4 – Roxburgh Hall, Stowe
5 – Swimming Baths, Leyton
6 – Pavilion Gardens, Buxton
7 – Savoy Ballroom, Portsmouth
9 – Gaumont State Cinema, Londres
10 – Majestic Ballroom, Birkenhead
11 – Co–operative Hall, Middleton
12 – Cavern Club, Liverpool (noite)
15 – Riverside Dancing Club, Tenbury Wells
17 – Majestic Ballroom, Luton
18 – Royal Albert Hall, Londres (transmissão ao vivo do programa de rádio "Swinging Sound '63", da BBC)
19 – King's Hall, Stoke–on–Trent
20 – Mersey View Pleasure Grounds, Frodsham
21 – Empire Pool, Wembley e Pigalle Club, Londres (o show de Wembley teve público de 10 mil pessoas, pois era a entrega dos prêmios do jornal de música *New Musical Express*)
23 – Floral Hall, Southport
24 – Majestic Ballroom, Londres
25 – Fairfield Hall, Croydon
26 – Music Hall, Shrewsbury
27 – Memorial Hall, Northwich

MAIO
11 – Imperial Ballroom, Nelson
14 – Rink Ballroom, Sunderland
15 – Royalty Theatre, Chester
17 – Grosvenor Rooms, Norwich (cachê de 250 libras!)

INÍCIO DA TURNÊ COM ROY ORBISON

18 – Adelphi Cinema, Slough
19 – Gaumont Cinema, Hanley
20 – Gaumont Cinema, Southampton
22 – Gaumont Cinema, Ipswich
23 – Odeon Cinema, Nottingham
24 – Granada Cinema, Londres
25 – City Hall, Sheffield
26 – Empire Theatre, Liverpool
27 – Capitol Cinema, Cardiff
28 – Gaumont Cinema, Worcester
29 – Rialto Theatre, York
30 – Odeon Cinema, Manchester
31 – Odeon Cinema, Southend–on–Sea

JUNHO
1 – Granada Cinema, Londres
2 – Hippodrome Theatre, Brighton
3 – Granada Cinema, Londres
4 – Town Hall, Birmingham
5 – Odeon Cinema, Leeds
7 – Odeon Cinema, Glasgow
8 – City Hall, Newcastle–upon–Tyne
9 – King George's Hall, Blackburn
FIM DA TURNÊ
10 – Pavillion, Bath
12 – Grafton Rooms, Liverpool
13 – Palace Theatre Club, Stockport, e Southern Sporting Club, Manchester
14 – Tower Ballroom, New Brighton
15 – City Hall, Salisbury
16 – Odeon Cinema, Romford
21 – Odeon Cinema, Guildford
22 – Town Hall, Abergavenny
25 – Astoria Ballroom, Middlesbrough
26 – Majestic Ballroom, Newcastle–upon–Tyne (John e paul compuseram "She Loves You" no hotel)
28 – Queen's Hall, Leeds
30 – ABC Cinema, Norfolk

JULHO
5 – Plaza Ballroom, Old Hill
6 – Memorial Hall, Northwich
7 – ABC Theatre, Blackpool
8 a 13 – Winter Gardens, Margate (duas apresentações por noite)
14 – ABC Theatre, Blackpool
19 – Ritz Ballroom, Rhyl
21 – Queen's Theatre, Blackpool
22 a 27 – Odeon Cinema, Weston–upon–Mare
28 – ABC Cinema, Great Yarmouth
31 – Imperial Ballroom, Nelson

AGOSTO
2 – Grafton Rooms, Liverpool
3 – Cavern Club, Liverpool (última apresentação dos Beatles em seu "reduto". O cachê da última noite foi de 300 libras. O primeiro cachê que receberam lá foi de 5 libras!)
4 – Queen's Theatre, Blackpool
5 – Abbotsfield Park, Urmston

MINITURNÊ NAS "CHANNEL ISLANDS"

6 e 7 – Springfield Ballroom, Jersey
8 – Auditorium, Guernsey
9 e 10 – Springfield Ballroom, Jersey
FIM DA MINITURNÊ

11 – ABC Theatre, Blackpool
12 a 17 – Odeon Cinema, Llandudno
18 – Princess Theatre, Torquay
19 a 24 – Gaumont Cinema, Bournemouth
25 – ABC Theatre, Blackpool

26 a 31 – Odeon Cinema, Southport

SETEMBRO
4 – Gaumont Cinema, Worcester
5 – Gaumont Cinema, Taunton
6 – Odeon Cinema, Luton
7 – Fairfield Hall, Croydon
8 – ABC Theatre, Blackpool
13 – Public Hall, Preston
14 – Memorial Hall, Northwich
15 – Royal Albert Hall, Londres

OUTUBRO

MINITURNÊ NA ESCÓCIA

5 – Concert Hall, Glasgow
6 – Carlton Theatre, Kirkcaldy
7 – Caird Hall, Dundee
FIM DA MINITURNÊ

11 – TrenthamGardens, Trentham
15 – Floral Hall, Southport
19 – Pavillion Gardens Ballroom, Buxton
20 – Majestic Ballroom, Hull

TURNÊ NA SUÉCIA

24 – Karlaplansstudion, Estocolmo (programa de rádio "The Beatles popgrup från Liverpool på besök i Stockholm")
25 – Nya Aulan, Karlstad (duas apresentações)
26 – Kungliga Tenninshallen, Estocolmo (duas apresentações)
27 – Cirkus, Göteborg (três apresentações)
28 – Boråshallen, Borås
29 – Sporthallen, Eskilstuna
30 – Narren–teatern, Estocolmo (apresentação na Sveriges Television, no programa "Drop It")
FIM DA TURNÊ

NOVEMBRO

INÍCIO DA TURNÊ "THE BEATLES AUTUMN TOUR"

1 – Odeon Cinema, Cheltenham
2 – City Hall, Cheffield
3 – Odeon Cinema, Leeds
4 – Prince of Wales, Londres (The Royal Variety Performance) – **fora da turnê**
5 – Adelphi Cinema, Slough
6 – ABC Cinema, Northampton
7 – Adelphi Cinema, Dublin, Eire (única apreasentação dos Beatles na Irlanda)
8 – Ritz Cinema, Belfast, Irlanda do Norte
9 – Granada Cinema, Londres
10 – Hippodrome Theatre, Birmingham
13 – ABC Cinema, Plymouth
14 – ABC Cinema, Exeter
15 – Colston Hall, Bristol
17 – Coventry Theatre, Coventry
19 – Gaumont Cinema, Wolverhampton
20 – ABC Cinema, Manchester
21 – ABC Cinema, Carlisle
22 – Globe Cinema, Stocktin–on–Tees
23 – City Hall, Newcastle–upon–Tynes
24 – ABC Cinema, Hull
26 – Regal Cinema, Cambridge
27 – Rialto Theatre, York
28 – ABC Cinema, Lincoln
29 – ABC Cinema, Huddersfield
30 – Empire Theatre, Sunderland

DEZEMBRO
1 – De Montfort Hall, Leicester
2 – Grosvenos House Hotel, Londres – **fora da turnê**
3 – Guildhall, Portsmouth
7 – Empire Theatre, Liverpool (show á tarde só para membros do fã-clube – **fora da turnê**), e Odeon Cinema, Liverpool
8 – Odeon Cinema, Londres
9 – Odeon Cinema, Southend–on–Sea
10 – Gaumont Cinema, Doncaster
11 – Futurist Theatre, Scarborough
12 – Odeon Cinema, Nottingham
13 – Gaumont Cinema, Southampton
FIM DA TURNÊ

14 – Wimbledon Palais, Londres
21 – Gaumont Cinema, Bradford (prévia do show de Natal)
22 – Empire Theatre, Liverpool (prévia do show de Natal)

THE BEATLES CHRISTMAS SHOW

24 a 31 – Astoria Cinema, Finsbury Park, Londres (exceto 25 e 29)

1964

JANEIRO

THE BEATLES CHRISTMAS SHOW (2ª PARTE)

1 a 11 – Astoria Cinema, Finsbury Park, Londres
FIM DO THE BEATLES CHRISTMAS SHOW

12 – London Palladium, Londres (mais um "Sunday Night at the London Palladium)

TURNÊ NA FRANÇA

15 – Cinéma Cyrano, Versailles
16 a 28 – Olympia Theatre, Paris
30 e 31 – Olympia Theatre, Paris

FEVEREIRO
1 a 4 – Olympia Theatre, Paris
FIM DA TURNÊ

VISITA AOS ESTADOS UNIDOS

8 – Ensaios para o programa de Ed Sullivan
9 – Gravação de um terceiro programa e transmissão ao vivo da primeira apresentação no *The Ed Sullivan Show*
11 – Washington Coliseum, Washington DC (apresentação para 8 mil pessoas)
12 – Carnegie Hall, Nova Iorque (duas apresentações, cada uma para 2.900 pessoas)
14 – Ensaios para o segundo programa de Ed Sullivan, em Miami
15 – Mais ensaios e atividades promocionais
16 – Transmissão ao vivo da segunda apresentação no *The Ed Sullivan Show*
FIM DA VISITA AOS ESTADOS UNIDOS

22 – Chegada apoteótica em Londres, com cobertura das redes de TV

ABRIL
26 – Empire Pool, Wembley (o show de Wembley teve novamente público de 10 mil pessoas, em mais uma entrega dos prêmios do jornal de música *New Musical Express*)

MINITURNÊ NA ESCÓCIA

29 – ABC Cinema, Edinburgo.
30 – Odeon Cinema, Glasgow (duas apresentações)
FIM DA MINITURNÊ

MAIO
31 – Prince of Wales, Londres (duas apresentações no show "Pops Alive!", promovido por Brian)

JUNHO
3 – Estúdio 2, EMI Studios, Abbey Road (as gravações foram canceladas por causa da internação de urgência de Ringo. Ensaios com Jimmy Nicol e gravação das demos de "You Know What To Do", "It's For You" e "No Reply")

TURNÊ MUNDIAL

4 – KB Hallen, Copenhague, Dinamarca (dois shows para 4.400 pessoas em cada um – Jimmy Nicol começa a turnê no lugar de Ringo, internado)
5 – Café–Restaurant Treslong, Hillegom. Holanda (gravação para a VARA–TV)
6 – Veilinghal Op Hoop Van Zegen, Blokker, Holanda (dois shows, com cerca de 2.000 pesoas no primeiro e 7.000 no segundo)
9 – Princess Theatre, Kowloon, Hong Kong (dois shows, apenas 1.700 pessoas em cada, devido aos altos preços cobrados)
12 – Centennial Hall, Adelaide, Austrália (dois shows com 12 mil pessoas em cada)
13 – Centennial Hall, Adelaide, Austrália (mais dois shows com 12 mil pessoas em cada)
15 – Festival Hall, Melbourne, Austrália (dois shows, com a volta de Ringo)
16 – Festival Hall, Melbourne, Austrália (dois shows)
17 – Festival Hall, Melbourne, Austrália (dois shows, somando um total de 45 mil pessoas nas seis apresentações). O último show foi transmitido pelo Canal 9 da TV australiana, no programa especial "The Beatles Sings For Shell" (a patrocinadora)
18 – Stadium, Sydney, Austrália (duas apresentações para 12 mil pessoas em cada uma)
19 – Stadium, Sydney, Austrália (duas apresentações para 12 mil pessoas em cada uma)
20 – Stadium, Sydney, Austrália (duas apresentações para 12 mil pessoas em cada uma)
22 – Town Hall, Wellington, Nova Zelândia (dois shows para 2.500 pessoas). Ringo voltou a cantar "Boys", já recuperado de sua cirurgia na garganta
23 – Town Hall, Wellington, Nova Zelândia (dois shows para 2.500 pessoas)
24 – Town Hall, Auckland, Nova Zelândia (dois shows)
25 – Town Hall, Auckland, Nova Zelândia (dois shows, totalizando 10 mil pessoas nas quatro apresentações)
26 – Town Hall, Dunedin, Nova Zelândia (dois shows, totalizando 8 mil pessoas nas duas apresentações)
27 – Majestic Theatre, Christchurch, Nova Zelândia
29 – Festival Hall, Brisbane, Austrália (dois shows, 5.500 pessoas em cada um)
30 – Festival Hall, Brisbane, Austrália (dois shows, 5.500 pessoas em cada um)
FIM DA TURNÊ

JULHO
12 – Hippodrome, Brighton (Jimmy Nicol e seu grupo, Shubdubs, também tocaram, mas não se encontraram)
19 – ABC Theatre, Blackpool (participaram do "Big Night Out" e tocaram cinco músicas)
22 – London Palladium, Londres (participaram do evento beneficente "The Night Of A Hundred Stars" e fizeram um curto show)
26 – Opera House, Blackpool

MINITURNÊ NA SUÉCIA

28 – Johanneshovs Isstadion, Estocolmo, Suécia (duas apresentações)
29 – Johanneshovs Isstadion, Estocolmo, Suécia (duas apresentações)
FIM DA TURNÊ

AGOSTO
2 – Gaumont Cinema, Bournemouth (o "desconhecido" grupo "Kinks" abriu para os Beatles nessa noite)
9 – Futurist Theatre, Scarborough
16 – Opera House, Blackpool (o grupo "High Numbers" – futuro "The Who", abriu para os Beatles nessa noite)

TURNÊ NOS ESTADOS UNIDOS

19 – Cow Palace, São Francisco (show para 17.130 pessoas. Os Beatles tocaram 12 músicas)
20 – Convention Center, Las Vegas (dois shows, para um total de 16 mil pessoas).
21 – Coliseum, Seattle (show para 14.720 pessoas)
22 – Empire Stadium, Vancouver, Canadá (show para 20.261 pessoas, que foi transmitido ao vivo pela rádio CKNW)
23 – Hollywood Bowl, Los Angeles (show para 18.700 pessoas, gravado pela Capitol para lançamento em disco e filmado).
26 – Red Rocks Amphiteatre, Denver (show para 7 mil pessoas)
27 – Cincinnati Gardens, Cincinnati (show para 14 mil pessoas)
28 – Forest Hills Tennis Stadium (show para 16 mil pessoas)
29 – Forest Hills Tennis Stadium (show para 16 mil pessoas)
30 – Convention Hall, Atlantic City (show para 18 mil pessoas)

SETEMBRO
2 – Convention Hall, Philadelphia (uma apresentação para 13 mil pessoas)

3 – Indiana State Fair Coliseum, Indianápolis (uma apresentação para 29.337 pessoas)
4 – Milwaukee Arena, Milwaukee (uma apresentação)
5 – International Amphitheatre, Chicago (uma apresentação)
6 – Olympia Stadium, Detroit (duas apresentações)
7 – Maple Leaf Gardens, Toronto (duas apresentações para um total de 35.522 pessoas)

8 – Forum, Montreal (duas apresentações, para 21 mil pessoas)
11 – Gator Bowl, Jacksonville (32 mil ingressos vendidos, mas 9 mil pessoas não chegaram ao estádio, por causa dos estragos do furacão Dora, dois dias antes)
12 – Boston Garden, Boston (uma apresentação)
13 – Civic Center, Baltimore (duas apresentações para 28 mil pessoas no total)
14 – Civic Arena, Pittsburgh (uma apresentação, para 12.603 fãs histéricas)
15 – Public Auditorium, Cleveland (uma apresentação, tumultuada)
16 – Civic Park Stadium, Nova Orleans (uma apresentação para 12 mil pessoas)
17 – Municipal Stadium, Kansas City (uma apresentação, com o maior cachê já pago até então)
18 – Dallas Memorial Auditorium, Dallas (uma apresentação)
20 – Paramount Theatre, Nova Iorque (3.682 pessoas pagaram 100 dólares por ingresso, cujo preço normal não chegava a 5 dólares, nesse evento beneficente intitulado "Na Evening With The Beatles")
FIM DA TURNÊ

OUTUBRO
3 – The Granville Studio, Londres (gravação do programa de TV "Shindig", onde tocaram ao vivo três músicas)

INÍCIO DA TURNÊ NA INGLATERRA

9 – Gaumont Cinema, Bradford (duas apresentações)
10 – De Montfort Hall, Leicester (duas apresentações)
11 – Odeon Cinema, Birmingham (duas apresentações)
13 – ABC Cinema, Wigan (duas apresentações)
14 – ABC Cinema, Manchester (duas apresentações)
15 – Globe Cinema, Stockton-on-Tees (duas apresentações)
16 – ABC Cinema, Hull (duas apresentações)
20 – Caird Hall, Dundee (duas apresentações)
21 – Odeon Cinema, Glasgow (duas apresentações)
22 – Odeon Cinema, Leeds (duas apresentações)
23 – Gaumont State Cinema, Londres (duas apresentações)
24 – Granada Cinema, Londres (duas apresentações)
25 – Hippodrome Theatre, Brighton (duas apresentações)
28 – ABC Cinema, Exeter (duas apresentações)
29 – ABC Cinema, Plymouth (duas apresentações)
30 – Gaumont Cinema, Bournemouth (duas apresentações)
31 – Gaumont Cinema, Ipswich (duas apresentações)

NOVEMBRO
1 – Astoria Cinema, Londres (duas apresentações)
2 – King's Hall, Belfast, Irlanda do Norte (duas apresentações)
4 – Ritz Cinema, Luton (duas apresentações)
5 – Odeon Cinema, Nottingham (duas apresentações)
6 – Gaumont Cinema, Southampton (duas apresentações)
7 – Capitol Cinema, Cardiff (duas apresentações)
8 – Empire Theatre, Liverpool (duas apresentações)
9 – City Hall, Sheffield (duas apresentações)
10 – Colston Hall, Bristol (duas apresentações)
FIM DA TURNÊ

DEZEMBRO

ANOTHER BEATLES CHRISTMAS SHOW (1ª PARTE)

24 a 31 – Odeon Cinema, Hammersmith, Londres (10 apresentações, exceto 25 e 27)

1965

JANEIRO

ANOTHER BEATLES CHRISTMAS SHOW (2ª PARTE)

1 a 16 – Odeon Cinema, Hammersmith, Londres (28 apresentações, exceto 3 e 10)
FIM DO ANOTHER BEATLES CHRISTMAS SHOW

ABRIL
11 – Empire Pool, Wembley, Londres – Apresentação no "New Musical Express 1964–65 Annual Poll Winners' All Stars Concert. Pela terceira vez os Beatles foram premiados e apareceram perante 10 mil fãs ensandecidas.

JUNHO

TURNÊ EUROPÉIA

20 – Palais des Sports, Paris, França (dois shows, com 6 mil pessoas cada um)
22 – Palais d'Hiver, Lyon, França (dois shows, com 3.500 pessoas em cada)
24 – Velodromo Vigorelli, Milão, Itália. Dois shows em um estádio para 22 mil pessoas. Mas apenas 7 mil estavam na primeira apresentação e 20 mil na segunda.
25 – Palazzo dello Sport, Gênova, Itália. Um estádio para 25 mil pessoas não viu mais do 5 mil fãs em cada uma das duas apresentações.

27 e 28 – Teatro Adriano, Roma, Itália. Quatro apresentações neste cinema com capacidade para 2 mil pessoas. Nunca mais do que mil fãs estiveram em cada uma delas.
30 – Palais des Expositions, Nice, França. Uma única apresentação.

JULHO
2 – Plaza de Toros de Las Ventas, Madri, Espanha. Uma apresentação.
3 – Plaza de Toros Monumental, Barcelona, Espanha. Uma apresentação.
FIM DA TURNÊ

AGOSTO

1 – ABC Theatre, Blackpool. Apresentação ao vivo no "Blackpool Night Out".

TURNÊ AMERICANA

14 – Studio 50, Nova Iorque. Apresentação no *The Ed Sullivan Show*
15 – Shea Stadium, Nova Iorque. Uma memorável apresentação para 56 mil pessoas, um recorde de público e de arrecadação
17 – Maple Leaf Gardens, Toronto, Canadá. Duas apresentações para 18 mil pessoas cada
18 – Atlanta Stadium, Atlanta. Uma apresentação, para 30 mil pessoas
19 – Sam Houston Coliseum, Houston. Duas apresentações para 12 mil pessoas cada
20 – White Sox Park, Chicago. Duas apresentações, para 25 e 37 mil pessoas
21 – Metropolitan Stadium, Minneapolis. Uma apresentação para 25 mil pessoas. A capacidade do estádio era de 45 mil lugares
22 – Memorial Coliseum, Portland. Duas apresentações para 20 mil pessoas cada. Carl Wilson e Mike Love, dos "Beach Boys", visitaram os Beatles no camarim
28 – Balboa Stadium, San Diego. Uma apresentação
29 e 30 – Hollywood Bowl, Los Angeles. Duas apresentações na bela arena ao ar livre. Os shows foram novamente gravados pela Capitol, e seriam lançados oficialmente em 1967, junto com as gravações do show de 1964
31 – Cow Palace, San Francisco. Duas apresentações, para 12 e 17 mil pessoas
FIM DA TURNÊ

DEZEMBRO

TURNÊ BRITÂNICA

3 – Odeon Cinema, Glasgow, Escócia (duas apresentações)
4 – City Hall, Newcastle–upon–Tyne (duas apresentações)
5 – Empire Theatre, Liverpool (duas apresentações. Na segunda, Paul tocou bateria com o grupo The Koobas, na música "Dizzy Miss Lizzy")
7 – ABC Cinema, Manchester (duas apresentações)
8 – Gaumont Cinema, Sheffield (duas apresentações)
9 – Odeon Cinema, Birmingham (duas apresentações)
10 – Odeon Cinema, Hammersmith, Londres (duas apresentações)
11 – Astoria Cinema, Finsbury Park, Londres (duas apresentações)
12 – Capitol Cinema, Cardiff (duas apresentações)
FIM DA TURNÊ

1966

MAIO

1 – Empire Pool, Wembley. Quarta e última apresentação dos Beatles no "New Musical Express Annual Poll–Winners' All Star Concert".

JUNHO

TURNÊ MUNDIAL

24 – Circus–Krone–Bau, Munique, Alemanha. Duas apresentações
25 – Grugahalle, Essen, Alemanha. Duas apresentações
26 – Ernst Merck Halle, Hamburgo, Alemanha. Duas apresentações para 5.600 pessoas em cada uma
30 – Nippon Budokan Hall, Tóquio, Japão. Uma apresentação para 10 mil pessoas
JULHO
1 – Nippon Budokan Hall, Tóquio, Japão. Duas apresentações para 10 mil pessoas cada
2 – Nippon Budokan Hall, Tóquio, Japão. Duas apresentações para 10 mil pessoas cada
4 – Rizal Memorial Football Stadium, Manilla, Filipinas. Duas apresentações, para 30 e 50 mil pessoas
FIM DA TURNÊ

AGOSTO

TURNÊ AMERICANA

12 – International Amphitheatre, Chicago. Duas apresentações para 13 mil pessoas cada
13 – Olympia Stadium, Detroit. Duas apresentações, para um total de 28 mil pessoas
14 – Cleveland Stadium, Ohio. Uma única apresentação para 20 mil pessoas. Na quarta música, 2.500 fãs invadiram a área restrita do campo e o show, como em 1964, foi interrompido por 30 minutos
15 – DC Stadium, Washington DC. Um show para 32 mil pessoas
16 – John F Kennedy Stadium, Philadelphia. Uma apresentação para 21 mil pessoas, num estádio com capacidade para 60 mil. A tempestade elétrica assustou os Beatles, pois se chovesse eles seriam eletrocutados. Não havia naquela época um sistema de aterramento para os instrumentos que usavam
17 – Maple Leaf Gardens, Toronto. Duas apresentações para 15 e 17 mil pessoas em cada uma
18 – Suffolk Downs Racetrack, Boston. Um show para 25 mil pessoas, em que os Beatles tocaram no gramado de uma pista de corrida de cavalos
19 – Mid–South Coliseum, Memphis. Duas apresentações que não lotaram os 13.300 lugares. Uma com 10 mil e outra com 12.500 pessoas
20 – Crosley Field, Cincinnati. Show adiado para o dia seguinte por causa do temporal
21 – Crosley Field, Cincinnati, na hora do almoço, e Busch Stadium, St. Louis, à noite. Mesmo com o temporal que caía, 23 mil fãs assitiram aos Beatles tocarem. O grupo estava protegido por uma lona
23 – Shea Stadium, Nova Iorque. Uma apresentação onde 11 mil lugares vazios contrastaram com a casa cheia do ano anterior
25 – Coliseum, Seattle. Duas apresentações nesta arena com 15 mil

lugares. O primeiro show teve apenas 8 mil pagantes. O segundo estava lotado
28 – Dodge Stadium, Los Angeles. Uma apresentação para 45 mil pessoas
29 – Candlestick Park, San Francisco. A última apresentação ao vivo dos Beatles. Durou exatos 23 minutos e foi assistida por 25 mil pessoas
FIM DA TURNÊ

1969

JANEIRO
30 – Apple Corps, Londres. O Famoso show do terraço, onde os Beatles tocaram por 42 minutos, sendo filmados para o documentário "Get Back", que acompanharia o disco que estava sendo gravado

MARÇO
2 – Lady Mitchell Hall, Cambridge. John e Yoko apresentam-se para 500 alunos da Universidade de Cambridge. Não foi um show de verdade. Yoko fazia seus sons guturais e John acompanhava com distorções e microfonia

SETEMBRO
13 – Varsity Stadium, Toronto. John monta às pressas a "Plastic Ono Band", com Eric Clapton, Klaus Voorman e Alan White, e apresenta-se no Festival da Paz montado com vários astros dos anos 50. Um público de 27 mil pessoas assistiu ao show de 40 minutos, totalmente filmado e gravado para posterior lançamento
DEZEMBRO

DELANEY & BONNIE AND FRIENDS BRITISH TOUR

2 – Colston Hall, Bristol. Eric Clapton convenceu George a participar da turnê, quase como um músico anônimo. George acabou cedendo e juntou-se à trupe. Duas apresentações por noite em toda a turnê
3 – Town Hall, Birmingham
4 – City Hall, Sheffield
5 – City Hall, Newcastle-upon-Tynes
6 – Empire Theatre, Liverpool
7 – Fairfield Hall, Croydon. Este último show da turnê foi gravado e lançado no disco *Delaney & Bonnie On Tour With Eric Clapton*, que seria lançado em maio de 1970
FIM DA TURNÊ

DELANEY & BONNIE AND FRIENDS DANNISH TOUR

10 A 12 – Falkoner Theatre, Copenhagem, Dinamarca. A trupe fez três shows na Dinamarca e George manteve-se fiel ao compromisso firmado com Eric
FIM DA TURNÊ

15 – Lyceum Ballroom, Londres. Concerto beneficente do Unicef, batizado de "Peace for Christmas", contou com John e seu "Plastic Ono Supergroup", montado em apenas 48 horas. Os membros eram Yoko, George, Eric Clapton, Klaus Voorman, Keith Moon, Bobby Keys, Billy Preston, Alan White, Jim Gordon e Delaney & Bonnie. Pela primeira vez dois Beatles estavam juntos num palco inglês, desde maio de 1966

1970

SETEMBRO
19 – Royal Festival Hall, Londres. George faz uma aparição no "Festival of Arts of India", organizado por Birenda Shankar, sobrinha de Ravi Shankar, que se apresentava. Ele promoveu o festival

NOVEMBRO
2 – Ungano's Club, Nova Iorque. George estava na cidade mixando seu LP e aproveitou para assistir ao show do "Badfinger" neste clube. Subiu e apresentou a banda

ANEXO II

CURIOSIDADES FONOGRÁFICAS

Os discos dos Beatles pelo mundo (oficiais ingleses e curiosidades americanas e brasileiras)

Uma lista completa dos discos dos Beatles pelo mundo pode ser vista no site do autor:
http://www.tucunare.bio.br/beatles/discografias.asp

LEGENDA

78 = 78 rotações	Cs = compacto-simples	Cd = compacto-duplo	Lp = long-playing

Em **negrito** os lançamentos oficiais Ingleses

1962

JANEIRO
CS – My Bonnie / The Saints (Polydor NH 66833) – Inglaterra

ABRIL
CS – My Bonnie / The Saints (Decca 31382) – Estados Unidos

OUTUBRO
CS – Love Me Do / P.S. I Love You (Parlophone 45–R 4949) – Inglaterra

NOVEMBRO
LP – Twistin' (Polydor DCP 621.517) – Brasil (com as gravações de Tony Sheridan e os Beatles)

1963

JANEIRO
CS – Please Please Me / Ask Me Why (Parlophone 45–R 4983) – Inglaterra

FEVEREIRO
CS – Please Please Me / Ask Me Why (Vee-Jay VJ 498) – Estados Unidos

MARÇO
LP – Please Please Me (Parlophone PMC 1202) – Inglaterra

ABRIL
Cs – From Me To You / Thank You Girl (Parlophone R 5015) – Inglaterra

MAIO
CS – From Me To You / Thank You Girl (Vee-Jay VJ 522) – Estados Unidos

AGOSTO
CS – She Loves You / I'll Get You (Parlophone R 5055) – Inglaterra

SETEMBRO
CS – She Loves You / I'll Get You (Swan 4152) – Estados Unidos

NOVEMBRO
CS – I Want To Hold Your Hand / This Boy (Parlophone R 5084) – Inglaterra
LP – With The Beatles (Parlophone PMC 1206) – Inglaterra

DEZEMBRO
CS – I Want To Hold Your Hand / I Saw Her Standing There (Capitol 5112) – Estados Unidos
CS – Please Please Me / From Me To You (Odeon 7I 3044) – Brasil

1964

JANEIRO
CS – Please Please Me / From Me To You (Vee-Jay VJ 581) – Estados Unidos
CS – My Bonnie / The Saints (MGM K–13 213) – Estados Unidos
LP – Introducing The Beatles (VJLP 1062) – Estados Unidos
LP – Meet The Beatles (Capitol T 2047) – Estados Unidos

FEVEREIRO
CS – Twist And Shout / There's A Place (Tollie 9001) – Estados Unidos
LP – The Beatles With Tony Sheridan and Guests (MGM E 4215) – Estados Unidos
LP – Jolly What! The Beatles and Frank Ifield On Stage (VJLP 1085) – Estados Unidos

MARÇO
CS – Can't Buy Me Love / You Can't Do That (Parlophone R 5114) – Inglaterra
CS – Can't Buy Me Love / You Can't Do That (Capitol 5150) – Estados Unidos
CS – Do You Want To Know A Secret / Thank You Girl (Vee-Jay VJ 587) – Estados Unidos
CS – Why / Cry For A Shadow (MGM K–13227) – Estados Unidos
CS – I Want To Hold Your Hand / She Loves You (Odeon 7I 3049) – Brasil
LP – Beatlemania (Odeon MOFB 274) – Brasil

ABRIL
CS – Love Me Do / P.S. I Love You (Tollie 9008) – Estados Unidos
LP – The Beatles' Second Album (Capitol T 2080) – Estados Unidos

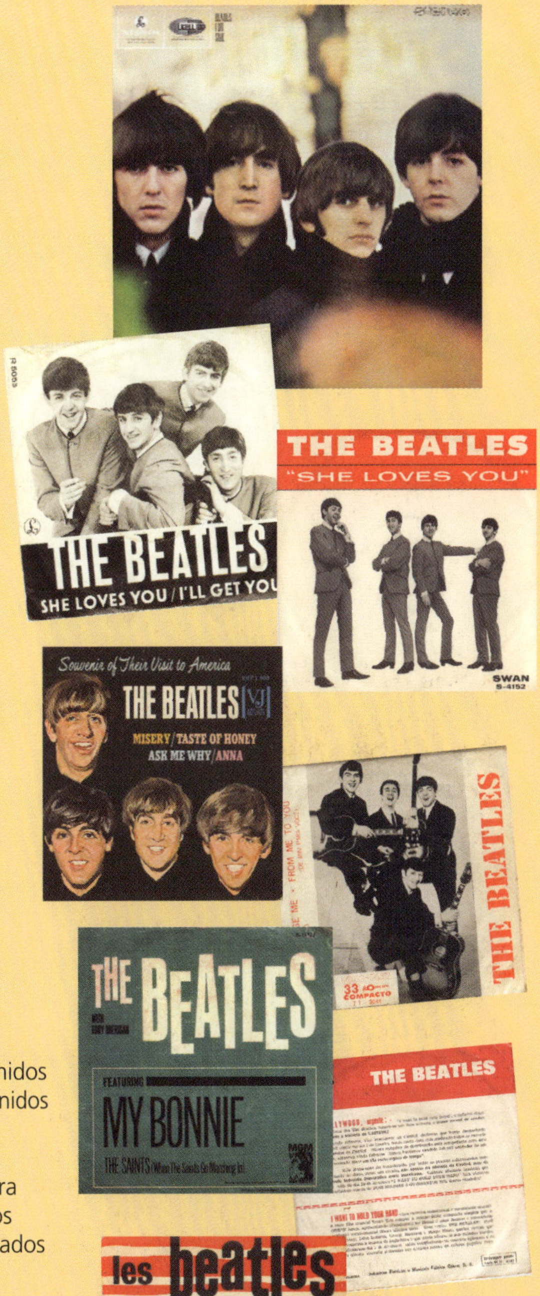

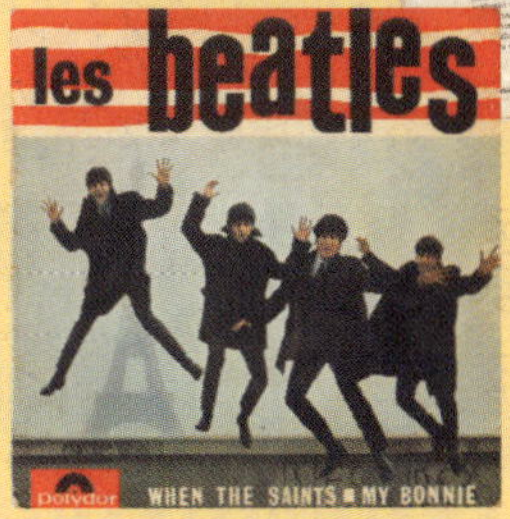

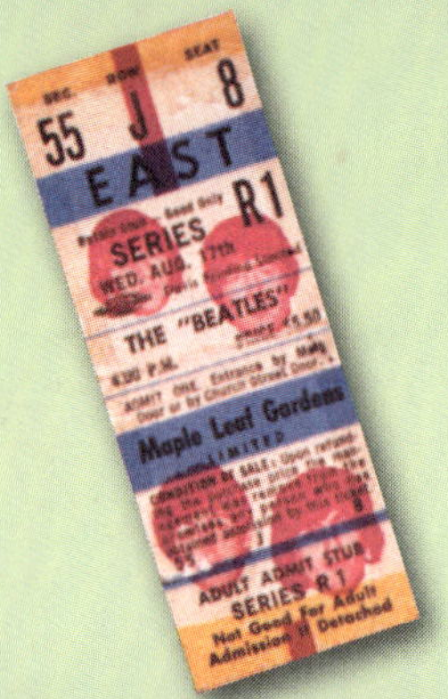

MAIO
CS – Sie Liebt Dich / I'll Get You (Swan 4182) – Estados Unidos

JUNHO
CD – Long Tall Sally (Long Tall Sally / I Call Your Name / Slow Down / Matchbox) (Parlophone GEP 8913) – Inglaterra
CS – Sweet Georgia Brown / Take Out Some Insurance On Me Baby (Atco 6302) – Estados Unidos
CS – Long Tall Sally / I Call Your Name (Odeon 7I 3074) – Brasil
LP – A Hard Day's Night (United Artists UAL 3366) – Estados Unidos

JULHO
CS – A Hard Day's Night / Things We Said Today (Parlophone R 5160) – Inglaterra
CS – A Hard Day's Night / I Should Have Known Better (Capitol 5222) – Estados Unidos
CS – I'll Cry Instead / I'm Happy Just To Dance With You (Capitol 5234) – Estados Unidos
CS – And I Love Her / If I Fell (Capitol 5235) – Estados Unidos
CS – Ain't She Sweet / Nobody's Child (Atco 6308) – Estados Unidos
LP – A Hard Day's Night (Parlophone PMC 1230) – Inglaterra
LP – Something New (Capitol T 2108) – Estados Unidos
LP – Songs, Pictures & Stories of the Fabulous Beatles (Vee-Jay VJ 1092) – Estados Unidos
LP – The Beatles Again (Odeon MOFB 287) – Brasil

AGOSTO
CS – Do You Want To Know A Secret / Thank You Girl (Oldies OL–149) – Estados Unidos
CS – Please Please Me / From Me To You (Oldies OL–150) – Estados Unidos
CS – Love Me Do / P.S. I Love You (Oldies OL–151) – Estados Unidos
CS –Twist And Shout / There's A Place (Oldies OL–152) – Estados Unidos
CS – Matchbox / Slow Down (Capitol 5255) – Estados Unidos
LP – The Beatles vs The Four Seasons (Vee-Jay DX–30) – Estados Unidos

OUTUBRO
LP – Ain't She Sweet (Atco SD 33–169) – Estados Unidos
LP – Hear The Beatles Tell All (Vee-Jay PRO 30) – Estados Unidos

NOVEMBRO
CS – I Feel Fine / She's A Woman (Parlophone R 5200) – Inglaterra
CS – I Feel Fine / She's A Woman (Capitol 5327) – Estados Unidos
LP – The Beatles' Story (Capitol TBO 2222) – Estados Unidos

DEZEMBRO
CS – A Hard Day's Night / I Should Have Known Better (Odeon 7I 3083) – Brasil
LP – The Beatles For Sale (Parlophone PMC 1240) – Inglaterra
LP – The Beatles '65 (Capitol T 2228) – Estados Unidos

1965

JANEIRO
LP – Os Reis do Ié, Ié, Ié (Odeon MOFB 299) – Brasil

FEVEREIRO
CS – Eight Days A Week / I Don't Want To Spoil The Party (Capitol 5371) – Estados Unidos

MARÇO
LP – The Early Beatles (Capitol T 2309) – Estados Unidos

ABRIL
CS – Ticket To Ride / Yes It Is (Parlophone R 5265) – Inglaterra
CS – Ticket To Ride / Yes It Is (Capitol 5407) – Estados Unidos
CS – I Feel Fine / If I Fell (Odeon 7I 3102) – Brasil
LP – The Beatles (Odeon MOFB 317) – Brasil (Beatles For Sale)

JUNHO
LP – The Beatles VI (Capitol T 2358) – Estados Unidos

JULHO
CS – Help! / I'm Down (Parlophone R 5305) – Inglaterra
CS – Help! / I'm Down (Capitol 5476) – Estados Unidos
CS – Eight Days A Week / Rock And Roll Music (Odeon 7I 3119) – Brasil

AGOSTO
LP – Help! (Parlophone PMC 1255) – Inglaterra
LP – Help! (Capitol MAS 2386) – Estados Unidos

SETEMBRO
CS – Yesterday / Act Naturally (Capitol 5498) – Estados Unidos

OUTUBRO
CS – Ticket To Ride / This Boy (Odeon 7I 4102) – Brasil

NOVEMBRO
CD – Help! / I'm Down / Not A Second Time / Till There Was You (Odeon 7ID 4102) – Brasil

DEZEMBRO
CS – We Can Work It Out / Day Tripper (Parlophone R 5389) – Inglaterra
CS – We Can Work It Out / Day Tripper (Capitol 5555) – Estados Unidos
LP – Rubber Soul (Parlophone PMC 1267) – Inglaterra
LP – Rubber Soul (Capitol T 2442) – Estados Unidos
LP – Help! (trilha sonora do filme *Socorro)* (Odeon MOFB 333) – Brasil

1966

JANEIRO
CD – You Like Me Too Much / Tell Me What You See / Dizzy Miss Lizzie / Yes It Is (Odeon 7ID 4106) – Brasil

FEVEREIRO
CS – Nowhere Man / What Goes On (Capitol 5587) – Estados Unidos

MARÇO
LP – Rubber Soul (Odeon BTL 1001) – Brasil

ABRIL
CS – I'm Looking Through You / The Word (Parlophone) – Portugal

MAIO
CS – Paperback Writer / Rain (Capitol 5651) – Estados Unidos

JUNHO
CS – Paperback Writer / Rain (Parlophone R 5452) – Inglaterra

CS – Day Tripper / We Can Work It Out (Odeon 7BT 01) – Brasil
LP – Yesterday And Today (Capitol T 2553) – Estados Unidos

AGOSTO
CS – Eleanor Rigby / Yellow Submarine (Parlophone R 5493) – Inglaterra
CS – Eleanor Rigby / Yellow Submarine (Capitol 5715) – Estados Unidos
LP – Revolver (Parlophone PMC 7009) – Inglaterra
LP – Revolver (Capitol T 2576) – Estados Unidos

SETEMBRO
CS – Paperback Writer / Rain (Odeon 7BT 02) – Brasil

OUTUBRO
CD – Yesterday / Act Naturally / You Like Me Too Much / It's Only Love (Odeon 7BTD 2001) – Brasil
LP – Revolver (Odeon BTL 1002) – Brasil

NOVEMBRO
CS – Michelle / Yesterday (Odeon 7BT 03) – Brasil

DEZEMBRO
CS – Yellow Submarine / Eleanor Rigby (Odeon 7BT 04) – Brasil
LP – A Collection of Beatles Oldies... But Goldies (Parlophone PMC 7016) – Inglaterra

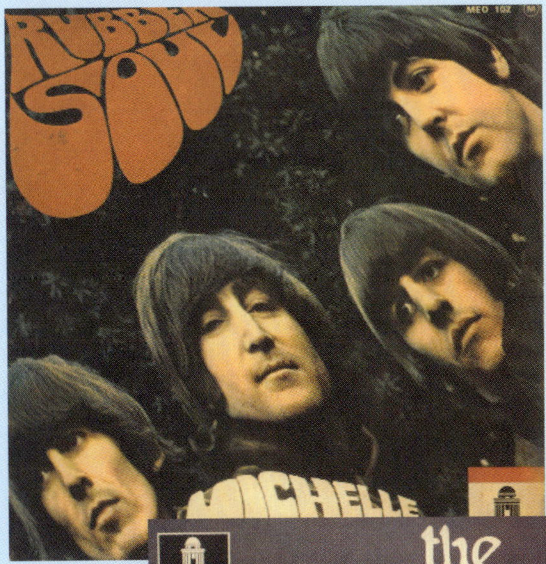

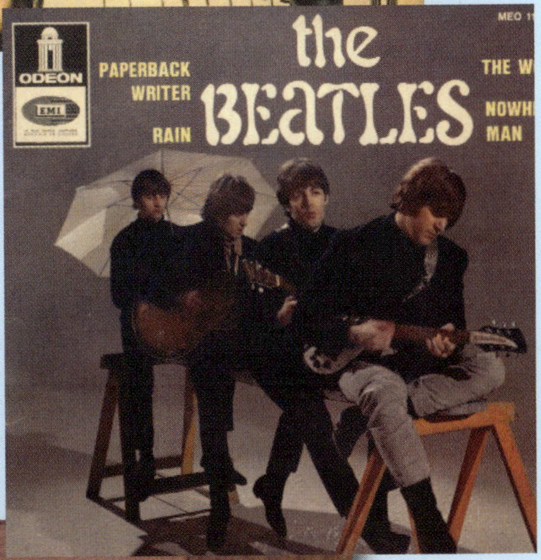

1967

FEVEREIRO
CS – Strawberry Fields Forever / Penny Lane (Parlophone R 5570) – Inglaterra
CS – Strawberry Fields Forever / Penny Lane (Capitol 5810) – Estados Unidos

MARÇO
LP – A Collection Of Beatles Oldies... But Goldies (Odeon BTL 1003) – Brasil

MAIO
CD – I Saw Her Standing There / Misery / Anna (Go To Him) / Chains (Odeon 7BTD 2002) – Brasil

JUNHO
CS – Strawberry Fields Forever / Penny Lane (Odeon 7BT 05) – Brasil
LP – Sgt. Pepper's Lonely Hearts Club Band (Parlophone PMC 7027) – Inglaterra
LP – Sgt. Pepper's Lonely Hearts Club Band (Capitol MAS 2653) – Estados Unidos

JULHO
CS – All You Need Is Love / Baby You're A Rich Man (Parlophone R 5620) – Inglaterra
CS – All You Need Is Love / Baby You're A Rich Man (Capitol 5964) – Estados Unidos

AGOSTO
CS – All You Need Is Love / Baby You're A Rich Man (Odeon 7BT 06) – Brasil
LP – Sgt. Pepper's Lonely Hearts Club Band (Odeon BTX 1004) – Brasil

OUTUBRO
CD – All You Need Is Love / Baby You're A Rich Man / Penny Lane / Strawberry Fields Forever (Odeon 7BTD 2003) – Brasil

NOVEMBRO
CS – Hello Goodbye / I Am The Walrus (Parlophone R 5655) – Inglaterra
CS – Hello Goodbye / I Am The Walrus (Capitol 2056) – Estados Unidos
LP – Magical Mystery Tour (Capitol MAL 2835) – Estados Unidos

DEZEMBRO
CS – Hello Goodbye / I Am The Walrus (Odeon 7BT 08) – Brasil
CD – Magical Mystery Tour (Parlophone MMT–1) – Inglaterra

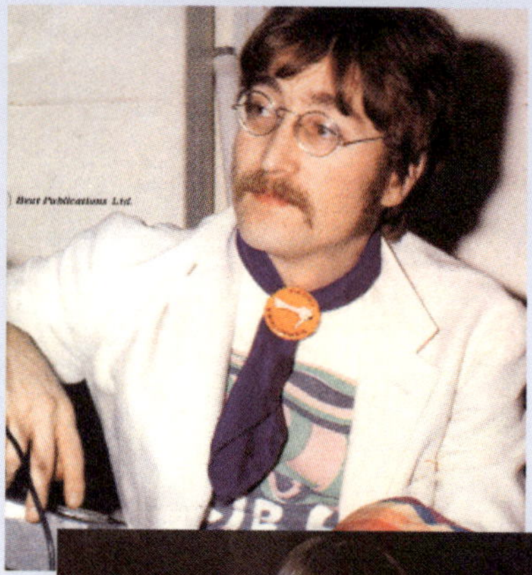

1968

MARÇO
CS – Lady Madonna / The Inner Light (Parlophone R 5675) – Inglaterra
CS – Lady Madonna / The Inner Light (Capitol 2138) – Estados Unidos

ABRIL
CD – Magical Mystery Tour (Odeon MMT 01/02) – Brasil

JUNHO
CS – Lady Madonna / The Inner Light (Odeon 7BT 09) – Brasil

AGOSTO
CS – Hey Jude / Revolution (Apple R 5722) – Inglaterra
CS – Hey Jude / Revolution (Apple 2276) – Estados Unidos

NOVEMBRO
LP – The Beatles (Apple PMC 7067 / 7068) – Inglaterra
LP – The Beatles (Apple SWBO 101) – Estados Unidos

DEZEMBRO
CS – Hey Jude / Revolution (Odeon 7BT 12) – Brasil

1969

JANEIRO
LP – Yellow Submarine (Apple PMC 7070) – Inglaterra
LP – Yellow Submarine (Apple SW–153) – Estados Unidos

FEVEREIRO
LP – The Beatles (Apple BTX 1005/6) – Brasil

MARÇO
CS – Ob–La–Di. Ob–La–Da / While My Guitar Gently Weeps (Apple 7BT 16) – Brasil

ABRIL
CS – Get Back / Don't Let Me Down (Apple R 5777) – Inglaterra
LP – Yellow Submarine (Apple BTL 1007) – Brasil

MAIO
CS – The Ballad Of John And Yoko / Old Brown Shoe (Apple R 5786) – Inglaterra
CS – Get Back / Don't Let Me Down (Apple 2490) – Estados Unidos

JUNHO
CS – The Ballad Of John And Yoko / Old Brown Shoe (Apple 2531) – Estados Unidos

JULHO
CS – The Ballad Of John And Yoko / Old Brown Shoe (Apple 7BT 21) – Brasil

AGOSTO
CS – Give Peace A Chance / Remember Love (Apple 24) – Brasil (disco solo de John Lennon e a Plastic Ono Band)

SETEMBRO
LP – Abbey Road (Apple PCS 7088) – Inglaterra

OUTUBRO
CS – Something / Come Together (Apple R 5814) – Inglaterra
CS – Something / Come Together (Apple 2654) – Estados Unidos

NOVEMBRO
LP – Abbey Road (Apple BTL 1008) – Brasil

DEZEMBRO
CS – Something / Come Together (Apple 7BT 26) – Brasil

1970

FEVEREIRO
LP – Hey Jude (Apple SW–385) – Estados Unidos

MARÇO
CS – Let It Be / You Know My Name (Apple R 5833) – Inglaterra
CS – Let It Be / You Know My Name (Apple 2764) – Estados Unidos
LP – Hey Jude (Apple BTL 1009) – Brasil

ABRIL
CS – Let It Be / You Know My Name (Apple 7BT 31) – Brasil

MAIO
CS – The Long And Winding Road / For You Blue (Apple 2832) – Estados Unidos
LP – Let It Be (Apple PCS 7096) – Inglaterra

JULHO
LP – Let It Be (Apple BTL 1013) – Brasil

AGOSTO
CS – The Long And Winding Road / For You Blue (Apple 7BT 37) – Brasil

DEZEMBRO
LP – The Beatles Christmas Album (SBC–100) – Estados Unidos

ANEXO III

Os instrumentos que fizeram o sonho

Descrições detalhadas e fotos de cada instrumento podem ser vistas no site do autor:

http://www.tucunare.bio.br/beatles/instrumentos.asp

ANEXO IV

BIBLIOGRAFIA

LIVROS

ANÔNIMO, 1978. *26 Days That Rocked the World! 1964 Historic Concert Tour Of America!* O'Brian Publishing, Co., Los Angeles.

ANÔNIMO, 1964. *The Beatle Book*. Lancer Books, Inc., Nova York.

BABIUK, A., 2001. *Beatles Gear – All The Fab Four's Instruments, From Stage To Studio*. Backbeat Books, San Francisco.

BADMAN, K., 1999. *The Beatles After the Break–Up: 1970–2000*. Omnibus Press, Londres.

BEST, P. & DONCASTER, P., 2001. *Beatle! The Pete Best Story*. Plexus, Londres.

CARR, R. & TYLER, T., 1978. *The Beatles: An Ilustrated Record*. New English Library, Londres.

CLARK, A., 1996. *The Beatles Through the Years. Volume One*. The Alan Clarke Archives, EUA.

DAVIES, H., 1968. *A Vida dos Beatles – Única Biografia Autorizada*. Editora Expressão e Cultura, Rio de Janeiro.

FULPEN, H. V., 1983. *Souvenirs des Beatles*. Artefact, Enghien, França.

GOTTFRIDSSON, H.O., 2001. *The Beatles With Tony Sheridan: Beatles Bop – Hamburg Days*. Bear Family Records, Hambergen.

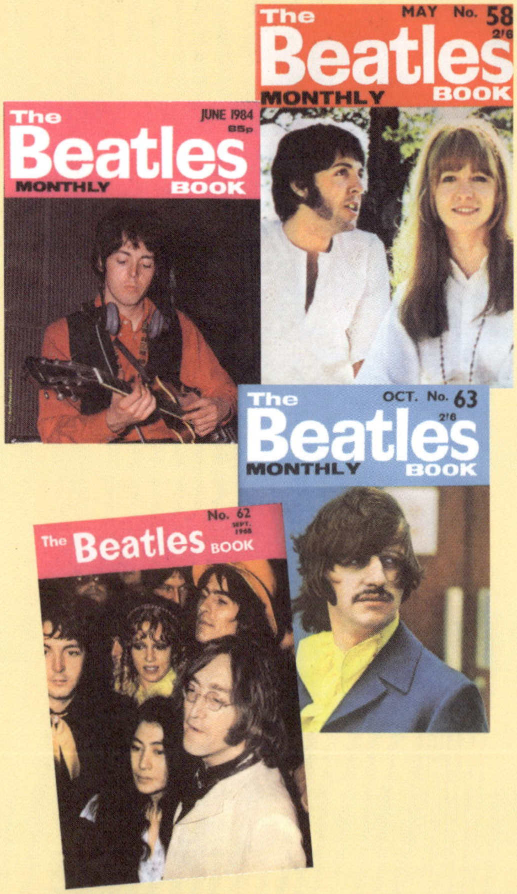

GRASSO, R., 1980. *The Beatles in Italy: 1963–1980*. Ed. Dafni, Catania, Itália.

HARRY, B., 1977. *Mersey Beat: The Beginnings of The Beatles*. Omnibus Press, Londres.

HENKE, J., 2003. *Lennon Legend: An Illustrated Life of John Lennon*. Chronicle Books, San Francisco.

LEWISOHN, M., 1986. *The Beatles Live!*. Pavillion Books, Londres.

______________, 1988. *The Complete Beatles Recording Sessions*. Hamlyn, Londres.

______________, 2000. *The Complete Beatles Chronicle*. Hamlyn, Londres.

MAUS, C., 2004. *Beatles Worldwide. An Anthology of Original Lp–releases*. Maus of Music Book Publishing, Hamburg.

MILES, B., 2000. *Paul McCartney: Many Years From Now. A Biografia Autorizada de Paul McCartney*. Dórea Books and Art, São Paulo.

PASCAL, J. & BURT, R., 1975. *The Fabulous Story of John, Paul, George and Ringo*. Octopus, Londres.

PAWLOWSKI, G.L., 1989. *How They Became The Beatles. A Definitive History of the Early Years: 1960–1964*. McDonald & Co. Ltd., Londres.

PUGIALLI, R., 1999. *No Embalo da Jovem Guarda*. Editora Ampersand, Rio de Janeiro.

PUGIALLI, R. & FRÓES, M., 1992. *Os Anos da Beatlemania*. Editora Jornal do Brasil, Rio de Janeiro.

REINHART, C., 1981. *You Can't Do That. Beatles Bootlegs & Novelty Records,1963–1980*. Pierian Press, Ann Arbour.

RUSSEL, J., 1982. *The Beatles. Album File and Complete Discography*. Blandford Press, Dorset.

SCHAFFNER, N., 1977. *The Beatles Forever*. McGraw–Hill, Nova York.

SCHAUMBURG, R., 1976. *Growing Up With The Beatles*. Perigee Books, Nova York.

SHEPHERD, B. 1964. *The True Story of The Beatles*. Beat Publications, Ltd., Londres.

SPENCE, H., 1981. *The Beatles*. Crescent Books, Nova York.

SPIZER, B., 2003. *The Beatles Are Comig! The Birth of Beatlemania in America*. 498 Productions, Louisiana.

STOKES, G., 1980. *The Beatles*. Circulo do Livro S.A., São Paulo.

SULPY, D. & SCHWEIGHARDT, R., 1997. *Get Back. The Unauthorized Chronicle of The Beatles Let It Be Disaster*. St. Martin's Griffin, Nova York.

THE BEATLES, 2000. *The Beatles Anthology*. Chronicle Books LLC, San Francisco.

VÁRIOS, 1980. *Nosso Século Vol. 4: 1945–1960*. Abril Cultural, São Paulo.

_______, 1980. *Nosso Século Vol. 5: 1960–1980*. Abril Cultural, São Paulo.

_______, 1983. *A Balada de John & Yoko*. Livros Abril, São Paulo.

_______, 2004. *The Beatles: Ten Years That Shook the World*. DK, Londres.

VOLLMER, J. 1983. *Rock'n'Roll Times. The Style and Spirit of the Early Beatles and Their First Fans*. The Overlook Press, Nova York.

WILLIAMS, A. & MARSHALL, W., 1975. *The Man Who Gave The Beatles Away*. Elm Tree Books, Londres.

REVISTAS

Los Beatles. Editorial Magendra, Buenos Aires. 1975, nos 1 a 12.

The Beatles Book. Beatles Publications Ltd., Londres. 1963-1969, nos 1 a 77.

The Beatles Book. Beatles Publications Ltd., Londres. 1982-2002, nos 78 a 320.

ANEXO V

FILMOGRAFIA

Os Beatles em filmes e documentários

FILMES OFICIAIS:

A HARD DAY'S NIGHT (United Artists, 1964).
Lançado em VHS (MPI Home Video, 1984), LaserDisc e DVD (MPI, 1997).
Lançamento oficial em DVD em 2002, pela Miramax.

HELP! (United Artists, 1965).
Lançado em VHS (MPI, 1987), LaserDisc (MPI, 1995) e DVD (MPI, 1997).
Lançamento oficial em DVD em 2007, pela Apple.

MAGICAL MYSTERY TOUR (Apple, 1967).
Lançado em VHS (Media Home Entertainment, 1978), LaserDisc (Video Collection / Apple, 1988) e em DVD (MPI / Apple, 1997).
Não há um lançamento oficial ainda em DVD.

YELLOW SUBMARINE (United Artists, 1968).
Lançado em VHS (MGM/UA Home Video, 1987).
Lançamento oficial em VHS e DVD em 1999, pela MGM/UA/Apple.

LET IT BE (United Artists, 1970).
Lançado em VHS e LaserDisc (Magnetic Video, 1981).
Não há um lançamento oficial ainda em DVD.

DOCUMENTÁRIOS OFICIAIS:

THE COMPLETE BEATLES (MGM, 1982).
Lançado em VHS (MGM, 1982)

THE BEATLES ANTHOLOGY (Apple, 1995).
Lançado em VHS (Apple, 1996), LaserDisc (Apple, 1999) e DVD (Apple, 2003).

THE FOUR COMPLETE HISTORIC ED SULLIVAN SHOWS FEATURING THE BEATLES AND OTHER ARTISTS
(Sofa Entertainment, 2003) Lançado em DVD (Sofa, 2003).

THE FIRST U.S. VISIT (Apple, 2003)
Lançado em DVD (Apple, 2003)

AGRADECIMENTOS

Um livro não é feito sozinho. Gostaria de agradecer a um seleto grupo de Amigos (sim, com "A"), que tornaram esta obra realidade: Fernanda Avayou, pela reprodução fotográfica do acervo documentado e apoio durante todo o projeto. Well done! José Roberto "Oldies", pela inestimável amizade, sugestões e generosidade em partilhar seu acervo de discos, revistas, livros e memorabilia. Ricardo Pires, pela amizade, conselhos e permissão de fotografar sua impecável coleção de discos. Pedro Almeida, pela confiança, estímulo e apoio desde o início do projeto.

Pelos mais diversos motivos, agradeço a vocês: Jorge Brandão, Victor Santiago, Marcus Souza, Carlos Lösch, Felipe Domingues, Robert Hester, Nathalie Pfaff, Paulo Duarte, Nerval Salles, Wilson Maia, Mauro Zaide, Lula Tiribás, Nelio Rodrigues, Valdir Siqueira, Marisa Castellar, Ana Marcia Campello, Celso Vieira de Mello, Tania Avayou, Dani & Lipe, Vivi & Davi.

Sem esquecer da "equipe de trabalho": Janice Florido, Bruno Conde, Ana Dobón, e todos os outros membros da "família Ediouro" que me receberam de braços abertos.

Dedico este livro a:

BU, por sua presença, carinho, amor e cumplicidade eterna. E pela paciência com este humilde pescador de estrelas! Camila e Gabriela, os maiores tesouros que um pai pode pedir. Meus pais, pela constante presença e estímulo. Meus irmãos, cunhadas e sobrinhos, por serem a minha família.

Créditos

- Captura do vídeo All You Need Is Love: 15c, 17d, 19b, 19d, 21b, 21d, 211 (todas).
- Captura do vídeo The Beatles Cartoon: 170a.
- Captura do vídeo The Ballad of John and Yoko: 264a.
- Captura do vídeo Hello Goodbye: 220 (todas).
- Captura do vídeo Help: 4m, 5d, 59, 88, 157 (todas), 158a, 161b, 167c, 169b, 169c, 169d, 173a, 178a, 180a, 191b.
- Captura do vídeo Hey Bulldog: 229b, 230, 237a.
- Captura do vídeo Hey Jude: 5i, 15b, 19c, 244 (todas).
- Captura do vídeo Let It Be: 5e, 5h, 17c, 21e, 255 (todas), 256, 257b, 259 (todas), 260 (todas), 280b.
- Captura do vídeo Sweet Toronto Peace Festival: 269b.
- Captura do vídeo Magical Mystery Tour: 4a, 4b, 27b, 216 (todas), 217b, 219.
- Captura do vídeo de um noticiário: 222 (todas), 263a.
- Captura do vídeo Paperback Writer: 14, 16, 18, 20, 185a, 191c, 195a.
- Captura do vídeo Penny Lane: 200 (todas), 210a.
- Captura do vídeo Revolution: 5f, 241, 242.
- Captura do vídeo Something: 272 (todas), 281b.
- Captura do vídeo Rock and Roll Circus: 233, 235, 251.
- Captura do vídeo Strawberry Fields Forever: 5g, 21c, 199 (todas).
- Captura do vídeo Yellow Submarine: 226b, 227 (todas), 238 (todas), 239b.
- Coleção particular do autor: 4e, 6, 10, 13d, 13f, 30, 75a, 75b, 87b, 96 (todas), 98b, 124c, 129a, 136a, 140c, 146b, 146c, 147a, 148a, 148c,149 (todas), 150d, 160a, 162b, 163a, 165b, 168e, 173b, 178c, 193b, 194a, 205a, 208a, 221b, 247 (todas), 248, 257a, 258a, 261c, 262a, 263b, 265a, 268b, 270b, 271b, 278a, 279a, 283b, 287 (todas), 288a, 288c, 289a.
- Coleção particular José Roberto "Oldies": 1, 7b, 7d, 7c, 8 (todas), 9 (todas), 12, 13a, 50, 56, 57, 67, 75c, 93a, 97b, 101a, 106, 108b, 110, 114b, 115, 118b, 119a, 123b, 126b, 131 (todas), 133 (todas), 135a, 139b, 140a, 144a, 145b, 146a, 150b, 152b, 152c, 152d, 153a, 153b, 156b, 156c, 156e, 158b, 159a, 159b, 162a, 164 (todas), 165c, 166b, 168b, 168d, 171d, 174b, 174d, 178b, 178d, 179 (todas), 180b, 183a, 185b, 188, 189c, 192c, 194b, 201b, 202b, 212b, 218b, 228b, 231b, 245, 250b, 254b, 263c, 265c, 266b, 267a, 274a, 283c, 284a, 284b.
- Coleção particular Ricardo Pires: 2, 3, 13b, 13c, 13e, 87a, 103b, 117, 123a, 124b, 126a, 129b, 132b, 137a, 140b, 140c, 140d, 144b, 145a, 156d, 159c, 160b, 168a, 168c, 172c, 172d, 174c, 178e, 183e, 184 (todas), 186a, 189b, 190a, 190b, 204a, 206c, 207a, 212a, 213a, 223a, 226a, 249b, 261a, 264b, 273c, 283a, 284c, 285 (todas), 286, 288b. - Reprodução: 23a, 24b, 25a, 25b, 43, 52b, 68a, 79b, 80, 84, 85, 93b, 101b, 102b, 107b, 108a, 143 (todas), 145c, 148b, 150a, 163b, 165a, 166a, 167a, 167b, 169a, 171b, 187a, 201a, 236, 237b, 273b, 274b, 275. - Reprodução jornal: 4d, 4f, 25c, 26a, 26b, 27a, 27c, 34, 38b, 39, 41, 44a, 44b, 45, 46a, 46b, 47, 62, 66 (todas), 68b, 69b, 69c, 70, 77, 78b, 78c, 81 (todas), 83a, 83b, 83c, 92 (todas), 94b, 124a, 125, 130 (todas), 138b, 156a, 172a, 187b, 190c, 191a, 282, 289b.
- Reprodução jornal Mersey Beat: 4g, 4h, 4i, 63, 64, 65, 71, 74, 82.
- Reprodução revista Beatles Book: 4c, 4k, 4l, 4m, 4o, 5a, 5b, 5c, 15a, 17a, 17b, 19a, 21a, 23b, 24a, 35, 48, 49, 51, 52a, 79a, 86, 94a, 95, 97a, 100 (todas), 103a, 104, 105 (todas), 107a, 109, 111a, 112, 113 (todas), 114a, 118a, 119b, 122 (todas), 128b, 132a, 132c, 134 (todas), 135b, 137b, 138a, 139a, 139c, 141a, 142b, 144c, 150c, 151a, 152a, 161a, 162c, 163c, 171a, 171c, 172b, 174a, 175b, 175c, 181 (todas), 182b, 183b, 183c, 186b, 186c, 192a, 192b, 193a, 195b, 198, 202a, 203 (todas), 204b, 205b, 206a, 206b, 207b, 208b, 210b, 213b, 214 (todas), 215 (todas), 217a, 218a, 221a, 223b, 223c, 228a, 229a, 231a, 232 (todas), 234, 239a, 240b, 243, 246, 249a, 250a, 254a, 258b, 261b, 262b, 265b, 266a, 267b, 267c, 268a, 268c, 269a, 270a, 271a, 273a, 278b, 281a.
- Reprodução revista Record Collector: 240a.
- Reprodução site Fab 4 Collectibles: 4j, 7a, 11, 53, 76, 78a, 98a, 99, 102a, 111b, 116, 126c, 128a, 136b, 137c, 141b, 142a, 147b, 151b, 152e, 152f, 153c, 160c, 166c, 170b, 175a, 183d, 189a, 209, 279b.
- Reprodução site The Savage Young Beatles: 31a, 31b, 38a, 55, 69a, 182a.

Todos os esforços foram feitos para creditar devidamente os detentores dos direitos autorais das imagens utilizadas neste livro. Eventuais omissões de crédito não são intencionais e serão devidamente solucionadas nas próximas edições, bastando que seus proprietários contatem os editores.

Projeto gráfico, diagramação e capa: Ana Dóbon
Edição de texto: André Fonseca
Revisão: Wilson Ryoji Imoto
Pesquisa fotográfica: Ricardo Pugialli

Dados Internacionais de Catalogação na Publicação (CIP)
(Câmara Brasileira do Livro, SP, Brasil)

Pugialli, Ricardo
Beatlemania / Ricardo Pugialli. -- São Paulo : Ediouro, 2008.

ISBN 978-85-00-01991-3

1. Beatles 2. Músicos de rock - Biografia I. Título.

08-04290 CDD-782.42166092

Índice para catálogo sistemático:

1. Beatles : Músicos de rock : Biografia e obra 782.42166092

Rua Nova Jerusalém, 345 - Bonsucesso
Rio de Janeiro, RJ - Cep 21042-235
Tel.: (21) 3882-8200 Fax: (21) 3882-8212/8313
www.ediouro.com.br

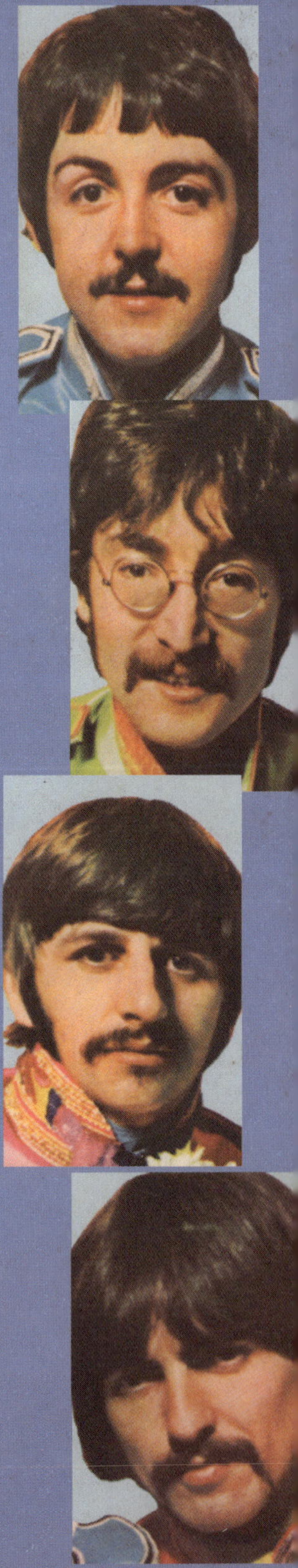